RUMO AO SUL

SILAS HOUSE

Rumo ao Sul

SOUTHERNMOST

TRADUÇÃO:
ELVIRA SERAPICOS

FIRST PUBLISHED IN THE UNITED STATES UNDER THE TITLE:
SOUTHERNMOST: A NOVEL

COPYRIGHT © 2018 BY SILAS HOUSE
"HONEST MAN," LYRICS BY JIM JAMES, © 2001 JIM JAMES.

PUBLISHED BY ARRANGEMENT WITH ALGONQUIN BOOKS OF CHAPEL HILL, A DIVISION OF WORKMAN PUBLISHING COMPANY, INC., NEW YORK.

COPYRIGHT © FARO EDITORIAL, 2019

Todos os direitos reservados.
Nenhuma parte deste livro pode ser reproduzida sob quaisquer meios existentes sem autorização por escrito do editor.

Diretor editorial **PEDRO ALMEIDA**

Preparação **JÚLIA DANTAS**

Revisão **GABRIELA DE AVILA**

Foto de capa **LYN RANDLE | ARCANGEL IMAGES**

Fotos internas **DEPOSITPHOTOS**

Capa e projeto gráfico **OSMANE GARCIA FILHO**

Dados Internacionais de Catalogação na Publicação (CIP)
Angélica Ilacqua CRB-8/7057

House, Silas, 1971-
    Rumo ao sul : Southernmost / Silas House ; tradução de Elvira Serapicos. – São Paulo : Faro Editorial, 2018.
272 p.

    ISBN 978-85-9581-056-3
    Título original: Southernmost

    1. Literatura norte-americana I. Título II. Serapicos, Elvira

18-1639   CDD 813.6

Índice para catálogo sistemático:
1. Literatura norte-americana 813.6

1ª edição brasileira: 2019
Direitos de edição em língua portuguesa, para o Brasil, adquiridos por FARO EDITORIAL

Avenida Andrômeda, 885 - Sala 310
Alphaville — Barueri — SP — Brasil
CEP: 06473-073
www.faroeditorial.com.br

Para
Jason Kyle Howard

Try to walk this earth an honest man
but evil waves at me it's ugly hand.
The radar watches me from above, shoutin' down:
"I hope you make it on this earth."
Sometimes this world will leave you, Lord,
kickin' and a-screamin', wonderin' if
you'll see the next day through.
But as for me I do believe
that good luck comes from tryin',
so until I get mine
I'll work the whole day through.

[Tento caminhar por esta terra um homem honesto
Porém o mal acena para mim com sua mão feia.
O radar me observa do alto, gritando:
"Espero que você consiga nesta terra".
Algumas vezes este mundo o abandonará, Senhor,
Chutando e gritando, imaginando se
Você conseguirá chegar ao fim do dia seguinte.
Mas quanto a mim, acredito
Que a boa sorte vem da tentativa,
Por isso, até conseguir encontrar a minha
Vou trabalhar o dia inteiro.]
— Jim James, "Honest Man"

O rio flui dentro de nós, o mar nos cerca por todos os lados.
— T.S. Elliot, The Dry Salvages

PARTE 1

VOCÊ, MÃE.

1

A CHUVA TINHA CAÍDO COM UMA CRUELDADE IMPIEDOSA, INCESSANTE durante dois dias, e então a água subiu de repente no meio da noite, com tamanha brutalidade que Asher chegou a pensar que uma barragem havia se rompido em algum ponto rio acima. O solo ficou tão saturado que simplesmente não conseguia mais absorver a água. Os riachos foram se juntando nas colinas até despencarem sobre Cumberland. De nada adiantava ir para a cama porque todos sabiam o que ia acontecer. Só tinham que esperar.

O dia amanheceu sem qualquer sinal do sol — um céu que lamentava a noite escura e se abria para a manhã aborrecida e cinzenta — e Asher saiu para ver o quadro geral da situação. O noticiário não estava dizendo nada que valesse a pena. Ele conseguiu ouvir a torrente antes de chegar à cumeeira. Viu o rio caudaloso engolindo as beiradas dos campos mais baixos, três metros acima das margens, um caldo espumante crescendo tão obstinadamente que ele podia realmente ver a água subindo e então compreendeu que precisava buscar Zelda.

Todos eles tinham pensado que não poderia haver nada pior do que a última inundação, mas agora a água havia subido com o dobro da velocidade. Ele manobrou o jipe entre duas pontes cujas bordas estavam sendo acariciadas pelo rio e quando chegou na casa a água já estava alcançando a varanda. Teve que parar no alto da entrada de carro e atravessar com a água gelada na altura da cintura, quase sem conseguir respirar por causa do frio. Zelda estava parada na varanda como se fosse a estátua de uma velha segurando uma pilha de álbuns de fotografias. Foi tudo o que ela pegou.

— Venha! — ele gritou. O rio fazia tanto barulho que ele ficou sem saber se Zelda tinha ouvido, e ela não fez movimento algum para mostrar que ouvira.

Mas então Zelda deu um passo e parou; ele podia ver que ela estava apavorada. Zelda estava naquela mesma varanda quando ele a vira pela primeira vez. Ela havia se levantado da cadeira para abraçá-lo, segurando-o de um jeito que sua própria mãe jamais havia segurado. Mais uma lembrança: tinham saído para caminhar por Cumberland no dia mais quente do ano. "Você é como um filho para mim", ela havia dito, segurando a barra do vestido amarelo com uma das mãos para que não se molhasse, e ele percebeu então que essa havia sido uma das principais razões para ter se casado com Lydia: para ter uma mãe, para ter braços em torno dele que lhe mostrassem que era importante.

A lama tragava as pernas de Asher enquanto ele estendia as mãos para ajudar Zelda a sair da varanda. Ele brigou com os pés para não afundar ainda mais. Finalmente, ela estendeu a mão, resignando-se ao silêncio diante do rugido do rio inchado. Ele a puxou e passou o braço em torno de sua cintura enquanto subiam até o ponto onde havia deixado o jipe. Seu corpo estava quente e empapado. Ela escorregou na lama e ele teve que puxá-la e carregá-la em alguns pontos. Uma água amarelada espumava em torno de suas pernas, carregando galhos de árvores, lixo e escombros de todos os tipos. Ele a ajudou a entrar no carro e sentiu suas mãos trêmulas.

A chuva torrencial continuava a cair, batendo no para-brisa com uma violência que ele nunca tinha visto. Jamais enfrentara uma chuva tão forte, nunca, e certamente não por tanto tempo.

Asher sabia que não devia dirigir através da água que estava encobrindo a primeira ponte, mas eles conseguiram. O carro tossiu na subida da colina, o motor engasgou com a água do rio, mas conseguiu cuspir e se recuperar. Quando chegaram na segunda ponte, ela havia desaparecido sob uma campina que se transformara em um lago. Asher conhecia muito bem o terreno, por isso fez a volta e subiu nos trilhos da linha do trem, por onde atravessaram — com o jipe chacoalhando como se fosse desmanchar e Zelda soltando gritinhos de vez em quando — até chegar à estrada que levava a sua casa. Todo o vale ficara debaixo d'água. De onde estavam, na altura do cume, podiam olhar para baixo e ver tudo com a sensação de que o fim dos tempos havia chegado a Cumberland Valley.

Viram um trailer sendo levado, o telhado de uma casa, uma caminhonete. Vacas debatendo-se na água. "Ó, não, Asher!", Zelda gritou, como se

Asher pudesse se atirar na água e ajudar os animais a alcançarem terra firme. Mas ambos sabiam que não havia nada a se fazer. Tantas árvores, todas com a folhagem exuberante do final de junho. Galinhas sentadas calmamente no campanário de uma igreja branca. Aparentemente havia sido trazido de algum ponto distante rio acima, pois não lhe parecia familiar; ele conhecia todas as igrejas da vizinhança.

Asher viu as paredes de tijolo de uma casa desabarem e depois o telhado sendo levado Cumberland abaixo, enquanto dois homens observavam, de uma colina próxima. Sabia que a casa havia sido construída recentemente por um músico de Nashville. Ele não havia morado ali mais do que alguns meses, e agora a casa havia desaparecido. Asher continuou dirigindo. Precisava voltar para se certificar de que sua casa estava acima da linha da água, para ver se Justin estava bem.

E lá estava Justin, esperando por eles na varanda. Justin se inclinou sobre o parapeito com os braços cruzados, ainda zangado pelo fato de Asher não ter permitido que fosse junto, sem saber como as estradas estavam perigosas. Tinha oito anos, era pequeno para sua idade, mas parecia um velho nas atitudes e ideias. Assim que estacionaram, Lydia surgiu na porta da frente, como se estivesse olhando pela janela. Ela colocou o braço em torno dos ombros de Justin, mas ele se desvencilhou e saiu correndo ao encontro da avó.

A CASA DELES ERA UMA DAS QUE TINHAM SORTE, SITUADA NA CUMEEIRA, onde a água não conseguia alcançá-los, apesar de o rio ter chegado perto demais para que Asher ficasse tranquilo. A última enchente havia causado muita destruição, mas não os tinha ameaçado. Esta se aproximava cada vez mais e se a chuva continuasse caindo o Cumberland não teria alternativa senão continuar a subir até a água entrar na casa deles. Sua igreja havia sido construída no ponto mais alto daquelas bandas mais de cem anos antes. Mas muitos membros de sua congregação ficariam sem um teto. Só recentemente alguns deles tinham conseguido reconstruir suas casas por causa da última enchente. Ele não tinha a menor ideia de como lidaria com todos os cuidados que eles precisariam receber.

Durante todo o dia Zelda e Lydia assistiram os noticiários inúteis da televisão, enquanto Asher e Justin observavam o rio subir e a chuva cair. Justin não saiu de seu lado.

— Nós vamos ficar bem? — ele perguntou, os olhos verdes fixos nos olhos verdes de Asher.

— Claro, amigão — Asher disse, com a palma da mão pousada sobre a cabeça do filho. — Não se preocupe.

Mas Asher *estava* preocupado.

Pior do que a água que não parava de subir, pior do que o fato de não ter ouvido uma sirene ou de ter visto um helicóptero ou qualquer sinal de ajuda do governo (ele percebeu então que estavam sozinhos, até passar a tempestade; a ajuda oficial sempre chegava *depois* da necessidade), pior do que a luz piscando até acabar de vez, pior do que Lydia sem conseguir fazer outra coisa além de rezar na escuridão do quarto, era o fato de não conseguirem encontrar Roscoe em parte alguma.

Asher ficou parado na porta até Lydia dizer "Amém" e então avisou que sairia de novo para procurar o cachorro. Apesar de estarem no início da tarde, o quarto estava muito escuro; ela não abrira as cortinas. Ele mal conseguia vê-la ajoelhada ao lado da cama. Só quando disse que iria sair é que percebeu que ela havia estendido a mão para ele.

— Por que não vem rezar comigo?

Ele deu um passo no escuro, indeciso. Queria dizer a ela que a fé sem ação é inútil, que Deus não ouve esse tipo de prece. Ele se ajoelhou ao lado dela, sentindo-se um tolo por fazer isso. Ela havia inclinado a cabeça para a frente e agora colocava as palmas das mãos viradas para cima sobre a colcha da cama. Como não reagiu prontamente, ela se virou para ele.

— O que foi? — sussurrou.

Ele entrelaçou seus dedos com os dela e inclinou a cabeça. Ela fez o mesmo, enquanto as palavras trêmulas saíam de seus lábios.

— Senhor, nós vos pedimos que ajude nosso cachorrinho...

De acordo com a tradição, ele também deveria fazer sua própria prece em voz alta, de forma que suas palavras se entrelaçassem criando uma espécie de canto. Mas ele não rezou em voz alta. Manteve a cabeça inclinada, sentindo a mão suada dela na sua, e enquanto ela suplicava a Deus ele só conseguia pensar *Por favor, por favor, por favor.* Esse era o único tipo de invocação de que era capaz nesse momento.

Imaginou as piores possibilidades: Roscoe sendo levado pela enchente, mexendo as patinhas furiosamente para não se afogar; pior ainda, Roscoe sendo arrastado para algum lugar, afogado, morto. Essa era uma das razões pelas quais as orações haviam se tornado tão difíceis ultimamente — a quietude era um perigo para ele, fazia com que sua mente evocasse os piores cenários e horrores.

Ele ouviu as palavras dela — "Sabemos que o Senhor pode tudo, Pai do Céu, acreditamos que o Senhor sabe tudo e tudo vê" — e queria acreditar que aquilo pudesse ajudar a encontrar o cachorro, mas achava que não. Não mais. A maneira como pensavam em Deus, em oração e em culto era agora tão diferente que se poderia dizer que havia um grande rio entre eles, ainda mais largo por causa da água das enchentes.

Asher manteve-se paciente durante toda a longa oração, mas assim que ela terminou ele soltou a mão e saiu do quarto.

Ficou andando de um lado para outro sob a cobertura da varanda, gritando o nome do cachorrinho, as mãos ao redor da boca para propagar o som. Continuava esperando que Roscoe surgisse correndo pelo quintal, ziguezagueando entre as árvores para se exibir, subindo os degraus e depois passando com o corpo molhado entre suas pernas, pulando para lamber Justin na boca, mas ele não apareceu.

— Ele deve ter desviado do caminho por causa da água — Asher disse para Justin. Os dois sabiam que Roscoe adorava ir atrás dos cardumes no rio todas as manhãs, com ou sem chuva. Asher se viu mentindo para o filho novamente, algo que havia prometido que nunca faria. — Ele é esperto. Vai encontrar o caminho de volta.

Justin voltou o olhar para o quintal encharcado. Apertou os olhos para tentar enxergar através da chuva, à procura de seu cachorro.

A CASA ESTAVA MUITO QUENTE. ELES ABRIRAM TODAS AS JANELAS, MAS POUCA coisa mudou em relação ao calor além de aumentar a umidade. Zelda e Lydia prepararam o jantar no fogão a gás. Elas usaram tudo o que podiam do congelador, pois as coisas iriam derreter e estragar de qualquer forma. Os adultos serviram-se de costeletas de porco e milho frito, remexendo a comida no prato com os garfos, pegando as fatias de pão só para colocá-las de volta, intactas. Apenas Justin conseguiu comer.

Após o jantar, Asher postou-se diante da janela e ficou observando a chuva bater contra o vidro enquanto nuvens cinza-esverdeadas assomavam ameaçadoramente. Lydia surgiu atrás dele de repente e colocou a mão em seu braço, fazendo com que ele se afastasse instintivamente.

— Por que você não rezou em voz alta comigo? — ela perguntou, calmamente. — Por Roscoe.

— Fiz a oração do meu jeito, Lydia.

— Mas você não rezou comigo — ela disse. — Vocês todos me excluem. Me afastam. Você, até meu menino, minha própria mãe. — Sua testa estava marcada pela tristeza. — Parece que estou completamente sozinha neste mundo.

— Sinto muito que se sinta assim — ele disse, e depois de algum tempo ela desapareceu nas sombras.

ASHER VOLTOU A SAIR PARA AJUDAR OS VIZINHOS MAIS PRÓXIMOS, MAS não havia muito o que fazer além de observar suas vidas flutuando ou rezar para que suas casas fossem poupadas. *Esta foi demais*, eles diziam. *Como um julgamento.* Eles se juntaram nas montanhas enquanto a noite caía, densa e escura. Não havia eletricidade até onde a vista alcançava; uma escuridão total, como Asher nunca tinha visto. Ele começou a pensar nos dois homens que havia visto mais cedo e se sentiu culpado por não ter oferecido carona a eles enquanto algumas das estradas ainda estavam transitáveis. Agora, ninguém poderia ir a lugar algum.

De volta a casa, ficaram todos sentados na sala sem falar muito. Não havia o que dizer. Justin de vez em quando pegava no sono, encostado em Asher no sofá, mas despertava com qualquer barulho e às vezes por seus próprios sonhos.

Por volta da meia-noite caía apenas uma chuva fina e então, de repente, finalmente parou de chover, como se alguém tivesse estalado os dedos, e a calmaria noturna pareceu ainda mais ameaçadora do que a tempestade. Agora podiam ouvir o rugido do rio, carregando árvores, casas e animais. Eles poderiam ter ouvido os gritos dos bezerros ou os relinchos apavorados dos cavalos, mas o barulho provocado por toda espécie de entulho era alto demais, uma cacofonia de perdas. Eles ainda não sabiam, mas a enchente havia matado mais de quarenta pessoas e, quando as águas começassem a baixar, os corpos surgiriam no alto das árvores, presos dentro das casas ou nas margens do rio Cumberland.

Quando a noite já cobria todo o mundo, Justin ficou aborrecido e não conseguiu voltar a dormir depois de ter sido acordado por uma trovoada intensa, quase um arrebatamento.

— Não aguento mais — ele disse, com os olhos marejados, esforçando-se para conter as lágrimas. — Ele está perdido lá fora.

Às vezes Asher se preocupava com o fato de o garoto conseguir se dar melhor com animais do que com outras pessoas. Outras vezes concluía que isso não seria tão ruim. Se havia algo que aprendera na vida, até então, era que os cães com frequência se mostravam mais amigos do que os homens.

— Está tudo bem, amigão — Asher sussurrou junto da testa de Justin, dando-lhe tapinhas nas costas. — Ele vai voltar pra casa.

Enquanto continuasse dizendo a Justin que estava tudo bem, tudo estaria bem. Ele sentia que suas certezas talvez fossem a única coisa capaz de manter o mundo em pé naquele momento.

— Agora pare de chorar, querido — Lydia falou repentinamente, a voz firme e rígida na escuridão da sala. Seu rosto iluminado apenas pela luz das velas. — Meninos não choram tanto desse jeito.

Asher dirigiu-lhe um olhar de aviso para que não dissesse mais nada. Por que o menino não podia expressar sua dor por causa do cachorro? Zelda olhou para Asher e depois para a filha, indicando que aquela não era noite para discussões.

Lydia suavizou o tom da voz.

— Tenho medo de que o mundo o coma vivo se ele não endurecer.

Asher se levantou e saiu com o filho para a varanda.

Eles ficaram ali parados, ouvindo os sons e gemidos do rio inchado. Não havia luz em parte alguma. Apenas as convulsões ameaçadoras dos raios, bem longe dali, perto de Nashville. Asher olhou para cima. As nuvens haviam se afastado e, sem energia elétrica, ele se deparou com uma profusão de estrelas que mais pareciam nuvens de prata brilhando no céu.

— Veja, Justin. Veja quantas estrelas.

— Deus — Justin sussurrou.

E então ele se foi.

2

PRIMEIRO ASHER CORREU ATÉ A CUMEEIRA. O LUGAR PREFERIDO DE JUSTIN. Esperava que ele tivesse ido para lá em vez de ter descido até o rio efervescente que invadira a parte mais baixa do quintal. Ele sabia que Justin estava tentando encontrar Roscoe.

Ele correu por trás da casa, passando pelo barracão de ferramentas, que tivera um canto engolido pelo solo saturado, passando pela horta destruída — sua plantação de tomates caída sobre a terra bem adubada, valas profundas entre cada fileira destruída — e pegando o caminho que levava à cumeeira. O solo estava tão encharcado que afundava sob os sapatos. Mais à frente ficava a mata densa que se aglomerava atrás da casa. Asher parou por um instante para que seus olhos se adaptassem à escuridão.

A mata era puro negrume, com as árvores altas bloqueando a luz das estrelas que o haviam guiado até ali. Mas ele conhecia essa mata tão bem que poderia atravessá-la de olhos fechados. O barulho que subia do rio parecia ainda mais forte, um muro de gemidos e rangidos. Árvores e carros batendo contra geladeiras e telhados de casas. Ainda assim, Asher estava certo de que tinha ouvido o latido de Roscoe. Talvez Justin também tivesse ouvido e estivesse atrás do som enganoso. A audição tem um jeito de se enganar para acreditar naquilo que deseja.

A noite rescendia a madeira podre, do tipo que ele esmagava com os pés quando saíam para passear. Asher havia ensinado ao filho os nomes das árvores e como identificá-las. A textura da casca, o formato das folhas. As nogueiras-pecãs tinham uma casca escamosa, os tulipeiros exibiam flores amarelo-esverdeadas no início do verão. Às vezes, Asher parava e estendia o braço para colocar a mão sobre o peito de Justin. "Quieto! Ouça!", ele dizia dramaticamente, tentando instilar na cabeça de Justin a importância do mundo nas montanhas. Ele mostrou a Justin que o canto que ouviam constantemente era dos cardeais no alto das árvores. "Nunca esqueça esse canto", ele dizia, e o garoto ouvia tudo maravilhado, com os olhos arregalados e o coração aberto. Esses dias não durariam para sempre. Ele pensou no modo como Justin juntava penas, pedaços de quartzo ou borboletas para formar sua coleção da natureza quando saíam e depois guardava tudo em uma caixa de tabaco Prince Albert quando voltavam para casa.

Asher gritou seu nome, repetidas vezes.

Ele não conseguia enxergar muita coisa além da silhueta escura das árvores mais próximas. Houve uma ocasião em que Asher encontrou Justin e Roscoe em um gramado no meio da mata, dormindo. A cabeça de Roscoe estava apoiada no braço de Justin, como se fosse um travesseiro, seu nariz preto e úmido encostado no pescoço de Justin. Asher chegou até a cerca que marcava o limite da propriedade, mas tinha certeza de que Justin não teria passado dali, por isso acelerou o passo e voltou para o quintal iluminado pelas estrelas.

Procurou embaixo da varanda, no barracão das ferramentas (onde pegou uma corda grossa, por via das dúvidas, e enrolou-a em torno do corpo, do ombro à cintura) e até na casinha do cachorro. Chamou pelo filho novamente, gritando seu nome com as mãos em torno da boca, mas a voz se perdeu em meio aos ruídos noturnos. Ele entrou na casa e pediu a Lydia e Zelda que saíssem para ajudá-lo a procurar.

— Desapareceu? — Lydia perguntou.

Ele tinha visto os raios e sabia que a chuva provavelmente já começara de novo no leste. Com mais água caindo para esses lados, o nível do rio subiria mais uma vez em questão de segundos. Ou Justin poderia simplesmente afundar na água tentando salvar Roscoe. Ele estava em algum lugar e precisavam encontrá-lo imediatamente.

— Precisamos procurar.

Os três saíram pelo quintal gritando o nome de Justin. Lydia orava em voz alta para que ele fosse encontrado. Asher sentia uma forte dor no estômago. Eles o haviam perdido. Justin tinha *desaparecido*. Como Roscoe.

— Vou descer até o rio.

— Asher, espere! — Zelda gritou, estendendo a mão como se fosse pegar uma bola. Mas Asher não esperou e tampouco percebeu que Lydia estava bem atrás dele, apesar de que fizesse mais sentido procurar em direções diferentes para cobrir uma área maior.

Eles não tinham outra alternativa senão aproximar-se cada vez mais da enchente. Ali a cobertura das árvores não era tão densa; a luz das estrelas conseguia iluminar o caminho através dos salgueiros. Asher pôde ver a água subindo diante de seus olhos, como uma onda aproximando-se da praia. Só conseguia enxergar o topo da balaustrada de concreto da ponte, e até mesmo ela estava desaparecendo à medida que a água subia.

E então o barulho ensurdecedor da casa girando ao ser varrida pelo Cumberland na direção deles, a explosão da água se espalhando pelo vale, as três figuras correndo na direção deles, o grito de uma criança.

3

ASHER NÃO CONHECIA OS DOIS HOMENS QUE VINHAM CORRENDO JUNTO com Justin pela beira da água, gritando e apontando para a casa que estava sendo levada pelo rio como se ele e Lydia não tivessem visto, como se não tivessem ouvido os gritos vindos do interior antes do desabamento. Asher não sabia como teve a ideia de amarrar a corda no único salgueiro que não estava submerso. Justin e os dois estranhos continuavam gritando, mas ele não conseguia ouvi-los por causa do barulho provocado pela enchente. Ele viu que a casa ia se chocar contra a ponte e quando isso acontecesse as pessoas do interior teriam que enfrentar a água. Ele conseguia distinguir duas: um homem e a criança que ele segurava nos braços enquanto colocava o corpo para fora de uma janela interditada por três galhos. O homem não parava de gritar e a criança chorava, e ambos eram pouco mais do que duas silhuetas prestes a morrer.

O maior dos dois homens que estavam com Justin viu o que Asher estava fazendo e correu em sua direção. Asher atirou a corda para ele, torcendo para que ele conseguisse segurar com firmeza. O homem amarrou a corda na cintura e sumiu na água.

Já não podiam ver a ponte de concreto, mas sua presença ficou evidente quando a casa se chocou contra ela. As árvores, um carro e corpos de vacas mortas que seguiam no rastro da casa se misturaram com os estilhaços da madeira e a ponta do carro surgiu no lugar de uma das paredes laterais. O homem e a criança ainda estavam na janela, o homem dobrado sobre o peitoril como uma toalha, a criança continuava agarrada a ele, chorando. Asher conseguiu vê-los apenas de relance, mas eles estavam lá, atrás dos detritos. Ele não pensou em rezar e mais tarde lembrou-se disso com um sentimento de culpa.

O homem amarrado à corda tinha desaparecido. Mas, de repente, Asher sentiu um forte puxão, como se um bagre enorme estivesse na outra ponta de uma vara de pescar, e então vislumbrou o sujeito em cima do carro virado na água, movimentando-se rápido, mas com cuidado para manter o equilíbrio. Os gritos da criança ficaram mais fortes e ela batia no ombro do homem para reanimá-lo.

A corda estava queimando as mãos de Asher, cortando seus dedos, penetrando nas palmas das mãos.

Então, apesar de Asher não ter rezado (talvez outra pessoa tivesse, quem sabe todo mundo menos ele), a casa se virou em um ângulo de noventa graus e as pessoas da janela ficaram próximas da margem. O homem conseguiu se aproximar e puxá-las para fora da casa, no meio da água espumante.

Quando o homem da corda colocou a menina — nesse momento Asher conseguiu vê-la — no ombro, o pai estendeu o braço instintivamente, por imaginar que estivesse sendo levada pela correnteza. Ele se inclinou tanto que quase caiu do precário poleiro na janela. O homem do resgate atravessou a água, afundando uma vez junto com a criança; todos os que estavam na margem começaram a gritar e correr em sua direção.

O pai se inclinou tanto para fora da janela que caiu na água e foi engolido pelo rio.

A menina caiu estendida aos pés de Asher; Lydia e Zelda se ajoelharam enquanto a garota tossia cuspindo água, agarrando a garganta como se estivesse sendo estrangulada. Só então Asher viu que suas roupas estavam rasgadas e desviou os olhos ao perceber que era mais velha do que havia imaginado, era uma adolescente. Tirou sua camiseta encharcada e deu-a a Lydia para que pudesse cobrir os pequenos seios da garota. O homem da corda se virou para voltar, mas desabou no chão, cuspindo a água verde que havia engolido.

Asher soltou a corda e correu até o ponto da margem em que o pai havia ficado preso, com metade do corpo submerso no rio. Ele não conseguia se levantar, mas continuava com o braço estendido à procura da filha, lutando para colocar ar nos pulmões cheios de água.

Asher agarrou o homem por baixo dos braços e arrastou-o para fora do rio. Então se inclinou, percebendo que também estava sem fôlego.

Apoiou as mãos nos joelhos, esforçando-se para se recompor. Então, ao virar a cabeça ele os viu. Caído no chão, o homem com a corda ainda amarrada na cintura lutava para respirar. O outro, agachado sobre ele, beijava-o no rosto (na testa, nos olhos e até mesmo na boca), suplicando para que ficasse bem.

4

É CLARO QUE RECONHECERAM OS DOIS TÃO LOGO CONSEGUIRAM VER SEUS rostos claramente: Caleb Carey, um dos diáconos da igreja de Asher, e sua filha Rosalee, apenas dois anos mais velha que Justin. Sua casa havia sido arrastada por quase três quilômetros rio abaixo. Asher e o estranho ajudaram Caleb a andar montanha acima até sua casa. O outro homem carregou Rosalee nos braços. Não tinham andado muito quando Caleb vomitou a água que havia engolido. Não foi muita coisa, mas seu corpo sacudiu violentamente, como se houvesse mais, que não conseguia expelir. E então ele começou a engolir o ar, como se estivesse sufocando.

— Parece um ataque de pânico — Lydia falou.

— Não, acho que ele está em estado de choque — disse Asher, que havia trabalhado como salva-vidas em Montgomery Bell durante um verão e até então não havia percebido que se lembrava de alguma coisa que aprendera durante o curso de primeiros socorros. Caleb desmaiou e eles o carregaram até a casa, onde o colocaram no sofá, com dois travesseiros sob os pés.

Caleb tinha a pele acinzentada, os olhos entreabertos.

— Ela se afogou — ele sussurrou. — Ela se afogou, Asher.

— Não, não. Rosalee está aqui conosco. Ela está bem.

— Não. Ela...

Caleb não conseguiu dizer mais nada e arregalou os olhos inexpressivos.

É claro, Asher pensou. Ele não estava falando de Rosalee, mas de sua esposa. Ela havia desaparecido.

Rosalee foi colocada no quarto de hóspedes, iluminado por velas, aos cuidados de Zelda.

— Ele morreu? — Justin perguntou, aproximando-se de Asher.

— Não, só está cansado, e em estado de choque — Asher respondeu. — Mas ele vai ficar bem, amigão. Não temos como levá-lo para um hospital esta noite.

— Achei que tinha ouvido Roscoe. Por isso saí correndo — Justin falou. — Achei que ele estava lá embaixo, latindo.

— Ele veio correndo na minha direção — disse o estranho da corda.

Asher olhou bem para ele e percebeu que era o compositor que vivia mais abaixo na estrada. Ele tinha aquela aparência dos cantores de música country que hoje em dia não fazem mais tanto sucesso, mas antigamente sim: o queixo quadrado, bonito, mas com muitas preocupações estampadas no rosto, muita vida vivida em tempos difíceis. Agora esses homens compunham, mas não cantavam.

— Obrigado por trazê-lo de volta — Asher falou.

O outro homem riu de forma amável. Tinha os cabelos e olhos pretos.

— Foi ele quem nos trouxe.

— Estou feliz por isso. Eu jamais teria consigo salvá-los sozinho.

— E eu estou envergonhado por ter ficado paralisado — disse o menor dos dois. — Eu não conseguia andar. Minhas pernas não se mexiam.

Ninguém disse nada. Parecia que se dissessem alguma coisa sua vergonha só aumentaria.

Por alguns instantes ficaram observando a respiração de Caleb, que arfava, e depois tão rasa que mal conseguiam ver o peito se mexendo. Então o compositor disse que se chamava Jimmy e que seu parceiro se chamava Stephen, e que eles tinham acabado de construir a casa, aquela que Asher e Zelda viram desmoronar. Como Asher sabia que um compositor era o proprietário da casa, deduziu que Jimmy estivesse dizendo que Stephen era seu parceiro musical. No entanto, por sua maneira de falar, Asher ficou com a impressão de que Jimmy esperava algum tipo de reação. Foi então que ele se lembrou de Jimmy beijando Stephen perto do rio. Ele não havia imaginado uma coisa dessas.

— Ah! — Asher disse, com um leve aceno de cabeça. Nunca tinha conhecido um casal gay em toda a sua vida, pelo menos que ele soubesse. Não eram poucos os membros da congregação que culpavam a decisão da Suprema Corte por essa nova enchente. Não era coincidência o fato de a chuva ter começado a cair no mesmo dia em que os casamentos começaram a acontecer em Nashville, eles diziam. Asher não havia dito nada; como poderia discutir com pessoas que tinham visto suas vidas serem levadas pelo rio?

— Hoje perdemos nossa casa — disse Stephen. — Estávamos andando pela margem do rio há algumas horas e então o seu garoto apareceu.

— Pai, eu disse que eles podiam ficar com a gente.

— Você é o pastor, não é?

Havia certa desconfiança no tom da voz de Stephen.

Asher disse que sim e reparou no olhar dos dois homens se encontrando. Justin apoiou a cabeça no braço de Asher.

— Pobre garoto — disse Jimmy. — Ele é mesmo especial, não é?

— Com certeza — Asher falou, conduzindo Justin até a poltrona para que ele não ficasse com o pescoço doendo.

— Nós não sabíamos o que mais poderíamos fazer além de continuar andando até encontrarmos um lugar.

Então Asher compreendeu que deveriam estar muito cansados, andando na chuva desde aquela manhã, caminhando pelas margens enlameadas do rio, salvando Caleb e sua filha, com os jeans encharcados que deviam estar maltratando a pele há tantas horas. E então Asher se deu conta de que também estava com as roupas enlameadas e que sua pele estava em carne viva onde a corda havia queimado sua mão. Todos eles precisavam comer. E descansar.

Asher levou-os até o quarto que dividia com Lydia e deu-lhes calças e camisas limpas. Ao passar pelo quarto de Justin iluminado pelas velas, ouviu a voz de Zelda lá dentro falando suavemente com Rosalee sobre a mãe dela. Rosalee a tinha visto desaparecer no rio.

— Eu ainda consegui segurar a mão dela — disse Rosalee, e depois ficou em silêncio.

Asher não ouviu mais que isso. A casa parecia completamente diferente à luz de velas. O teto mais alto, os quartos maiores. Ao redor de Lydia, parada no meio da sala, apenas sombras.

— Ele vai ficar bem? — ela perguntou, os olhos pousados em Caleb, que tremia, mergulhado em uma espécie de sono.

— Acho que sim. A respiração está mais tranquila. Não consegui ver nenhum ferimento grave. Apenas alguns hematomas.

— Aqueles homens foram embora?
— Não. Estão vestindo roupas secas.
— Eles não podem ficar aqui, Asher — ela disse calmamente.
— Eles não têm para onde ir — Asher sussurrou. — Só nós tivemos sorte.
— O que é que a congregação vai dizer? Não é certo.
— Não é certo ajudar pessoas com problemas?
— Eu *sei* quem eles são — ela disse. — Eles são... você sabe o que eles são, Asher. Não podemos deixar que se aproximem de Justin.
— Então você não gostaria que meu irmão se aproximasse de Justin?
— Não é a mesma coisa.
— Mas você não gostaria.
Ela sustentou seu olhar, inflexível.
— Eles perderam tudo o que tinham — disse Asher.
— Sinto muito por eles, mas não sei o que podemos fazer.
— Podemos dar a eles um lugar para ficar. É isso o que podemos fazer. Ser gentis.
— Asher, você sabe muito bem...
— Hebreus nos diz para sermos hospitaleiros — Asher falou, imaginando que a Bíblia poderia ter alguma influência sobre ela.
— Asher. — O rosto de Lydia parecia dourado à luz da vela, mas continuou duro. — Não podemos permitir que dividam uma cama nesta casa.
Só então Asher percebeu que os homens estavam parados no corredor.
— Se puder nos indicar o lugar mais próximo que não esteja debaixo d'água, nós agradecemos — disse Jimmy, com o rosto coberto pelas sombras.
— Temos bastante espaço aqui mesmo — Asher respondeu.
Lydia ameaçou dizer alguma coisa, mas cobriu a boca com a mão.
— Não queremos incomodar — Jimmy falou com seu jeito tranquilo.
— Não ficamos onde não somos desejados — Stephen acrescentou.
Permaneceram todos parados, em silêncio. Jimmy com a mão na maçaneta, Stephen nas sombras, Lydia atrás de Asher, como se ele fosse um escudo, Asher no meio da sala, sentindo-se meio idiota.
— Obrigado pelas roupas — disse Jimmy.
— Nós as devolveremos — disse Stephen, virando-se para a porta.

Asher queria pedir a eles que ficassem, mas receava deixá-los ainda mais constrangidos.

— Permitam ao menos que eu lhes dê algo para comer.

— Posso fazer um prato — Lydia ofereceu, mas era tarde demais.

Eles cruzaram a porta e Asher decidiu ir atrás deles, mas os rapazes foram rápidos e desapareceram na escuridão antes que ele alcançasse os degraus da varanda. Asher gritou para seguirem para o norte pela borda da cumeeira até a casa de Kathi; ela seria boa com eles. Naquele momento Asher ainda não sabia que o Cumberland havia subido tanto que também levara a casa dela.

— Desculpem! — Asher gritou ainda mais alto por causa do barulho da enchente.

Asher ergueu os olhos e observou as estrelas novamente. Não era justo que um céu tão iluminado como aquele estivesse brilhando acima deles quando havia tanta gente que perdera tanto. Mas o céu não presta a menor atenção às coisas que acontecem conosco, sejam elas alegres ou tristes.

5

QUANDO O NÍVEL DAS ÁGUAS BAIXOU NO FINAL DAQUELA SEMANA, Asher levou Caleb e Rosalee para a casa da irmã de Caleb, em Nashville. Depois levou Zelda de volta para sua casa, que sobrevivera milagrosamente; só a varanda da frente havia sido levada pela enchente. Ele fez o caminho de volta em silêncio, cruzando o Vale do Cumberland para verificar a situação dos membros de sua congregação e seus vizinhos. A maioria das pontes havia sido varrida pela correnteza; em seu lugar, apenas gradis dobrados e retorcidos, fogões, poltronas, placas de gesso que antes formavam as paredes de várias casas. As estradas haviam cedido sob o peso da água e agora pareciam tiras negras ondulantes separadas por rachaduras, como se as bordas tivessem sido comidas. As áreas baixas ao longo do rio haviam se transformado em lagoas ocupadas por botes cheios de gente tentando encontrar seus pertences. Perto de Greene's Branch, dois homens quase caíram de um pequeno barco a remo quando puxaram um corpo para dentro do barco. Estavam no meio de um milharal e não pareciam reais até o momento em que Asher viu o cadáver, um homem com as roupas rasgadas e um corte profundo na lateral do corpo.

Asher tentou rezar, mas não conseguiu encontrar forças para isso.

Ele viu seus vizinhos se arrastando pelo solo encharcado ou pela água, tentando encontrar no meio dos destroços qualquer coisa que lembrasse a vida antes da enchente: álbuns de fotos, animais empalhados, uma pistola na caixa.

Na margem do rio, Asher encontrou Roscoe.

O corpo do cachorro estava coberto por tanta lama e sujeira que Asher não o reconheceu de imediato, mas ao colocar a mão na cabeça do cachorro e sentir o formato tão familiar, ele teve certeza.

— Ah, amigão — ele disse, agachando-se. A coleira vermelha de Roscoe havia sido arrancada, mas era ele mesmo, o bom garoto que havia tomado conta de Justin a vida inteira. Asher foi tomado por um tipo de tristeza que jamais havia sentido, uma espécie de sensação de injustiça. Ele carregou Roscoe até uma área coberta por pinheiros e enterrou o corpo com a pá que usara para desenterrar os pertences dos vizinhos, e então chorou a perda do cão tão querido, chorou todas as perdas, recentes e antigas.

Mais uma vez, não conseguiu rezar, não conseguiu encontrar dentro dele qualquer sentido para aquele tipo de oração. Havia passado a vida em busca de palavras que levassem conforto aos outros e a ele mesmo. Mas as palavras estavam sempre lá, sem que precisasse pensar muito para encontrá-las. Talvez esse tenha sido o problema.

Então Asher se ajoelhou e colocou a mão sobre o solo encharcado.

— Roscoe, você foi o melhor amigo que já existiu. Obrigado, obrigado, obrigado.

Aquilo era uma espécie de oração, ele pensou. Havia muitos tipos de oração e muitos tipos de crença, e talvez um dia ele conseguisse entender todas elas, mas por enquanto não.

ASHER FICOU VAGANDO ENTRE UM VIZINHO E OUTRO, A MAIORIA DELES integrantes de sua igreja. Abraçou aqueles que precisavam de um abraço e apertou as mãos daqueles que não estavam prontos para serem abraçados. Ajudou-os na procura por seus pertences, ajudou a empurrar veículos para fora da lama e ajudou a estender toldos para que tivessem um lugar onde pudessem descansar. Qualquer coisa para ficarem perto de onde viviam. Mas não se ofereceu para rezar com nenhum deles.

Então Asher subiu até a casa de Kathi Hoskins, situada em uma faixa de terra bem acima do Cumberland. Ela abrigara muitos vizinhos que haviam perdido suas casas na enchente anterior e Asher havia dito aos mais recentes desabrigados que a procurassem. Mas ao se aproximar da cumeeira Asher viu que a casa de Kathi também havia sido levada pela água. Restavam apenas os alicerces de concreto. E o banheiro com o chuveiro junto a meia parede de gesso. Todo o resto havia desaparecido. Ele a encontrou sentada no chão, rodeada pelos três cachorros, dois deles dormindo e o terceiro com as orelhas em pé, observando atento como se a casa pudesse reaparecer e voltar ao seu lugar caso continuasse vigiando.

Asher sentou ao lado dela e os dois cachorros se mexeram, abrindo os olhos apenas para ter certeza de que se tratava de alguém de confiança. Ela não disse nada, mas depois de algum tempo encostou a cabeça em seu ombro, o olhar fixo no lugar onde antes estivera sua casa. Suas roupas estavam úmidas. Asher nunca a tinha visto sem óculos e se perguntou se ela os teria perdido na correria para sair de casa antes que fosse levada pela enchente. Ele continuou sentado em silêncio sobre o solo encharcado, ao lado de sua amiga de infância e seus cachorros, sentindo-se mais à vontade do que em sua própria casa.

ELE VOLTOU PARA CASA QUANDO O CÉU COMEÇAVA A MERGULHAR NA escuridão da noite. Ficou parado, observando os últimos vestígios da luz do dia bocejando sobre aquela terra atribulada. Precisava entrar; Justin estava lá dentro.

Antes que sua mão alcançasse a maçaneta, a porta da frente se abriu e Lydia surgiu à sua frente.

— Meu Deus, Asher. Você está coberto de lama. Não é melhor tirar a roupa aqui na varanda? Vou buscar uma toalha.

Eu estive na estrada para Damasco, ele sentiu vontade de dizer.

Asher passou por ela e Justin veio correndo em sua direção, os braços estendidos para abraçá-lo na cintura. Ele sabia que o menino ficaria sujo e Lydia teria um ataque, mas não se importou. Depois de tudo o que tinha visto. O cadáver, o gado morto, olhos embaçados e bulbosos. As pessoas andando como fantasmas. Roscoe. Depois de tudo aquilo, ele não se importava com nada além desse instante em que seu filho corria para abraçá-lo.

— Você o encontrou? Você encontrou Roscoe?

Asher lhe disse que Roscoe certamente havia sido levado correnteza abaixo e agora alguém estaria cuidando dele, e ele devia estar bem e feliz, e devia estar pensando neles, mas sem poder voltar. Asher lhe disse que Roscoe sonhava com eles quando dormia.

— Aposto que seu novo dono ri porque ele corre e balança o rabo durante o sono.

Lydia sentou no pufe ao lado de Justin e ficou passando a mão em suas costas, em círculos.

— Aposto que não sabem que ele está pensando nas brincadeiras com você — Asher acrescentou.

— Mas eu quero que ele volte.

— O mais importante é que ele está bem — Asher falou. — Qualquer dia desses ele pode voltar correndo pelo meio da mata e aparecer na nossa varanda. Se conseguir encontrar o caminho de volta, ele voltará.

6

NAQUELA NOITE ASHER SONHOU COM SEU IRMÃO.

Luke havia sido engolido pelas águas escuras, turbulentas, lutava para não afundar sob os detritos. Asher estava em pé na cumeeira e podia ver Luke lá embaixo, gritando, o rosto suplicando por sua ajuda, para que fizesse alguma coisa. *Estou me afogando*, ele gritava. *Estou morrendo*. Mas Asher não se mexeu. Ele queria, mas seus braços e pernas não colaboravam. E então Luke foi levado pelo rio, desapareceu.

Asher acordou tremendo e percebeu que estava afundado no sofá, onde havia sido derrubado pela exaustão. Lembrou-se então do cansaço tomando conta de seu corpo, como a sombra de uma nuvem passando durante o dia sobre o pasto. A fadiga, pesada como uma pedra, do alto da cabeça até a sola dos pés. Justin tinha dormido ao seu lado, as pernas esticadas em seu colo, a boca aberta, um leve ruído ressoando em suas narinas. Alguém havia colocado uma manta em cima deles.

A casa estava mergulhada naquele tipo de silêncio possível apenas no meio da noite.

O sonho havia deixado uma dor que não conseguia extravasar. Ele saiu e sentou nos degraus da varanda, olhando para o céu. Não conseguiu ver as estrelas, pois as nuvens tinham voltado. O vale estava silencioso, mergulhado no escuro; ele não conseguia sequer ver as árvores pouco além da varanda.

Desde que aqueles homens estiveram em sua casa ele não conseguia parar de pensar em Luke.

Dez anos sem seu irmão. Ele se lembrou de sua mãe, sentada à mesa amarela da cozinha enquanto Luke dançava sobre o linóleo vermelho. Asher ria e batia palmas — tinha apenas doze anos, Luke era quatro anos mais velho. Sua mãe estava com a boca fechada, comprimida em um fio de onde saíam rugas, tal qual uma mochila amarrada. No rádio, *I Don't Want to Know* — aquela batida e a guitarra e as vozes do *Fleetwood Mac* — e Luke mexendo todas as partes do corpo, rebolando, sacudindo, rindo e jogando a cabeça para trás. Asher não sabia o que tinha dado em seu irmão; ele só dançava daquele jeito quando estavam sozinhos. Mas a música era boa demais e ele deu um salto e começou a dançar.

Sua mãe se levantou bruscamente e desligou o rádio com um movimento rápido da mão.

E a palavra que ela disse para Luke.

(*bicha*)

Luke saiu correndo da cozinha, da casa, pela margem do Cumberland à sombra dos salgueiros, onde Asher o encontrou depois, observando o rio.

Ele se lembrava dos olhos azuis quase transparentes de Luke, do movimento da nuvem de mosquitos sobre o Cumberland. Do verde exuberante das árvores, do queixo rígido de Luke, da sua recusa em chorar. Na cumeeira, surgiu uma congregação de estorninhos zumbindo e formando uma grande nuvem escura no meio das nogueiras, centenas de pássaros em uma massa ondulante. Um sinal, ele pensou no mesmo instante. Uma maravilha.

Sua mãe usou aquela palavra pela segunda vez quando Luke contou a verdade.

— Eu sou assim — Luke falou, tranquila e calmamente, como se estivesse fazendo uma oração antes do jantar.

Sua mãe foi até o quarto e voltou com a pistola de seu falecido pai. Então encostou o cano na testa de Luke. Asher ficou imóvel, enquanto uma calma estranha tomou conta do rosto de Luke.

— Prefiro ver você morto a *isso* — ela disse, as palavras comprimidas como uma linha mal escrita. Sua mão continuou firme na pistola. — Consumido pela AIDS. Repugnante. Seria melhor se você estivesse morto. Está ouvindo?

— Estou vivo — Luke falou, sem malícia no tom da voz, mera constatação. — Estou aqui.

Quando ela afastou a pistola de sua testa, deixou um pequeno círculo vermelho.

Luke ficou parado à sua frente, os olhos fixos nos dela.

— Eu só estava tentando te assustar — ela disse. — Nem está carregada.

— Você é que está assustada — ele disse, e saiu. Foi a última vez que Luke falou com a mãe, e ele já tinha ido embora há muito tempo quando ela morreu. Asher não o via há dez anos.

Ele pensou novamente nos dois homens, em algum lugar na escuridão, procurando um lugar seco para dormir. Mal conseguia tolerar esse pensamento. Pensou em Lydia, dormindo profundamente no quarto, anestesiada pela igreja.

Asher reparou que a noite estava muito silenciosa. Normalmente, nessa fase do verão, havia uma sinfonia de grilos, esperanças, rãs e cigarras. Mas agora não havia nada além da escuridão e do silêncio total.

Ele foi até a cadeira de balanço e ficou ali até o céu desabrochar no amanhecer, um feitiço de quietude quebrado apenas quando Lydia surgiu na varanda.

— Você não conseguiu dormir? — ela perguntou, calmamente, sentando na outra cadeira de balanço.

Asher não olhou para ela. Do outro lado do rio, um sopro agudo de névoa deslizava pelos cumes do Cumberland.

— Acho que está na hora de eu ir.

— Do que é que você está falando?

Um princípio de risada surgiu em sua garganta quando ela concluiu a pergunta.

Então Asher olhou para ela. Lydia tinha fechado os olhos e estava com a cabeça encostada na cadeira. Seu rosto banhado pela luz dourada do sol da manhã.

Ele se lembrou da noite em que começaram a namorar. Tinham saído para um passeio no bosque depois da igreja. Os cedros-vermelhos exalavam seu odor almiscarado.

— Nós não estamos mais na mesma página — Asher falou, subitamente cansado, exausto.

— Temos uma parceria, Asher — ela disse, levantando-se e entrando na casa.

Mas ele foi atrás dela. Na cozinha, Lydia estava colocando café no filtro, de costas para ele.

Ele era uma verdadeira sensação quando se conheceram, o pregador que estava incendiando todas as igrejas daquela área com sua revitalização do Espírito Santo. Asher tinha estado na igreja dela e ela ficou de olho. Depois do culto ficaram conversando na porta até muito depois do último carro deixar o estacionamento. Então ele a convidou para tomar um milk-shake no *Dairy Dart*. Ela estava usando um vestido estampado com pequenas flores amarelas de Páscoa. Ele gostou do jeito como ela colocava os dedos sobre a boca quando ria, a maneira determinada como havia entrado no restaurante, com os ombros para trás, como se fosse a dona do lugar. Na semana seguinte fizeram um passeio pelos bosques até o Cumberland. Ela engachou o braço no dele. Tinha uma risada larga, generosa. Era a garota mais bonita que já tinha visto, cheia de vida e de vontade de servir através da igreja. A esposa perfeita para um pastor. Namoravam há poucos meses quando ele decidiu pedi-la em casamento, e eles fugiram para Nashville sem contar para ninguém. Ela costumava pegar sua mão e ele se sentia seguro. Ela costumava tocá-lo e ele queria tanto isso, ter alguém que estendesse o braço e colocasse a mão em seu pescoço, que colocasse a cabeça em seu ombro.

— Não consigo esquecer a maneira como você mandou aqueles homens embora — ele disse.

Ela puxou uma cadeira e sentou à mesa. Ainda era tão encantadora, com seu pescoço longo, os cachos castanho-avermelhados sobre a testa, os grandes olhos castanhos. Ela tinha a coloração do curiango e também os ossos pequenos como os dessa ave. A mais solitária das aves. Sob vários aspectos, tinha sido uma boa esposa. Mas aquilo era demais. Não podia deixar passar uma coisa dessas.

— Você simplesmente os mandou de volta para a enchente.

— Asher, você... — Ela fez um esforço para juntar as palavras e fixou os olhos nas próprias mãos. — Você está exagerando.

— Você poderia ter mandado meu irmão embora daquele jeito.

— Nós temos que defender o que é certo, Asher.

Então ele reparou que as mãos dela estavam tremendo. Naquela noite em que haviam passeado pelos bosques, sua mão lhe parecera tão pequena. Naquele momento em que acreditaram que juntos poderiam construir uma vida verdadeira.

O aroma de café fresco tomou conta da cozinha, mas nenhum dos dois se mexeu para pegar uma xícara.

— Estudei muito, Lydia. Você sabe que não penso mais dessa maneira. Passei a vida acreditando que entendia tudo o que estava nessa Bíblia, mas agora sei que nenhum de nós pode entender os desígnios de Deus. Ele é grande demais para isso.

— Não vou abandonar minhas crenças só porque você mudou. Uma pessoa não pode passar a vida inteira acreditando que um mais um é igual a dois e de repente alguém diz que é igual a três e do nada — ela estalou os dedos — passa a acreditar nisso. As coisas não são assim.

Ela era filha de um pastor e depois se tornou esposa de um pastor. Aquele era o trabalho de sua vida. Mas pela primeira vez ele percebeu que havia medo em sua voz. Ela tinha ficado com medo de tudo. Lydia já havia sido uma pessoa aberta para o mundo — a cabeça jogada para trás numa gargalhada, envolta pelo aroma de cedro — mas agora sua rigidez e seu medo havia se transformado em algo que beirava a mesquinhez.

— Meu trabalho é manter meu filho bem longe de homens como aqueles. E garantir que meu marido continue no caminho certo. Se abrir mão das minhas crenças, estarei traindo você e Justin.

— Lydia, escute. Você está confundindo crença com julgamento. Não estamos aqui para julgar. Você deixou que todos esses julgamentos da igreja tomassem conta de você. Que lhe tirassem a alegria.

— Não há alegria neste mundo que se compare à alegria que sinto na igreja.

— Mas não precisa ser assim. E esse medo que você sente. Esse ódio. Você tem medo de qualquer pessoa que seja diferente. De qualquer coisa que não seja do seu jeito.

— E tenho culpa por ter continuado a mesma e você ter mudado?

Ele pensou um pouco antes de responder.

— Acho que sim.

— Tudo o que uma pessoa tem são suas crenças, Asher. Não foi isso que você pregou a vida inteira?

— Eles são nossos vizinhos.

— Eu te amo, Asher — ela disse, com a voz agora suplicante, baixa, cuidadosa. — Sempre te amei.

Ele não conseguiu dizer o mesmo, e ficou surpreso com isso. Mas era assim, tão claro quanto a nova manhã.

7

A ESCOLA RETOMOU SUAS ATIVIDADES NO INÍCIO DE AGOSTO, APESAR DE OS ônibus não conseguirem chegar a muitos lugares por causa das obras para reconstruir estradas e pontes. Um mês de sol escaldante não havia feito muito mais do que secar a lama. As aulas haviam começado há apenas uma semana quando Asher recebeu um telefonema informando que Justin havia se machucado em uma briga.

Na sala da diretora, Asher viu que a boca de Justin estava ferida e inchada; havia um corte — coberto por um curativo — no rosto, abaixo do olho direito, que estava ficando com uma cor verde-azulada; também havia sangue seco nas narinas. Asher notou que Justin estava envergonhado, a maneira como tentou manter a compostura, fazendo cara de corajoso, como se aquilo não fosse nada demais.

Asher tentou não reagir. Passou a mão pela cabeça de Justin e pousou os dedos na nuca do filho ao sentar-se ao seu lado. Os olhos atordoados de Justin fixaram-se na diretora.

A senhora Jackson era do Mississípi e falava com uma voz arrastada e elegante, daquele jeito que as pessoas falam no cinema quando querem se passar por sulistas.

— Justin, querido, você quer contar o que aconteceu para o seu pai comigo na sala ou prefere que eu saia?

A senhora Jackson inclinou-se para a frente e foi possível ouvir o tecido áspero do blazer rosa raspando na mesa tamanho era o silêncio da sala.

— Tanto faz — Justin falou baixinho, o rosto voltado para o chão.

— Por que está dizendo isso, querido? — perguntou calmamente a senhora Jackson com a voz firme. — Preciso falar com quem fez isso. Você não quer que façam a mesma coisa com outro aluno, quer?

— Não, senhora.

Asher reparou que Justin tinha as mãos apertadas sobre o colo. Não era fácil ver seu filho naquele estado. Sua vontade era esmurrar quem quer que tivesse feito aquilo.

Fora da sala também imperava o silêncio. Quando Asher chegou, as crianças estavam saindo, um grande rebanho agitado e tagarela. Agora que todos tinham ido para suas casas, era possível ouvir o tique-taque do relógio redondo pendurado na parede acima da cabeça da senhora Jackson. Mais acima, soprava o ar gelado do aparelho de ar-condicionado.

— A terapia tem feito muito bem a Justin, por isso acho que deveriam conversar com a médica sobre o que aconteceu hoje.

— Terapia? — Asher perguntou.

A senhora Jackson soltou um suspiro nervoso e iluminou o rosto de Asher com um pedido de desculpas no olhar.

— Se ele decidir lhe contar qualquer coisa e quiser compartilhar comigo, por favor, avise. Não vou permitir a existência de bullying na minha escola. — Virando-se para Justin, ela suavizou o olhar. — Querido, fale comigo e eu acabo com isso. Está entendendo, doçura?

— Sim, senhora.

Ao saírem, Justin pareceu ainda menor do que o normal.

No carro, ficaram em silêncio por algum tempo e então Justin perguntou se podia ouvir um pouco de música. Diante da resposta afirmativa de Asher, Justin colocou os fones de ouvido e cantou em voz alta: *Wonderful, wonderful, wonderful the way I feel*. Nos últimos tempos ele ouvia essa música constantemente. Pelos vidros abertos, o ar quente batia suavemente em seus rostos, remexia os cabelos. Justin colocou a mão para fora, subindo e descendo, sentindo o vento correr.

Ainda havia cheiro de inundação no ar, odor de gado apodrecendo, de lama fétida e árvores retorcidas em decomposição. Eles passaram ao lado de lajes de concreto que haviam formado as bases de muitas casas. Também por uma fileira de caminhões brancos da agência de atendimento a emergências e por uma van aninhada nos galhos retorcidos de uma magnólia cujas folhas haviam sido arrancadas pelas águas.

— Justin, diga quem fez isso com você — Asher falou finalmente.

— Não tem importância — Justin disse, encostando as costas no banco.

— Conte quem foi.

— O garoto me empurrou do escorregador.

— Por quê?

Justin deu de ombros e começou a mexer na casquinha de um velho machucado na palma da mão, levantando as bordas com a unha.

— Porque ele me odeia. Sempre odiou.

— E por que alguém odiaria você?

Justin resolveu observar a paisagem, admirando o brilho do rio entre as árvores.

— Que história é essa de terapia, amigão?

— A mamãe me leva, às quartas-feiras. Em Nashville.

— Por que você não me falou nada a respeito?

— Ela me disse para não falar. Disse que você ficaria preocupado.

Ao chegar em casa, Asher desligou o motor, mas não saiu do carro. Ficaram os dois olhando para o rio lamacento.

— Se eu contar uma coisa, promete que não vai ficar bravo comigo? — Justin perguntou.

— Depende.

— Eu acredito em Deus, mas não acredito na igreja — Justin disse, virando-se para encará-lo. — Hoje eu disse isso no recreio, porque tinha uma menina rezando para que os Titans vencessem. E quando ela contou para os outros eles disseram que eu ia pro inferno. E então um deles me empurrou do escorregador.

Asher não sabia o que dizer. Até então não havia percebido que talvez sentisse a mesma coisa.

— Você acha que eu vou?

— Vai o quê?

— Para o inferno?

— Não — Asher respondeu imediatamente, resolutamente. Ele sabia que eram pastores como ele que haviam colocado esse tipo de ideia na cabeça de seu filho e na cabeça de todas as crianças que estavam no playground. Ele continuou sentado, tentando encontrar palavras para dizer mais alguma coisa, mas não sabia o que fazer.

Asher abriu a porta e saiu do carro. Colocou a mão nas costas de Justin enquanto caminharam para a casa.

— Devíamos caminhar até a cumeeira depois do jantar — Asher falou. — As dedaleiras devem estar florescendo.

Ultimamente, os bosques eram o único tipo de igreja da qual ele sentia vontade de fazer parte.

8

QUANDO STEPHEN E JIMMY COMEÇARAM A FREQUENTAR A IGREJA NAS manhãs de domingo, três membros do conselho vieram perguntar o que ele faria a respeito daquilo.

— Vou lhes dar as boas-vindas — Asher respondeu. Ele não disse nada sobre o quanto gostaria de voltar no tempo, até o dia em que deu as costas para seu irmão e consertar a situação. Mas sentiu vontade.

Outros membros da congregação telefonaram e alguns apareceram em sua casa, dizendo: *Não podemos permitir uma coisa dessas na nossa igreja* ou *Não posso permitir que meus filhos fiquem próximos de algo assim* ou *Você sabe o que eles são* ou *Você precisa fazer alguma coisa, Pastor Sharp*.

Caleb Carey era a voz mais enfática contra eles. Exigiu que fossem avisados para não voltar.

— Não posso fazer isso, Caleb — Asher falou. — Não direi a ninguém que não é bem-vindo.

— Existem igrejas em Nashville que aceitam esse tipo de gente — disse Caleb. — Eles devem ir pra lá.

— Eu já disse que não vou impedir ninguém de participar do culto.

— Vou convocar uma reunião especial com os membros da igreja se for preciso. — Caleb já havia sido um homem tão humilde e agora havia apenas raiva na rigidez de seus ombros, agressividade nas cordas vocais. Ele tinha perdido quase tudo nas águas duas vezes e agora elas haviam levado mais do que sua esposa e sua casa. — Se você não mandar aqueles veados embora, mando eu.

— Ninguém vai mandar ninguém embora desta igreja, Caleb — disse Asher, levantando-se. Não conseguia ficar sentado quando estava irritado. — Um desses homens o salvou, Caleb. E salvou Rosalee.

— Nem por isso está certo... o que eles são. Não podemos tolerar isso, Asher. — Caleb enxugou o suor da testa e desviou o olhar. Então a raiva voltou. — Daqui a pouco vão querer que você celebre o casamento deles. E você vai fazer o quê?

— Caleb, sei que está furioso. E não o culpo. Você perdeu tanto. — Asher fez uma pausa, procurando as palavras certas. — Mas não acho que vá se sentir melhor tratando-os mal.

— Eu não vou fazer como todas as outras pessoas neste país e abrir mão das minhas crenças pra ser educado.

— Não permita que isto o transforme em uma pessoa mesquinha.

Caleb balançou a cabeça.

— O que aconteceu com você, Asher Sharp? — ele disse e saiu, deixando a porta da sala aberta.

— O QUE É QUE VOCÊ ESTÁ PENSANDO, ASHER? — LYDIA PERGUNTOU DEPOIS de tomar o primeiro gole do café. — Quer perder sua igreja?

— O que é que *você* está pensando?

— Do que é que você está falando? — ela disse, bufando.

— Eu sei que você está levando Justin a uma terapeuta. Por que você faria uma coisa dessas e depois diria a ele para não me contar?

— Pensei que fosse ajudar — ela disse, corando de repente. — Se ele não estivesse tão tenso o tempo todo.

— Justin não é o problema — Asher falou, procurando manter a voz baixa e calma. — É este mundo. Ninguém consegue deixar que uma pessoa simplesmente seja como é.

Lydia ficou em silêncio.

— Quero conversar com essa terapeuta — ele disse, pensando nos remédios que os médicos davam a garotos como Justin. Ele não permitiria que tirassem o brilho de seu filho.

— Não é normal, tanta sensibilidade — ela disse, levantando-se. O sol brilhava com tanta intensidade às suas costas na cozinha que Asher não conseguia ver seu rosto. — Como é que alguém consegue chegar ao fim do dia quando se preocupa até com as menores coisas do mundo? Ele não consegue atravessar o jardim sem pensar que pode pisar em uma formiga, Asher! Ele precisa parar de sentir tanto.

— E por quê? — Asher disparou.

Lydia despejou o resto do café na pia e lavou a xícara, de costas para ele.

— Sei que você acha que está protegendo o Justin — Asher disse. — Mas quero que o deixem em paz.

ENQUANTO SEGUIAM PARA NASHVILLE, LYDIA LIGOU O RÁDIO E SINTONIZOU uma emissora evangélica de uma área além das montanhas da região. Por um minuto excruciante eles ouviram um pastor gritando que a bandeira cristã seria banida antes de Asher desligar o rádio. Lydia suspirou e colocou um CD com músicas gospel no aparelho.

Justin enfiou os fones de ouvido.

— O que é que você fica ouvindo o tempo todo? — ela perguntou, virando-se para trás.

— *My Morning Jacket*, basicamente.

— O que é isso?

Justin puxou o fio branco, tirando um dos fones do ouvido.

— É só uma banda.

— Que tipo de banda?

— Minha banda favorita. Jim James é o vocalista e ele...

— É melhor que não seja do tipo que só fala palavrão — ela disse, de olho nele.

— Eles não fazem isso — disse Asher.

— Por que você gosta deles? — ela perguntou, agora olhando para o para-brisa.

— Gosto do som que eles fazem. Quando ouço eu me sinto como você se sente quando está na igreja.

Para surpresa de Asher, ela riu.

— Duvido muito.

Justin colocou o fone no ouvido novamente e aumentou o volume, encostando a cabeça no banco do carro.

Então Nashville surgiu diante deles, com seu estádio, o Edifício do Batman e aquela neblina branca que a distinguia do resto do mundo quando o tempo esquentava. Mas eles não se dirigiam ao centro da cidade. Pegaram uma saída, seguiram por uma rua, depois outra e pararam diante de um prédio de tijolinhos. Uma jovem muito bonita que falava como se fosse um bebê conduziu-os a uma sala que mais parecia um lugar para sentar e assistir televisão do que um lugar para falar com um médico. Só que não havia TV alguma. Apenas um sofá, duas poltronas e uma mesinha com nada além de uma caixa de lenços de papel. A janela dava para o estacionamento. Asher podia ver o carro deles, cozinhando no sol. Havia uma planta de plástico no beiral da janela, o que o incomodou. Uma planta artificial perto da luz. Asher imaginou que as folhas deviam estar quentes.

Asher odiou tudo aquilo. O ambiente inexpressivo, o silêncio e o aroma de baunilha que saía de um aromatizador ligado na tomada.

A terapeuta entrou e se inclinou para cumprimentar Justin, como se fossem cúmplices de um crime. Depois cumprimentou Lydia como se fossem velhas amigas e virou-se para Asher como se só então tivesse notado sua presença, dizendo-lhe que a chamasse de Leslie. Seus dentes eram muito, muito brancos. Leslie sentou e cruzou as pernas, roçando a meia-calça, e equilibrou um bloco de notas sobre o colo.

— Justin, vou conversar um minutinho com seu papai e sua mamãe e depois conversaremos só nós dois. Tudo bem?

— Tudo, mas eu não digo mamãe — Justin falou, como se já tivesse dito aquilo e estivesse cansado de repetir. — Eu digo mãe.

— Tudo bem — disse Leslie, como se houvesse alguma razão para não estar tudo bem, e fez algumas anotações em seu bloquinho. Para Asher, ela parecia uma folha de papel em branco e ele precisou se repreender por não gostar dela pelo simples fato de ter sido excluído de tudo aquilo por Lydia.

Lydia começou a falar, contando várias coisas a respeito de Justin como se ele não estivesse sentado ali.

— Ele é um menino tão bom, temos tanto orgulho dele, mas ele fica realmente muito chateado quando alguém ou alguma coisa se machuca, apesar de eu dizer a ele que isso faz parte da vida, que as coisas são assim, mas ele não aguenta ver alguém chorando ou chateado. Eu sei que vocês conversaram a respeito disso, mas ele continua se deixando afetar por tudo.

Justin estava apalpando as folhas quentes da planta de plástico da janela e parecia não estar ouvindo uma palavra daquilo. Asher ficou surpreso com o fato de uma conversa desse tipo estar acontecendo na frente do garoto. Leslie fazia anotações e olhava para Lydia como se estivesse fascinada.

— Por causa disso ele está sempre doente, sempre com o nariz escorrendo ou com tosse ou com alguma virose — Lydia prosseguiu. Asher começou a pensar que ela não se calaria tão cedo. — E há um menino que pega no pé dele na escola. Hoje nós só queremos que o pai dele participe da conversa.

Leslie se levantou e fez um sinal para Justin, indicando outra sala para a terapia particular dele.

— Daqui a pouco nós todos conversaremos — ela disse, como se aquilo fosse uma grande diversão.

Ele olhou para Lydia torcendo para que ela conseguisse ler seus pensamentos, pois estava pensando que não sabia se conseguiria perdoá-la por ter feito tudo aquilo pelas suas costas.

A TERAPEUTA DISSE QUE JUSTIN TINHA UM TRANSTORNO DE ANSIEDADE.

Estou pensando em TAG, Transtorno de Ansiedade Generalizada ou TNE, transtorno não específico — ela disse, olhando-os nos olhos, como se todos os seres vivos devessem conhecer esses termos. — Como esta é nossa terceira sessão, acho que vou encaminhá-lo a um psiquiatra e certamente deverá começar a tomar um ansiolítico ou um ISRS...

— Espere um instante — Asher falou, levantando a mão. — E se ele for simplesmente bom? Talvez seja apenas um bom garoto.

A mulher inclinou-se para a frente, abrindo os dedos das mãos.

— Vocês têm muita sorte por terem sido abençoados com esta pequena alma tão boa — ela disse, e Asher percebeu que ela acreditava piamente no que estava prestes a dizer. — Realmente. Já vi crianças iguais a ele e são maravilhosas. Mas vocês não podem esquecer que a vida será difícil para ele, carregando todo esse peso nos ombros. Não quero que Justin deixe de ser como é, e nem o doutor Conley. Mas acredito que ele concordará comigo que podemos tornar sua vida menos problemática.

— Mas ela não é problemática!

— Asher, deixe a doutora explicar — Lydia falou, colocando a mão na coxa dele.

— Senhor Sharp, acho que o senhor não percebe como o dia a dia é estressante para Justin, ele se preocupa com tudo. Ele se preocupa com o fato de ser diferente das outras crianças. Ele se preocupa com a possibilidade de sua avó morrer durante a noite por ser velha. Ele se preocupa com o cachorro que se perdeu na enchente...

— Essas preocupações me parecem razoáveis, acho que qualquer criança...

— Sim — Leslie disse, como se estivesse interrompendo uma criança adorável. — Mas a diferença é que essas coisas têm um impacto enorme sobre Justin e receio que ele possa desenvolver uma úlcera ou algum outro problema físico. Nós precisamos tratá-lo adequadamente.

— Vocês não vão tratar meu filho com remédios, de jeito nenhum — Asher disse, levantando-se.

— Bem, isso não depende de mim, Asher. Quem vai decidir é o psiquiatra — Leslie falou, e ele sentiu vontade de pedir que ela não o chamasse pelo primeiro nome. Ele detestava a familiaridade de estranhos hoje em dia. Mas continuou em silêncio.

E assim havia mais uma razão para ficar: não desarraigar tudo o que seu filho conhecia, proteger Justin.

9

NO DOMINGO SEGUINTE, OS DOIS HOMENS FORAM ATÉ A IGREJA NOVAMENTE e os bancos rangeram com a movimentação dos párocos que se voltavam para vê-los entrando pelo corredor. Ocuparam um lugar mais ou menos na metade da igreja e a família que estava na outra ponta do banco levantou-se com certa comoção e mudou-se para a fila da frente. Jimmy cumprimentou os presentes com a cabeça, mas poucas pessoas responderam. Stephen manteve os olhos grudados no chão.

Os dois certamente sabiam o que as pessoas sentiam em relação a eles. Talvez por isso, Asher pensou, continuassem a vir. Talvez quisessem testar o lugar e ver o que aconteceria.

Asher não podia culpá-los por isso.

Ele havia preparado um sermão sobre as pedras dos israelitas, mas teve outra ideia. Era fácil desconsiderar as pessoas quando não as conhecia ou não podia vê-las. Mas ali estavam aqueles homens, diante de todos, seus rostos cheios de expectativas. Talvez não estivessem tentando testar ninguém; talvez quisessem apenas orar com uma congregação. Ele se lembrou da forma carinhosa com que Jimmy havia beijado os olhos de Stephen durante a enchente. Sua testa. Sua boca. Asher compreendeu que estava ali em silêncio, olhando para eles, enquanto todos os demais olhavam para ele. Precisava dizer alguma coisa.

Por isso abriu a página em Hebreus 13:2-3: *Não vos esqueçais da hospitalidade, porque por ela alguns, sem o saber, acolheram anjos. Lembrai-vos dos presos, como se estivésseis presos com eles; e dos maltratados, como sendo-o vós mesmos também no corpo.* Então citou Mateus 25:35: *Porque tive fome, e destes-me de comer; tive sede, e destes-me de beber; era estrangeiro, e hospedastes-me.* Depois passou para Romanos 12:13, e leu: *Acudi aos santos nas suas necessidades; exercei a hospitalidade.*

— Isto é o que temos que fazer: sermos bons uns com os outros. Se alguém for diferente de você, procure conhecê-lo em vez de lhe dar as costas. Durante anos preguei que vocês deveriam julgar os outros e levá-los a mudar. Mas eu mesmo mudei minha forma de pensar. O que estou dizendo agora é que o único que pode julgar todos nós é Deus.
— Asher sentiu uma eletricidade no corpo e estremeceu, como se tivesse o dom de línguas.

Ficou esperando que alguém se juntasse a ele. Aquela era uma congregação que gostava de participar, gritando "Amém!" ou "Aleluia!" para pontuar o ritmo do sermão. Mas ficaram todos em silêncio.

Asher viu Justin, inclinado junto a Zelda. Estava fazendo isso por ele, para mostrar que a igreja não precisava ofuscar o Deus nas pessoas, que podia fazer o oposto.

Lydia estava sentada do outro lado de Justin, perto, mas à parte. Estava com os braços cruzados e balançou a cabeça de leve, o suficiente para que Asher percebesse, tentando protegê-lo.

— Durante toda a minha vida me disseram para amar o pecador e odiar o pecado. Mas eu lhes digo que não me cabe dizer que outras pessoas que não estão fazendo mal a ninguém estão cometendo um pecado. Estou dizendo a vocês o que João nos disse nas Escrituras: "Procedes fielmente em tudo o que fazes pelos irmãos, e pelos desconhecidos". Vocês sabem o que este verso está nos dizendo?

Ele respirou profundamente enquanto esperava pela resposta da congregação, mas não houve nenhuma. Viu todos aqueles rostos como se fossem fotografias sendo atiradas em uma mesa à sua frente.

— Significa que você agrada a Deus quando é bom com estranhos. Essa é a nossa incumbência. — Ele fez uma pausa, ouvindo o silêncio. Como ninguém dissesse qualquer coisa, ele falou com a voz baixa: "Amém".

O coro hesitou por alguns instantes antes de se levantar. Asher virou-se para eles e abriu os braços.

— Por favor, cantem *This Little Light of Mine* para nós.

Asher cantou junto com o coro, que fez uma apresentação bastante débil, apesar de geralmente demonstrar muita força. A congregação geralmente ficava em pé e também cantava, mas nesse dia isso não aconteceu. Asher examinou seus rostos. Ele não se importava com sua aprovação e não queria parecer que se importava.

Quando o coro terminou de cantar ele se dirigiu para o fundo da igreja, onde as portas duplas se abriam para fora, como sempre fazia.

— Senhor — ele disse já na saída — ajude-nos a nos amarmos uns aos outros como o senhor nos amou, sem questionamento, sem julgamento, sem perseguição. Amém!

De repente todos se levantaram e se arrastaram como se estivessem carregando um fardo pesado. À porta, alguns lhe apertaram a mão, mas outros passaram reto. Já sabiam o que iriam fazer e não queriam dar a ele um beijo de Judas.

Alguns dos que pararam para se despedir de Asher pareciam tristes. Estavam magoados. Não tinha sido essa sua intenção. Outros pareciam preocupados porque sabiam o que iria acontecer. Todos sabiam que aquele seria seu último sermão, por desafiar a igreja. Apenas Kathi Hoskins lhe deu um abraço.

— Obrigada — ela disse.

Lydia e Zelda passaram por ele, mas Justin abriu caminho por entre as pernas até alcançar seu pai.

Jimmy e Stephen esperaram para serem os últimos a sair.

Jimmy cumprimentou Asher, apertando-lhe a mão com força.

— Não queríamos lhe causar problemas — ele disse. — Só pensamos que talvez fosse seguro porque dá pra ver que você é um bom homem, ainda que sua mulher não nos queira por perto. Por isso pensamos...

— Sinto vergonha pela maneira como eles agiram — Asher falou.

— Vejam quem está aqui — disse Jimmy, baixando o olhar. — Aqui o rapazinho que nos levou para fora do matagal.

— Esconderijo — disse Justin, antes de sair correndo até o carro.

— Você foi muito corajoso — disse Jimmy. — Nunca deveríamos ter mudado para cá e pensado que seria diferente. Estamos vivendo em um trailer, tentando reconstruir nossa casa.

— Não vamos permitir que ninguém nos mande embora — Stephen completou.

Jimmy parecia muito cansado, como se tivesse passado a vida lutando. O sofrimento havia marcado seu rosto com sulcos profundos na testa e ao redor da boca. Mas seus olhos brilhavam apesar da dor. Asher pensou em Luke e se perguntou se o rosto dele também estaria marcado dessa forma, sabendo que era o responsável por algumas das marcas na pele do irmão.

— Gostaria que as coisas fossem diferentes — disse Asher.

Jimmy concordou com um aceno da cabeça e olhou para Stephen.

— Sei que é pedir muito, pastor Sharp, mas estávamos pensando se, não agora, mas quem sabe no futuro, você se importaria em celebrar nosso casamento. Talvez no ano que vem, depois que reconstruirmos nossa casa — Jimmy disse, revirando o boné de baseball que tinha nas mãos. — Seria muito importante para mim, pessoalmente, ter um pastor oficiando a cerimônia, e você é o único que ficou do nosso lado, que realmente se arriscou por nós.

Asher já tinha ouvido falar de gente suando frio e agora sabia que era verdade. De repente, sentiu o corpo encharcado.

— Queríamos que fosse em nossa casa — Jimmy acrescentou. — Não aqui na igreja. Só nós.

Asher viu o rosto da sua congregação, de Lydia, de Caleb Carey. Já não se importava com o que eles pudessem pensar. Ainda assim, depois de tantos anos pensando de um jeito, não era fácil abrir mão das próprias crenças.

— Sinceramente, não sei o que dizer. Preciso pensar a respeito — ele falou, sentindo o tremor na voz.

— Tudo bem. Vamos embora, Jimmy.

— Espere um pouco — disse Jimmy, segurando Stephen pelo pulso. — Só tenha um pouco de paciência.

Stephen se virou e enfiou as mãos nos bolsos da calça.

— Passamos a vida sendo pacientes.

— Eu sempre disse que jamais me casaria se não fosse no meu estado. Onde nasci e cresci — Jimmy falou calmamente, a voz baixa, como se estivesse esperando para dizer essas coisas. — Agora que finalmente legalizaram, pensei que você pudesse...

— Sinto muito — disse Asher. — Só não posso dar certeza por enquanto.

Jimmy pegou a mão de Asher e o cumprimentou.

— Agradecemos por ter ficado do nosso lado.

— Mas somos tão bons quanto qualquer outro casal — Stephen falou. — E devemos ser tratados da mesma maneira.

— Sei que deve ser assim — Asher gaguejou. — Eu concordo...

Stephen ficou parado diante dele, esperando que concluísse a frase, mas já sabia que Asher era um covarde. Então se virou e desceu a escada.

— Cuide-se — Jimmy falou educadamente, apesar da decepção na voz. Passou por Asher e sumiu na claridade ofuscante.

Asher ficou parado onde estava até ver o carro sair do estacionamento e desaparecer completamente de sua vista.

— Vamos, Asher — Lydia gritou do carro, onde ela e Zelda estavam se abanando por causa do calor. Ela com o programa do culto e Zelda com a bolsa. — Estamos assando.

10

A ÚLTIMA VEZ QUE ASHER TEVE NOTÍCIAS DE LUKE FOI POUCO ANTES da enchente. Como sempre, um simples cartão-postal sem o nome do remetente.

Na frente havia a foto de um pássaro em uma praia com um mar impossivelmente azul ao fundo. As asas do pássaro eram alaranjadas, com as bordas marrons, perfeitas e lindas. O bico era longo e preto, assim como as pernas nodosas, emergindo de um branco suave. Havia certa tristeza na maneira como os olhos castanhos arredondados olhavam para longe.

Na parte de trás do cartão, no lado direito, estava o nome de Asher e o endereço, com um selo da bandeira americana e um carimbo postal de Key West, Flórida; no lado esquerdo, a melhor parte: as palavras *já nem percebe o rugido constante ao seu lado* escritas em letra de forma. A letra era a mesma dos dois cartões anteriores, que havia recebido nos últimos anos. Cada um continha uma citação como esta.

O primeiro cartão ele havia recebido quase dois anos antes. Uma vista aérea da ilha de Key West. Na parte de trás da foto, a mensagem: *Tudo o que é, é sagrado.*

Asher só teve que digitar as frases em um site de buscas na internet para descobrir de onde vinham. O primeiro cartão levou-o a Thomas Merton. Comprou alguns de seus livros e descobriu novas formas de pensar a respeito da religião como nunca havia pensado: aceitação, identidade, liberdade. Em Merton ele descobriu que o segredo para conhecer melhor a Deus era conhecer melhor a si mesmo. Com a leitura dos livros de Merton, ele sentiu que havia a possibilidade de voltar a se sentir uma boa pessoa novamente.

Luke costumava ler e falar sobre aquela ilha o tempo todo. Ele sonhava em morar lá. Podia vê-lo à sua frente, os olhos brilhando com a ideia da fuga. "Lá as pessoas podem ser quem são", ele dizia. Luke sempre recomendara músicas e livros para Asher na infância e na adolescência, mas tinha parado quando Asher começou a pregar e se fechou para quem não frequentasse sua igreja. Agora Luke estava voltando a fazer silenciosas sugestões.

No segundo cartão havia uma paisagem com o mar em toda a sua glória, a água implorando por um mergulho, o imenso oceano verde-azul-esbranquiçado desaparecendo em direção ao céu púrpura. Na parte de trás: *Às vezes a dor é tão profunda profunda profunda*, o que o levou a Patty Griffin. Fazia anos que não ouvia outra coisa além de música gospel. A maneira dela de cantar — tão cheia de tristeza e aflição, e ainda assim sempre com esperança — lembrava-o de Luke.

E agora o terceiro. Leu a citação novamente e refletiu sobre a breve explicação no alto do cartão: *O maçarico é uma ave que habita as zonas costeiras, visto com frequência nas praias da costa leste. Ao contrário da maioria das aves, o maçarico é mais ágil na terra do que no ar.*

O sublinhado havia sido feito com a mesma tinta azul da citação.

Asher digitou a citação em seu laptop e a palavra *Maçarico* e encontrou um poema de Elizabeth Bishop com esse título. Leu o poema várias vezes, tentando entender o que seu irmão poderia estar tentando dizer a ele. Asher imprimiu uma cópia, dobrou-a perfeitamente em quatro e guardou-a na carteira para reler depois.

Foi até a varanda da frente e observou a chuva fina que caía, fazendo com que a neblina suavizasse a fenda do rio no alto dos cumes.

Ele não tinha mudado tanto quanto acreditava. Quando colocado à prova, falhara. Era como se tivesse decepcionado seu irmão novamente.

Asher tirou o celular do bolso e ligou para Caleb Carey.

— Eu já decidi. Se tentarem afastar aqueles homens, vou sair da igreja com eles.

— Eles escolheram seu modo de viver — Caleb falou. — Agora têm que ficar com a turma deles.

— Caleb, você é quem está fazendo uma escolha. Não aqueles homens.

— Que escolha?

— Uma escolha pela maldade — disse Asher, encerrando a chamada.

Ele continuou sentado por um bom tempo, enquanto a chuva se transformava em uma névoa fina. Todas as pequenas coisas nas árvores e na grama produziam estalidos e sons variados.

Quando Lydia apareceu, imaginou que o estivesse chamando para jantar — havia sentido o cheiro de frango frito vindo da cozinha.

— Caleb convocou todos os diáconos — ela disse. — Para pedir uma votação da igreja e decidir se você fica ou não.

— Espero que decidam pelo não. Acabou.

— Você não pode desistir assim. Não podemos simplesmente ficar sentados quando estamos cansados.

Ele se levantou e se apoiou no gradil da varanda, olhando para o vale. Ela ficou atrás dele.

— Sei que você quer fazer o que acha que é certo — ela disse. — Mas você precisa fazer o que é certo para *nós*. Para Justin, principalmente.

Uma brisa leve soprava da direção do rio.

— Todo mundo precisa fazer concessões — ela continuou. — Todos os dias das nossas vidas.

Asher observou o vento sacudindo as árvores. Lembrou-se de que Zelda uma vez lhe contou que sua avó Cherokee dizia que Deus vivia nas árvores, lá em cima, nos galhos mais altos.

Lydia começou a varrer a varanda, os olhos atentos na tarefa. Ele observou sua movimentação pelas tábuas do piso com a vassoura na mão. Seus braços tinham uma tonalidade dourada, como sempre durante o verão. Ele sempre gostou de vê-la trabalhando, principalmente do lado de fora da casa. No jardim, no quintal. Ela sabia cultivar plantas e flores. Podia fazer qualquer coisa que decidisse aprender. Desde muito jovem ela sabia exatamente no que acreditava e se alguma vez teve qualquer dúvida, jamais expôs a ele. Sempre acreditou que, se trabalhasse e fizesse suas orações, todo o resto se encaixaria perfeitamente. Asher desejou ser um pouco mais como ela em vez de ter tantas dúvidas.

E desejou poder contar a ela sobre os cartões-postais, mas ela havia ficado feliz quando Luke desaparecera. Ela nunca chegou a dizer, mas ele sabia.

— Você não está falando comigo — ela disse, fazendo um grande arco com a vassoura para espalhar pelo quintal todos os detritos acumulados no degrau. Ela se virou para olhá-lo de frente e apoiou-se no cabo da vassoura.

Asher conseguiu ver claramente a jovem com quem havia se casado: aquele rosto lavado da juventude, hipnotizado no segundo banco enquanto ele fazia seu primeiro sermão de verdade.

— Como você pode abrir mão de tudo por causa de dois estranhos? Você sabe que o que esses homens fazem é errado.

— Esses homens não são diferentes do meu próprio irmão.

— Mas eles não são o Luke.

— É a mesma coisa, Lydia. Você os mandou embora pelo que eles são.

Ela sentou em uma das cadeiras de balanço e olhou na direção do rio, tensionando os músculos do queixo.

— Não sei como fazer você me entender.

Ele baixou os olhos e fitou as mãos.

— Eu deveria ter dito a eles para ficarem — ela falou, hesitante. — Mas não sabia como. Não sabia como dizer a eles "Vocês podem ficar aqui desde que não durmam juntos". Eu não podia permitir isso com Justin por perto. Por isso foi mais fácil não convidar.

— O mundo não é mais o mesmo de quando éramos jovens, Lydia.

— Então agora tenho que aceitar tudo? — ela zombou. — Tenho que concordar com o mundo porque ele mudou?

— Não adianta tentar esconder de Justin que existem pessoas diferentes. Ele vai viver neste mundo com elas. Vai conhecê-las. E as crianças da escola podem ser retrógradas agora, mas essa geração como um todo pensa de uma maneira diferente daquela que nos foi ensinada.

— Nem por isso essas coisas estão certas. — Seus adoráveis olhos castanhos podiam endurecer tão depressa. — E minha tarefa é mostrar a ele o que é certo e o que é errado.

— É mais importante mostrar a ele que deve tratar bem as pessoas em vez de julgá-las.

Ela se levantou como se fosse entrar, mas pensou melhor e voltou a recostar-se na cadeira. Depois de algum tempo falou novamente:

— Quando eu era bem pequena meu pai me disse que o mundo tentaria me mudar. E disse que eu não deveria permitir que isso acontecesse. Eu não quero julgar esses homens. Quero amar o pecador e odiar o pecado. Mas isso não significa permitir que entrem em minha própria casa.

Asher desceu os degraus da varanda.

— Onde é que você está *indo*? — ela gritou, preocupada. — Você também pensava assim.

Ele foi até o bosque de salgueiros junto ao rio Cumberland, entre as árvores onde ele e Luke haviam passado tantas tardes quando eram meninos. Deitou-se no chão e ficou observando a brisa de verão sacudir os galhos compridos. Pensou em um Deus que havia feito as árvores, e o rio, e ele mesmo, e Lydia. Onde estava esse Deus agora? Tão acima das árvores que já não conseguia mais sentir Sua presença? Ou havia simplesmente desaparecido?

Depois de algum tempo ele voltou para casa para fazer suas malas.

11

ELE PASSOU UM PAR DE NOITES NO RIVER INN, PERTO DE ASHLAND CITY. O quarto cheirava a água parada no ar-condicionado e o carpete estava bem gasto em alguns pontos, mas os lençóis e a banheira eram limpos. Havia uma televisão enorme sobre uma velha cômoda, que ele mantinha ligada para enfrentar o silêncio: apresentadores com dentes brancos e brilhantes comandando game shows; âncoras arrogantes de noticiários locais comentando a recuperação após a enchente e falando dos funcionários dos tribunais do condado que se recusavam a conceder licenças de casamento para casais homossexuais; os infomerciais deprimentes do fim de noite. Ele falava com Justin algumas vezes por dia e só uma vez o garoto perguntou o que ia acontecer.

— Vai ficar tudo bem, amigão — Asher falou, mais uma vez dizendo ao filho algo que poderia ou não ser verdade.

Ele não havia levado muita coisa além do kit de barbear e alguns livros. Mas não conseguia se concentrar na leitura. Às vezes ficava parado junto à janela, observando o estacionamento, vendo os carros que entravam e saíam, as pessoas fumando enquanto contemplavam a lua, um casal que não conseguia parar de se beijar apaixonadamente antes de entrar na recepção.

Encontrou um trailer para alugar perto do Lago Cheatham e telefonou para perguntar se poderia vê-lo. Uma senhora idosa apoiada em uma bengala abriu a porta. "Vai precisar passar para seu nome as contas de luz e gás do último inquilino", disse a locatária, apresentando uma lista de todas as coisas que não permitia que seus inquilinos fizessem. Ela era a pessoa mais desprovida de humor que ele já tinha visto. Não havia móveis no trailer, que parecia desocupado há algum tempo, mas estava em bom estado e as grandes janelas davam para a água, onde havia um barco puxando um praticante de esqui aquático. Podia-se ouvir o murmúrio reconfortante da água ao longe. Apesar da distância, o sinal do celular era bom, de forma que poderia falar com Justin sempre que quisesse. Ele foi até sua casa para pegar mais algumas coisas e encontrou Lydia na porta.

— Justin ainda está na escola — ela disse.

— Eu sei, só preciso pegar algumas roupas — ele falou.

Mas Lydia postou-se no meio da porta aberta

— Você realmente pretende levar isto adiante? Ir embora?

— Não consigo ver outra saída.

— Mas eu não acredito em divórcio. Não posso fazer isso.

— Deixe-me pegar minhas roupas, Lydia.

— Asher — ela disse, e ele pode sentir a mágoa em sua voz, pôde vê-la em seu rosto.

— Quero sair disto. Deixar tudo.

— Do que é que você está falando?

— Nós já não vemos o mundo da mesma maneira e isso está acabando comigo.

Lydia balançou a cabeça como se não conseguisse assimilar o que ele estava dizendo. Mas recusou-se a chorar. Enrijeceu o corpo, contraiu o rosto e virou-se de lado para deixá-lo passar.

Asher colocou algumas roupas em uma mochila e encheu algumas sacolas de supermercado com sapatos. Pegou um pequeno porta-retrato com uma foto de Justin segurando o primeiro peixe que ele havia pescado na vida e o livro de Robert Frost onde escondia os cartões-postais. Ficou surpreso com a estranha sensação de liberdade que sentiu enquanto juntava suas coisas. Ela ainda estava parada na porta quando ele voltou com as sacolas e o livro debaixo do braço.

— Vou levar esta foto comigo — ele disse, mostrando-lhe o porta-retrato.

— Não podemos jogar fora a nossa família, Asher.

Ele podia ver o quanto ela estava com medo. Mas saiu, deixando-a na varanda, onde ela ainda estava de pé quando ele foi embora de carro.

ASHER FOI ATÉ A CASA DE ZELDA PARA COLOCÁ-LA A PAR DA SITUAÇÃO.

— Odeio tudo isso. Odeio. Mas também não consigo viver com ela — Zelda falou. — Você sabe que eu a amo mais do que tudo. Mas ela é muito dura com as pessoas. — Asher suspeitou que Zelda previra aquilo muito antes dele. — Nunca fui uma cristã suficientemente boa para ela.

— Ninguém jamais foi, só o pai dela — Asher disse, e eles riram um pouco.

— Isso é verdade. Mas uma coisa tenho que reconhecer, ela é fiel às suas crenças. O problema é que a pessoa pode acreditar tanto em uma coisa até perder a noção do resto.

— Você sabe que será um grande escândalo. Um pastor pentecostal se divorciando — ele disse, sentindo certa fraqueza misturada com alívio. Talvez as pessoas estivessem se referindo a esse sentimento quando diziam que era preciso rir para não chorar. — De qualquer forma, depois do que eu disse no domingo, eles vão me mandar embora.

Ela o convidou a ficar para o jantar e ele ficou. Lydia sempre acusara a própria mãe de tomar o lado dele em tudo. Zelda fez tomates verdes fritos e pão de milho enquanto ele fatiava o pepino e lavava a cebolinha que Zelda havia comprado na mercearia de Kathi Hoskins. A enchente tinha destruído sua horta. Eles comeram na varanda e tomaram uma jarra de chá gelado. Conversaram um pouco, observando a água esverdeada do rio, e então ficaram em silêncio. Essa era uma das coisas que ele mais gostava em Zelda: ela deixava as pessoas em paz. Sabia ficar quieta. A maioria das pessoas não conseguia.

— Eu realmente gosto do frescor do dia — ela disse finalmente, colocando uma fatia de tomate verde frito na boca e mastigando com gosto. Ela sempre se referia ao final da tarde dessa maneira, e Asher às vezes repetia em voz alta.

Asher ajudou-a a lavar a louça. As cortinas muito finas da cozinha respiravam ao sabor do vento. Havia um salgueiro perto da cozinha e, quando a brisa soprava suas folhas, a música delicada entrava pela janela.

— A melhor coisa de dormir com as janelas abertas é que ao acordar de manhã consigo ouvir os pássaros rezando nas árvores — ela disse, com as mãos na água da pia. Ela também havia dito isso muitas vezes, mas Asher adorava ouvir todas as vezes.

Quando ele se despediu, ela finalmente ficou emocionada e levou as mãos ao rosto.

— Você será sempre minha família — ela disse. — Nada mudará isso.

No caminho de volta para o trailer no lago ele parou na Dollar General e comprou um colchonete de ar, um jogo de lençóis, dois travesseiros e um pequeno abajur. Ele se preocuparia com o resto depois. Desejou ter comprado uma colcha para sentir o peso sobre o corpo, mas poderia ficar sem isso por mais algumas noites. Ele desligou o ar-condicionado e abriu as janelas, enchendo o ambiente com a música dos insetos da margem do lago. O colchão gemeu enquanto ele tentava se ajeitar. Com os olhos pesados, releu o poema de Elizabeth Bishop. Pensou nos maçaricos das praias de Key West e em seu irmão vivendo naquele mundo tão diferente do lar.

JUSTIN FICOU ENCANTADO COM A VISTA PANORÂMICA DO LAGO DAS janelas do trailer e não pareceu ter notado que quase não havia mobília. Asher se preparou para a visita de Justin comprando um sofá velho em um bazar beneficente e depois lavando o estofado com um aparelho que alugou em uma loja de ferramentas. Também comprou outro colchão inflável para Justin dormir — "como se estivéssemos acampando", ele disse ao filho, apesar de Justin não parecer nem um pouco preocupado — mas fora isso o trailer continuou vazio.

— Podemos nadar? — Justin perguntou, passando a cabeça para fora das janelas sem cortinas.

— E por que não? Foi por isso que lhe disse para trazer o calção de banho.

Eles se trocaram, seguiram pelo caminho sinuoso até a água e passaram um bom tempo nadando e se divertindo. As coisas seriam muito diferentes a partir de agora. Ele já se sentia como um daqueles pais divorciados que aparecem na televisão, que sempre compram pizza e deixam os filhos fazerem todas as coisas divertidas que quiserem. Sabia que as coisas não podiam continuar daquele jeito. E também sabia que a saudade só ia piorar.

No dia anterior, ele havia recebido o telefonema que estava esperando: Caleb Carey lhe disse que os diáconos haviam se reunido e convocado um encontro de toda a igreja para votar se ele deveria continuar como seu pastor. Lydia disse que pegaria Justin após o encontro, sem qualquer emoção na voz, como se já estivesse tratando a guarda compartilhada do filho aos moldes de uma transação comercial.

Naquele dia Zelda preparou a comida mais cedo por causa do encontro da igreja e, depois de nadarem, Asher apressou Justin para que se arrumasse rápido e não se atrasassem. Eles encheram os pratos com frango, purê de batata, vagens frescas e tomates tão vermelhos que Asher sentiu a boca salivar.

Uma vez sentados à mesa, Asher fez as orações e, ainda segurando as mãos de Zelda e de Justin, ele se virou para o filho.

— Independentemente do que aconteça entre mim e sua mãe, somos uma família. Lembre-se disso, está bem? — Justin olhou para ele, o rosto sem expressão. — Existem vários tipos de famílias. Está bem?

Justin concordou com a cabeça e encheu a boca de purê de batata.

Após o jantar, Asher caminhou até o rio para pensar no que diria a igreja depois que votassem por sua saída. Sabia que era isso que o esperava. Os votos de Zelda e de Kathi provavelmente seriam os únicos a seu favor. E se isso não acontecesse, ele renunciaria ao posto. Ele observou o rio e ouviu o canto dos tordos nos salgueiros. Sentiu o ar quente subindo das colinas exuberantes, movimentando-se pelo vale e formando uma névoa branca e fina que flutuou sobre os cumes mais ao longe. Depois de algum tempo, levantou-se e voltou para a casa de Zelda. Pela janela da cozinha, ele ouviu sua voz.

— Seus pais não gostariam que eu lhe contasse, mas quero que você esteja preparado, entendeu?

— Sim, senhora.

— Você é mais maduro do que eles pensam que é — ela disse. — Seu pai está prestes a perder o emprego na igreja. Quero que você saiba o que está acontecendo. Mas você não pode dizer a eles que eu contei.

— Não vou.

Justin parecia encarar muito bem a ideia de Asher perder o emprego. Talvez até esperasse que isso acontecesse para não precisar ir à igreja todas as vezes que a porta se abria.

— Passei a vida inteira dando ouvido ao que os outros diziam — ela falou. Zelda sempre conversava com Justin como se ele fosse adulto. — Primeiro meu pai, depois seu avô e depois sua mãe. Mas no fundo só ouço a mim mesma. Isso faz sentido?

— Acho que sim.

— O que a igreja está fazendo com seu pai não está certo. Vão demiti-lo porque ele não quer mandar outras pessoas embora. E se tem uma coisa da qual tenho certeza, é que você não afasta uma pessoa porque não concorda com ela. Todos nós somos filhos de Deus. Lembre-se disso. Está bem?

— Sim, senhora — Justin falou novamente.

Asher subiu os degraus da varanda e abriu a porta de tela.

Estão prontos?

12

AS JANELAS ESTAVAM ABERTAS, DEIXANDO ENTRAR O CALOR E O CANTO dos pássaros. Os programas do culto do domingo anterior haviam se transformado em leques, as mulheres enxugavam a testa com lenços de papel. O ar-condicionado tinha parado de novo e a igreja estava cheia porque todos queriam ouvir o que Asher teria a dizer. Jimmy e Stephen não estavam presentes.

A congregação havia se reunido, recebido as folhas de papel e votado. Caleb Carey e alguns dos diáconos fizeram uma grande cena ao entrar no escritório da igreja e contar os votos; a multidão não parava de sussurrar, gerando um zumbido constante durante a espera. Asher ficou parado junto à porta, no fundo da igreja, olhando para o estacionamento através das portas de vidro e não se mexeu até Caleb surgir no púlpito.

— A votação é decisiva: cinco pela permanência e quarenta e um pela saída — Caleb falou com sua voz monótona. — Os diáconos começarão a procurar um novo pastor. Isto encerra o nosso encontro de hoje.

— Quero dizer algumas palavras — Asher falou, caminhando pelo corredor.

Algumas pessoas tinham se levantado, mas voltaram a sentar.

Caleb ergueu a mão.

— O estatuto da igreja não especifica que o pastor que está de saída tem direito a uma resposta.

— Sou pastor desta igreja há dez anos e a servi por muito mais tempo — disse Asher.

Caleb levantou as mãos e sentou pesadamente no primeiro banco, balançando a cabeça.

— Servi durante todo este tempo — Asher falou, encarando a congregação — e vocês votaram pela minha saída porque dei as boas-vindas a dois homens. Porque me recusei a mandá-los embora.

Flap flap flap: o som dos programas abanados nervosamente tomou conta da igreja.

— Meu irmão e eu tivemos uma vida dura quando éramos meninos. Minha mãe era uma mulher difícil e teve uma vida difícil. Alguns de vocês nos ajudaram quando ela ficou muito doente, e agradeço por isso. Mas é fácil ajudar alguém com quem você concorda. Se soubessem que Luke era como Jimmy e Stephen não sei se teriam nos oferecido qualquer apoio.

Uma brisa soprou através das janelas. Uma garota pegou o celular e tirou uma foto de Asher. Ele conseguiu ouvir um carro passando lá fora, o som de rap tocando no rádio, a batida forte *tãm-tãm-tãm* até o carro se afastar da igreja.

— Dez anos atrás Luke me falou da sua luta e me pediu apoio. Reagi da maneira como havia sido criado, disse que ele era uma aberração. O medo de alguém que é diferente nos torna terrivelmente mesquinhos. Eu disse muitas coisas das quais me envergonho.

Asher sentiu as lágrimas escorrendo pelo rosto, mas não as limpou.

— Precisamos acabar com esse julgamento! — ele implorou, com a voz mais alta do que pretendia, a última palavra marcando o auge de uma súplica. Ele mesmo ficou surpreso com seu tom de voz, por expressar um sofrimento guardado dentro dele há tantos anos. Tão instantaneamente quanto o extravasamento daquelas palavras, ele viu o espanto no rosto de algumas pessoas, encolhendo-se, incrédulas. Ele estendeu os braços para se apoiar no púlpito.

Asher abaixou a cabeça para se recompor e mais uma vez reparou na garota que empunhava o celular. Percebeu que ela estava filmando. Muito bem, que seja.

— Tudo o que ele queria era que eu o amasse como ele era, e eu não consegui. — Asher respirou profundamente. — Jamais soube de uma mentira contada por meu irmão. Mas quando ele me disse que havia nascido daquele jeito, eu o acusei de estar mentindo. Disse que ele havia se entregado a uma ideia infame. Porque era isso o que haviam me ensinado. E então perdi meu irmão. Não por causa da escolha que ele fez, mas porque decidi lhe dar as costas.

Ele pegou a Bíblia que mantinha no púlpito e ergueu-a no ar.

— Vocês podem usar a Palavra para julgar e condenar as pessoas ou podem usá-la para amar. No dia em que dei as costas a Luke, senti essa dúvida pulsando dentro de mim. Às vezes me pergunto se essa dúvida não é Deus dando um leve cutucão.

Um casal se levantou e saiu com os filhos apressadamente. Caleb Carey ficou em pé, a mão erguida, indicando que Asher já havia falado demais.

— Quando aqueles dois homens entraram nesta igreja para fazerem parte de uma congregação — Asher prosseguiu — depois que uma inundação levou tudo o que eles tinham, vocês se recusaram a falar com eles. Eles passaram a vida ouvindo as pessoas dizerem que não eram bons, que eram uma aberração, que não mereciam o amor de Deus. Eles vieram até aqui em busca desse amor. Mas vocês não tiveram a decência de serem bons com eles. Por isso não quero ser seu pastor. Vocês fizeram sua reunião e decidiram pela minha saída, mas estou aqui para lhes dizer que eu já tinha desistido de *vocês*.

Zelda deixou escapar um soluço. Ninguém mais se mexeu. Caleb deu um passo à frente.

— Já chega, Asher.

— Estive com vocês quando seus parentes morreram, quando ficaram doentes. Visitei vocês no hospital. Após a enchente, fiquei três dias sem dormir para poder ajudar todos que perderam suas casas. E receio que permitam que esse ódio tome conta de vocês.

Asher ficou parado diante deles, esquadrinhando a congregação, olhando nos olhos de todos os que tiveram a decência de olhar para ele. A adolescente — ele mesmo a tinha batizado, no Cumberland, num dia de céu fechado, mas agora não lembrava seu nome — continuava filmando.

Alguns estavam lutando para não esmorecer. Asher sabia que pelo menos um casal ali presente havia dado as costas ao próprio filho. Sem dúvida havia outros.

— Tudo o que peço a vocês é que examinem seus corações — ele suplicou. — Não cometam os erros que cometi.

Aquilo era tudo o que ele tinha a dizer. Ele enxugou o rosto com a palma da mão e atravessou o corredor, parando junto ao banco em que Lydia estava sentada ao lado de Zelda e de Justin, esperando que se juntassem a ele. Zelda teve dificuldade para se levantar e Justin saiu raspando nas pernas dos que continuavam sentados. Ele segurou a mão de seu pai. Lydia olhou para Asher, mas não se mexeu.

Eles saíram, Asher e seu filho e a mãe de sua esposa, que era como sua mãe. Quando chegaram na porta, ele olhou para trás e viu que várias mulheres haviam cercado Lydia e estavam rezando com as mão sobre a cabeça dela, murmurando palavras que se perdiam no ar como um zumbido estranho.

13

ELES FICARAM SENTADOS NO CARRO, COM O MOTOR E O AR-CONDI-cionado ligados, enquanto todos os outros iam embora. Asher ficou com os olhos grudados no painel.

— Kathi está acenando para você — Zelda falou, baixinho, mas ele não ergueu os olhos. — Os Turner olharam para nós — ela disse um minutos depois.

Justin continuou ouvindo música com os fones nos ouvidos, sentado no banco de trás, observando o campo verde.

Então Asher levou um susto ao ouvir um barulho repentino no vidro do carro e viu Lydia abaixando a cabeça junto à janela.

— Leve Justin para casa — ela disse, e depois foi na direção do próprio carro, equilibrando-se no cascalho do estacionamento.

— Eu devia ter ido com ela — disse Zelda. — Ela vai dizer que fiquei do seu lado.

— Não sei por que estou tão chateado. Eu pretendia sair de qualquer forma; não deveria estar zangado por terem me dispensado.

— Bem, ninguém gosta de ser dispensado — Zelda disse, dando-lhe tapinhas no ombro.

— É a forma como aconteceu que me aflige.

Eles fizeram o caminho em silêncio, ouvindo músicas country no rádio com o volume baixo. Asher então se deu conta de que teriam pela frente um belíssimo dia de verão. As árvores estavam exuberantes em seu verde-escuro, a água do rio brilhando ao longo da estrada. O Vale do Cumberland era o lugar mais bonito do mundo. Tudo parecia novo para ele.

Quando chegaram em casa, Zelda lhe disse para entrar.

— Vamos descer até a margem do rio para jogar algumas pedras.

Lydia estava no sofá, encolhida em um dos cantos, braços e pernas cruzados.

— Você acaba de destruir tudo o que lutamos a vida inteira para construir. Uma congregação. Uma igreja de verdade.

— Não posso continuar fazendo isso, Lydia.

— Você poderia simplesmente ter ido embora. Mas tinha que complicar minha situação. Como é que vou mostrar a cara por lá agora?

— Eu precisava defender aquilo em que acredito.

Só então ela ergueu os olhos e seu rosto estava devastado pela tristeza.

— Estou com tanto medo, Asher. O modo como você se comportou. Não estou te reconhecendo.

Ela se levantou do sofá, deixou-o plantado na sala e sumiu no corredor. Ele continuou em pé, relembrando tudo o que conhecera nesses últimos doze anos. Aquela sala, seu perfume (canela), a maneira como a luz entrava pela janela panorâmica formando um retângulo perfeito a essa hora do dia no verão. Os três pequenos cornisos que ele podia ver da janela, o brilho do rio mais adiante e a serrania ainda mais adiante. O som do velho relógio de pêndulo. Os controles remotos alinhados sobre a mesinha. As poltronas reclináveis com os braços gastos.

Lydia voltou trazendo dois grandes sacos de lixo pretos cheios de roupas. Colocou-os no chão e abriu a porta da casa. Ele percebeu o quanto ela se sentia poderosa nesse momento.

— Era isso o que você queria esse tempo todo — ela disse. — Agora vá.

Asher não havia percebido, mas uma parte dele vinha achando que ela poderia mudar, que ela talvez pudesse entender seu modo de pensar e tentar se aproximar. Agora via que isso não aconteceria. Via em seu rosto, mas também nos ombros, na tensão dos músculos do braço que segurava a maçaneta da porta, no olhar duro.

— Vá embora — ela disse.

— Nem pense em afastar meu filho de mim — ele disse, sabendo que ela tentaria.

— Agora seremos objeto de riso.

— Este lugar... este país é muito maior do que essa igreja.

— Vá — ela repetiu, gesticulando com a mão para indicar a saída.

Zelda e Justin vinham subindo pela colina quando ele desceu os degraus da varanda. Justin desafiou a avó para uma corrida, mas ela logo parou, rindo, apoiando as mãos nos joelhos. Justin correu até Asher e agarrou sua perna, já sem fôlego.

— Eu o verei daqui a alguns dias, amigão.

— Quero voltar para o lago com você.

— Não, Justin — Lydia falou, tentando manter a voz calma. — Você tem a escola.

— Só na segunda.

Asher colocou a mão nas costas do garoto.

— Eu o trago de volta amanhã à noite. Deixe ele passar esta noite comigo.

— Você abriu mão da sua família por causa dessa história — Lydia falou, tentando pegar Justin pelo ombro, mas o garoto afastou-se dela. — Nenhum juiz deste estado permitirá que tenha sequer a guarda compartilhada depois do show que você deu.

Asher se lembrou de como havia perdido a calma, de como ergueu a voz e chorou. Dos rostos cheios de espanto. E da garota, filmando tudo.

— É melhor você ir, Asher — Zelda falou, aproximando-se dele. — Por enquanto.

Ele entrou no carro e foi embora. Parou em uma curva da estrada na descida da colina e olhou para trás. Lá estava o lar que estava deixando. Lá dentro, as pessoas que ele conhecera e amara tanto.

14

DURANTE ALGUM TEMPO LYDIA CONCORDOU EM DEIXAR QUE JUSTIN ficasse com Asher em finais de semana alternados e uma noite durante a semana. Asher fazia sanduíches de mortadela frita ou grelhados de queijo. Se o tempo estivesse suficientemente quente, nadavam nas águas verdes e tranquilas do lago Cheatham. Nas margens havia uma abundância de tesouros para a coleção de Justin: conchas minúsculas, flores que ele secava entre as páginas de um livro, um pequeno trilobita cinza. Asher costumava sentar na margem e observar a reverência determinada com que Justin examinava folhas ou pedras, perguntando-se o que o divórcio faria com aquele menino.

Então ele recebeu a citação por carta registrada: Lydia dera entrada em um processo, usando o vídeo feito na igreja.

Asher não conhecia nenhum advogado, por isso escolheu a primeira que encontrou na internet, uma advogada com escritório no Condado de Choctaw. Enquanto aguardava na sala de espera, observou o memorial de guerra encimado pela estátua de um soldado confederado. A recepcionista desculpou-se pelo atraso da advogada; por duas vezes Asher a pegou olhando para ele por cima da tela de seu computador. Ela estava ouvindo música — uma série de músicas country que pareciam ter a mesma voz de um jovem cantor falando sobre pescaria, seu caminhão, sua namorada. A recepcionista parecia jovem demais para a função — como se tivesse acabado de terminar o colegial; o tom da voz era infantil e os cílios grossos por causa do rímel lembravam as patas de uma aranha. A advogada entrou, limpando as mãos em uma folha de papel-toalha, ainda mastigando o almoço.

— Sou Jane Fisher, mas pode me chamar de Fisher — ela disse, apertando a mão de Asher, e depois arrotou timidamente cobrindo a boca com a mão. — Vamos conversar na minha sala.

Ela se sentou à mesa de trabalho e foi direto ao assunto.

— Diga o que está acontecendo, senhor Sharp.
— Estou apavorado, com medo de perder meu filho — ele falou.
— E por que isso aconteceria?

Ele contou tudo a respeito de Jimmy e Stephen, como foi dispensado pela igreja, falou sobre o vídeo. Ela manteve os olhos nele e ouviu em silêncio até que ele terminasse; então colocou os óculos e começou a digitar no laptop. Depois ficou olhando para a tela por alguns segundos antes de se dirigir a ele.

— Bem, vão dizer que o vídeo prova que o senhor teve um colapso nervoso.

— Mas eu só estava com lágrimas nos olhos, suplicando para a congre...

— ... e que o senhor é uma pessoa instável. E, sinceramente, senhor Sharp, o senhor está exigindo que a sua igreja receba um casal gay na congregação. Em um condado onde os funcionários dos cartórios estão se recusando a conceder licenças de casamento para casais homossexuais. Em um estado que acredita que a religião tradicional está sendo atacada. — Fisher parecia achar graça naquela situação. Reprimiu um sorriso, ajeitou as lapelas do blazer e inclinou-se sobre a mesa. — Não estou rindo do senhor, mas do ridículo de toda essa situação. *E lembre-se de que estamos em um condado onde os dois juízes do tribunal de família fizeram campanhas defendendo os "valores familiares"* — ela disse, erguendo as mãos para enfatizar a expressão — e usaram trechos da Bíblia nos cartazes. Para não falar das pessoas que realmente acreditam que a enchente foi uma resposta de Deus à decisão da Suprema Corte. — A advogada respirou profundamente e passou a mão no rosto. Asher reparou que ela não usava nenhum anel. As unhas estavam pintadas com esmalte transparente que captava a luz da janela. — Quer dizer, meu Deus. Às vezes você tem que rir para não chorar, entende? — Ela balançou a cabeça. — O senhor viu o vídeo?

Asher mexeu a cabeça negativamente.

— Bem, todo mundo viu — ela disse, virando a tela do laptop para ele. — Viralizou.

Lá estava ele, o rosto contorcido, os olhos cheios de lágrimas. O vídeo estava mudo, mas Asher viu perfeitamente quando seus lábios gritaram:

"Precisamos acabar com esse julgamento". Mesmo sem o som, podia ver como seria ruim quando fosse exibido no tribunal, fora do contexto. Então Fisher apertou o botão no lado direito da tela.

— Veja isto. Passou de pouco mais de cinquenta mil visualizações até esta manhã para um milhão de visualizações. Em menos de cinco horas. Isso não é bom para o nosso caso.

— Por que aumentaria tanto em um único dia?

— Alguma celebridade provavelmente tuitou o link — Fisher respondeu, dando de ombros. — Quem sabe? Eu já nem tento entender como o mundo funciona atualmente.

Asher cobriu o rosto com as mãos, mas logo encarou a advogada.

— Não posso perder meu menino. — Ele tentou encontrar as palavras certas, mas só conseguiu repetir um clichê. — Ele é tudo pra mim.

— Bem, meu trabalho é garantir que isso não aconteça — disse Fisher, virando o laptop. Havia uma espécie de determinação em todos os seus movimentos, um alerta de que não tolerava besteiras de quem quer que fosse. Ela manteve os olhos na tela enquanto examinava os comentários. Parou para mexer na gaveta e pegou uma tangerina, que descascou em silêncio enquanto continuava a ler o que via na tela. Um aroma cítrico encheu o ar. Por fim, Fisher separou os gomos e colocou alguns na palma da mão. — Está servido? Minhas mãos estão limpas.

— Não — Asher respondeu, demonstrando mais irritação do que pretendia.

— O senhor precisa saber desde já que nunca vai conseguir a guarda com tempo igualmente compartilhado, senhor Sharp — ela disse, mastigando a tangerina. — Não é assim que funciona. Mesmo em circunstâncias normais, o homem raramente consegue isso, a menos que prove que a mãe usa drogas ou é abusiva. E principalmente, é preciso que haja bons motivos. — Ela tirou os óculos do rosto e olhou para Asher. — Os pais negligentes dificultam a vida dos bons. Infelizmente, eles são muitos.

Do outro lado da porta, a recepcionista havia aumentado o volume da música country.

— Ela está pedindo a guarda exclusiva.

— O que significa isso exatamente? — perguntou Asher.

— Bem, se ela ganhar, significa que não precisará consultá-lo para tomar decisões em relação a algum tratamento médico ou quanto à escolha de escola, religião. Ela teria até que lhe conceder permissão para que o senhor visse as notas do garoto. Teria basicamente o controle total. — Asher podia ver que a advogada entendia do assunto ao esboçar todas as possibilidades. — Bem, o que nós queremos é a guarda compartilhada, o que lhe daria os mesmos direitos e mais tempo com seu filho. Mas o senhor não conseguirá ter o mesmo tempo que ela, está bem? Quero que isso fique bem claro. A menos que vocês dois cheguem a um acordo. E talvez ela concorde com isso algum dia. As pessoas acabam se acalmando. O tempo faz maravilhas nos casos de divórcio.

Asher foi tomado por um sentimento de decepção profunda.

— A boa notícia é que a maioria dos comentários se refere ao senhor como uma espécie de herói. — Fisher fechou o laptop e o empurrou para o lado. — A má notícia é que esses comentários não parecem ter sido feitos por pessoas da região.

— Então a senhora aceita o caso? Vai me ajudar?

— Mas é claro que aceito — Fisher falou, sem esboçar um sorriso. — Seria louca se não aceitasse.

— Por que está dizendo isso?

Fisher riu como se Asher tivesse dito alguma bobagem.

— Porque é um caso com potencial para muita publicidade, se quer saber a verdade. Basta ver o número de visualizações. E o fato de ser logo após a decisão da Suprema Corte sobre a igualdade de direitos em relação ao casamento gay. Quer dizer, o momento é perfeito. — Fisher colocou outro gomo de tangerina na boca. — Além disso, nem todos por aqui discordam do que o senhor disse naquele vídeo.

Fisher passou algum tempo examinando a notificação judicial.

— Sinto dizer que há mais uma coisa. O advogado de Lydia insiste para que as visitas sejam supervisionadas. Ela diz que o vídeo prova que o senhor não está em seu juízo perfeito e que está propenso a "explosões de raiva".

— Mas ela sabe que sou um bom pai. Ela *sabe* que não estou maluco.

— Talvez ela esteja apenas se vingando. As pessoas perdem a cabeça quando se divorciam. Vejo isso o tempo todo. Homens e mulheres.

Aconteceu comigo *e* meu ex no nosso divórcio. Agora somos bons amigos.
— Fisher empurrou os papéis para a frente, colocou as mãos atrás da cabeça e recostou-se na cadeira. — E talvez seja apenas um movimento inteligente da parte do advogado. Estabelece que há um problema e que portanto podem lhe negar a guarda compartilhada depois.
— A mãe dela testemunhará a meu favor. Zelda Crosby. Sempre fomos muito próximos. Ela tem tanta intimidade comigo quanto tem com Lydia, sua própria filha.
— Mas Lydia *é* a filha dela, senhor Sharp. E no fim das contas é isso que vai contar. Eu apostaria meu dinheiro nisso.

AS VISITAS DE ASHER A JUSTIN FORAM MARCADAS AOS SÁBADOS NO porão do tribunal de Choctaw. A supervisora era uma mulher que ficava sentada em um canto distraindo-se com jogos no celular enquanto Asher e Justin conversavam ou jogavam mexe-mexe. A supervisora estava sempre vestida com um conjunto cinza e usava o cabelo amarrado em um rabo-de-cavalo tão apertado que dava a impressão de que sua cabeça estava sendo puxada para trás.
— Como vai, amigão. Como estão as coisas?
— Só vou pra escola — Justin respondeu, batendo os tornozelos nas pernas da cadeira. — E a mamãe está sempre indo pra igreja e quase sempre me faz ir com ela. Outro dia um grupo de mulheres veio e ficou rezando em volta de mim, até a vovó mandar que parassem.
— Ela fez isso?
— Elas falavam fazendo um zumbido estranho, ela disse que estavam me assustando e me levou para fora. Ficamos sentados na varanda até terminar o culto. A mamãe ficou lá dentro um tempão. Ela sempre fica até mais tarde e todo mundo reza por ela como se estivesse morrendo.
— Logo logo as coisas melhoram.
— Quero que você volte pra casa — Justin falou, os olhos se enchendo de lágrimas.
— Por favor, não deixe o garoto chateado — disse a supervisora com uma vozinha seca, como se estivesse cansada de Asher.

Ele sentiu vontade de mandá-la para aquele lugar. Asher jamais havia dito uma coisa dessas para alguém e foram pouquíssimas as vezes em que sequer pensou nisso.

KATHI OFERECEU A ASHER UM EMPREGO EM SUA MERCEARIA, A HOSKINS' Grocery, onde eles faziam suas compras desde sempre. Ele aceitou. Era uma loja pequena, sempre cheirando a desinfetante de limão e banana passada. Havia apenas três funcionários, incluindo ele mesmo e Kathi. A outra era Cherry Sizemore, que trabalhava no caixa e ficou responsável por seu treinamento.

Cherry tinha abandonado o colégio fazia pouco tempo para ter um bebê, mas trabalhava na mercearia desde os quinze anos. Ela tinha a pele mais pálida que ele já tinha visto — as veias azuis perfeitamente visíveis nas têmporas e nos pulsos — e era muito pequena, mas sua barriga já estava começando a ficar arredondada. Certa tarde, quando ela tirou a blusa verde pela cabeça para guardar no armário, sem querer ele viu o umbigo protuberante sob a barra da camisa.

— Ainda estou na décima oitava semana, mas o umbigo já está tão dolorido! — Cherry falou com seu jeito alegre, arrumando a camisa.

— Sinto muito — ele disse, envergonhado por ter visto uma parte do seu corpo, mas ela achou que estivesse se referindo à dor.

— Não se preocupe, faz parte.

Asher a conhecia desde que era uma menininha de cabelos esbranquiçados brincando nas poças de lama do estacionamento da igreja após o culto. Tinha sido colocada para fora de casa pela mãe por ter engravidado e agora vivia com sua irmã mais velha em um trailer do outro lado da estrada. Ia e voltava a pé do trabalho todos os dias, pousando a mão na barriga enquanto esperava para atravessar em segurança. Justin sempre tivera uma quedinha por ela.

Cherry ensinou a Asher como abastecer as prateleiras, como organizar a mercadoria de forma que os produtos mais novos ficassem sempre atrás. Ensinou-o a manejar a máquina de etiquetas para colocar os preços nas prateleiras. E ensinou-o também a mexer na caixa registradora, embora ele só tivesse que ficar no caixa em caso de emergência.

— Esse território é meu e da senhorita Kathi — Cherry falou, com aquela voz tão doce que era difícil entender como é que alguém, principalmente sua mãe, podia mandá-la embora de onde quer que fosse.

Asher e Cherry trabalhavam a maior parte do tempo em um silêncio contente. Eram ambos muito quietos e ele imaginava que ela ficasse tão satisfeita quanto ele com pouca conversa ao longo do dia. Só de vez em quando ela dizia alguma coisa profunda o bastante para fazê-lo pensar que ela talvez precisasse conversar com alguém. No passado ele teria estimulado essa atitude — as pessoas diziam que para ele não havia estranhos, que conseguia conversar com todo mundo, por isso era um bom pastor — mas ultimamente estava planando pelo mundo da melhor forma que podia. Sobrevivendo. Às vezes eles começavam a cantar, acompanhando as músicas country que saíam dos alto-falantes do teto.

Um dia, quando já estavam se preparando para ir embora, ele torceu o pano do chão, jogou fora a água do balde e desligou as luzes de fora. Cherry já estava esperando à porta, pronta para trancar a loja quando ele saiu.

— Pastor Sharp — ela disse, apesar de ele ter pedido inúmeras vezes para que o chamasse de Asher, lembrando que não era mais pastor. — Faz tempo que quero lhe dizer que foi muito bom o que o senhor disse naquele vídeo.

— Obrigado, Cherry. A maioria das pessoas daqui não pensa assim.

— Acho que tem mais gente a seu favor do que o senhor imagina — ela disse, franzindo as sobrancelhas e colocando a mão na barriga.

— Você está bem? — ele perguntou, estendendo o braço para segurá-la.

Mas um sorriso estampou o rosto doce de Cherry.

— Sim. É só a pequena Emmaline chutando — ela disse. — Meu Deus! Quase perdi o fôlego. Acho que ela vai ser jogadora de futebol.

Eles riram e saíram para a noite fria e escura.

— Quer que eu a acompanhe? — ele perguntou, ao se despedir. — Para garantir que você não perca o equilíbrio?

— Não, senhor. Estou bem. Pode acreditar — ela disse. — Boa noite.

Não havia muito tráfego naquela noite, de forma que ela atravessou a estrada sem precisar esperar muito, mas ele ficou observando até ter certeza de que ela estava no terreno do trailer. Asher continuou parado ao lado do carro, olhando para o céu. Era impossível ver muitas estrelas por causa das luzes que iluminavam o estacionamento.

Tantos dias haviam passado desde que deixara de viver com seu próprio filho. O sol nasceu e se pôs tantas vezes. A lua passou por várias fases; crescente, cheia, minguante. Os últimos dias do verão ficaram para trás. O verde luxuriante se foi com eles. As flores silvestres, a malva-rosa, a estrela azul: todas se foram. Agora os cumes das montanhas estavam cobertos de laranja e amarelo, e o rio se estreitara em seu aspecto outonal. As primeiras geadas cairiam em breve, a filha de Cherry nasceria e logo ele saberia quanto tempo teria para ver seu filho. Depois de um longo momento, ele entrou no jipe e foi embora para casa.

15

O TUDO

QUANTO MAIS JUSTIN OLHAVA PARA O RELÓGIO PENDURADO ACIMA DA mesa da professora, mais longo parecia o dia, o ponteiro fino e preto dos minutos passando em câmera lenta pelos números. A sala de aula cheirava a cabelo sujo e à tinta das canetas que a professora estava usando para escrever na tela branca. Justin se esforçava para prestar atenção e copiar o que ela estava escrevendo — perguntas sobre a Guerra Civil — mas seus olhos continuavam voltando para o relógio.

Então a bolinha de papel e saliva atingiu-o na orelha, alojando-se na curva acima do lóbulo. Ele virou o rosto e é evidente que aquele garoto com cara de coelho estava se divertindo, cobrindo o riso com as mãos gordinhas e sujas. Ele não cortava as unhas há séculos e uma sujeira preta se acumulava embaixo delas. O Coelho ergueu o canudinho que havia trazido da cantina e soprou, atirando outra bolinha que acertou Justin no meio da testa. Justin não desviou o rosto nem reagiu. Continuou encarando os olhos rosados do Coelho para mostrar que estava entediado com aquelas demonstrações diárias de maldade.

A senhora Sherman não se deu conta do riso abafado que se espalhava às suas costas. Continuou a escrever com as canetinhas na tela, fazendo um barulho cada vez mais irritante.

Como Justin não parava de olhar para ele, o Coelho mostrou o dedo do meio e mexeu os lábios para dizer "seu pai ama as bichas", que era o que ele mais gostava de dizer naqueles dias. Justin voltou-se para suas anotações e suspirou. Às vezes o Coelho era tão idiota que Justin nem se preocupava muito, independentemente do que fizesse. Outras vezes era mais difícil de aguentar. À noite, ficava acordado, pensando em como poderia revidar.

A família do Coelho estava morando no campo de futebol da escola, no acampamento que o governo havia montado para acolher as famílias desabrigadas por causa da enchente. Por isso o Coelho agora achava que era o dono do pedaço. Dizia que entrava no prédio da escola à noite e mexia nas gavetas dos professores. O Coelho morava antes na área para trailers do rio Cumberland, e todos os trailers haviam sido levados pela enxurrada. Muita gente tinha conseguido abrigo com amigos e familiares, mas os pais do Coelho não tinham ninguém. Ele pegava no pé de Justin há muito tempo, muito antes da inundação. Desde o primeiro ano. Justin já deveria estar acostumado. Mas era difícil se acostumar com uma coisa dessas.

O recreio era o pior momento. O Coelho pegou o celular de alguém e mostrou o vídeo de Asher para todos. As crianças se juntaram e riram muito quando a câmera deu zoom e Asher dizia: "Temos que acabar com este julgamento!".

O Coelho desligou o celular em seguida e todos se viraram, como aves de rapina, para Justin, que estava empoleirado no balanço. O ar de dezembro batia contra seu rosto, deixando o nariz dormente com o frio — a professora havia dito que só poderiam ficar lá fora por alguns minutos por causa do frio —, mas ele não se importava. O frio lembrava-o de que ainda estava vivo e que não era apenas um fantasma espiando o parquinho.

Quando viu que todos estavam rindo e apontando na sua direção, ele foi tomado por uma espécie de força e gritou:

— Calem a boca, seus idiotas!

O Coelho saiu correndo e, antes que Justin percebesse o que estava acontecendo, atirou-se contra ele e o derrubou do balanço como se uma parede tivesse desabado sobre ele. Sentou em cima de Justin, segurou seus braços e cravou o queixo na parte de trás da cabeça de Justin, empurrando seu rosto contra o chão coberto de folhas.

A maioria das crianças gritava e ria — Justin ouviu uma voz fraca gritando "Para com isso! Deixa ele em paz", mas não sabia de quem era. Então o Coelho colocou o joelho nas costas de Justin e ele sentiu uma onda de eletricidade percorrer sua espinha e alcançar o pescoço. Ele chegou a ver uma luz no canto dos olhos. Sentiu que ia desmaiar, mas nesse breve lapso de tempo sentiu-se cercado por um brilho e tudo ao seu redor desacelerou, tornando-se perfeitamente audível. Ouviu até as nuvens passando no céu. Pensou que havia mentido para seu pai, porque não acreditava em Deus. Não de verdade. Era nisto que ele acreditava. No Tudo.

Mas então o Coelho sussurrou no seu ouvido "Seu pai ama as bichas", e ele sentiu o hálito quente e úmido. Voltou a enxergar novamente e viu as crianças gritando e gargalhando. Algumas berravam "briga, briga, briga", mas as vozes foram diminuindo e Justin sentiu que o peso do corpo do Coelho parou de incomodá-lo quando ele foi puxado para longe pela professora.

Justin sentiu que não conseguia respirar. Fez um esforço enorme para rolar o corpo e ficar de barriga para cima, mas a luz branca do inverno o cegou. Alguém se inclinou sobre ele.

— Você está bem, Justin? — a professora perguntou. — Querido, você consegue respirar?

Ele conseguiu virar de lado bem a tempo de soltar o vômito rosa-alaranjado que escorreu por seu queixo e pescoço, sujando a gola da camisa.

Todos tinham parado de rir. O silêncio era total.

Depois de algum tempo Justin conseguiu ficar em pé, sem ajuda. Viu o Coelho sendo levado para a sala da diretora por uma das outras professoras. A senhora Sherman estava segurando seu braço, perguntando se estava bem, mas ele não respondeu. Estava pensando no quanto odiava o Coelho. Ele sabia que não devia odiar ninguém. A vida inteira tinha ouvido seu pai dizer isso. Mas ele odiava a todos. Odiava aquelas crianças. Elas não estavam mais rindo, estavam se esforçando para não rir, cobrindo a boca com as mãos, os olhos grudados nele. Justin desviou o olhar e só conseguiu pensar numa coisa: *Sou mais forte do que vocês.*

16

ASHER ESTAVA COLOCANDO AS EMBALAGENS DE LEITE NA PRATELEIRA quando viu seu filho se aproximar pelo corredor. Ele se agachou e Justin o abraçou. Ele sentiu o cheiro de floresta impregnado em seus cabelos e viu Zelda na ponta do corredor, observando como um vigia. Ela devia saber que estava descumprindo a lei ao permitir que Asher encontrasse o filho sem a presença de um supervisor.

— Você não pode voltar pra casa? — Justin perguntou.

— Não, amigão. Bem que eu gostaria de poder fazer isso. Mas não posso. A partir de agora você tem duas casas. A minha e a da sua mãe, está bem?

— As coisas seriam muito mais fáceis se você voltasse pra casa.

Asher desejou que fosse tão simples. Ele estendeu o braço e passou o polegar no rosto do filho e então Justin disse que precisava ir embora e se afastou pelo corredor. Zelda ergueu a mão num abano e eles se foram.

— Você não pode permitir que ela faça isso de novo, Asher — Kathi falou. — Você terá problemas se eles descobrirem antes da audiência de custódia.

Asher sentiu um arrepio, mas não disse nada. Apenas concordou com um aceno de cabeça.

— E você não vai acreditar, mas uma van da CNN parou aí na frente. Você precisa se livrar deles, Asher. Não quero que eles abordem meus clientes. Já tem muita gente irritada por eu ter lhe dado um emprego. — Kathi viu a preocupação no rosto dele e ergueu a mão antes que ele pudesse dizer qualquer coisa. — Se as pessoas não gostam do fato de você estar trabalhando aqui não quero fazer negócios com elas de forma alguma. Mas não posso permitir que os jornalistas incomodem meus clientes.

Asher saiu e pediu à equipe de televisão para ir embora. Mais tarde, ele descobriu pela internet que haviam enviado uma equipe de filmagem até a Cumberland Valley Church of Life. Pessoas que ele conhecera durante toda a sua vida estavam dizendo que não haviam tido alternativa senão mandá-lo embora, que não acreditavam "naquilo", que Asher tinha deixado de ser pastor para virar um agitador. Entrevistaram um homem de um grupo de protesto que disse que Asher agora representava os "progressistas silenciados da América rural".

A Fox News e repórteres de dois jornais apareceram no seu trailer, mas Asher se livrou de todos eles.

Um dos jornalistas pareceu surpreso com o fato de ele não querer capitalizar a fama.

— Seu vídeo já foi visto por quase quatro milhões de pessoas, senhor Sharp. — O homem estava com a barba por fazer e parecia tão desgrenhado com seu blazer de camurça e camiseta do *Kings of Leon* que Asher não conseguia entender como alguém poderia levá-lo a sério. O repórter ajeitou os óculos no nariz e piscou. — O senhor não quer tirar proveito disso?

— O vídeo não é meu — ele disse. E foi tudo.

Nesse fim de semana, durante uma das visitas supervisionadas, Justin disse a Asher que tinha criado uma conta no *Twitter* para ele já que o vídeo estava atraindo muita atenção.

— Você nem deveria estar na internet! — Asher sentiu um embrulho no estômago só de pensar em tudo o que Justin tinha lido a seu respeito. — Estou falando sério.

— Por favor, não levante a voz para a criança, senhor — disse a supervisora, sem tirar os olhos da tela do celular.

— É uma página de homenagem — disse Justin. — Seu perfil diz "pastor herói popular".

— O que isso significa?

— As pessoas falam como o vídeo foi útil, basicamente. — Justin tirou do bolso um smartphone que Asher nunca tinha visto. — A mamãe me deu. Tive que prometer que só usaria em caso de emergência, a menos que eu esteja com ela.

— Você sabe que eu acho que você é muito novo para isso.

Justin usou os polegares para digitar alguma coisa rapidamente e depois mostrou a tela para Asher para que ele pudesse ler: *@PastorHeroiPopular se as pessoas ouvissem sua msg, mudariam seus corações. Cansado de ódio. #igualdade #amor.*

— Você tem 36.413 seguidores — Justin disse, como um mini-empresário, desligando o celular e colocando-o de novo no bolso da calça jeans.

— Sei que tipo de coisa as pessoas dizem na internet, Justin. Você não deveria...

— Tenho nove anos, papai — Justin falou, com uma expressão tão séria e madura que Asher não teve como retrucar.

AS CHUVAS FRIAS COMEÇARAM A CAIR. DEPOIS O GRANIZO, OS PRIMEIROS sinais da neve, fininha, perceptíveis apenas nos cumes mais recônditos após o meio-dia. Fisher lhe disse para ser paciente, a audiência ocorreria dali a três meses. Mas Asher achou que enlouqueceria durante aqueles três meses. Não via Justin o bastante. Todas as noites lembrava-se de que não poderia dar boa noite para o filho. De manhã acordava e só podia dar bom dia para as paredes de compensado do trailer. Ficava parado diante da janela com uma xícara de café na mão observando a neve cair sobre as árvores cinzas da margem do lago. *Que haja luz Gênesis 1:3*, ele pensava de manhã quando o sol surgia; e à noite pensava: *e houve trevas sobre toda a terra Marcos 15:33*. Ele precisava fazer um esforço diário consciente para não enlouquecer.

Um dia, Cherry chegou para trabalhar toda animada, dizendo que o tinha visto na revista *People*.

— Eles fizeram uma matéria perguntando para uma porção de celebridades o que elas achavam do seu vídeo! Nicole Kidman falou sobre o senhor, Pastor Sharp! E a Dolly Parton! Quase morri! Dolly sabe quem é o senhor! — Ela estava sorrindo, mas ele sentiu o estômago embrulhado. — Estão discutindo o assunto no noticiário. E outro dia eu estava no salão e todo mundo estava falando a respeito. Só consigo pensar nisso.

— Eu também, Cherry — Asher falou, retomando seu trabalho de abrir embalagens de bolachas.

— O país inteiro está comentando. — Ela pegou a mão de Asher, atraindo sua atenção. — E sabe de uma coisa, todo mundo *precisa* falar disso. Todo mundo precisa ouvir um pastor do *interior* falar a respeito disso. — Ela soltou a mão dele e colocou as suas mãos nos quadris, gesto que usava com frequência para se equilibrar à medida que a barriga ficava maior.

— Esses intolerantes malditos! — Cherry cobriu a boca com a mão e arregalou os olhos. — Desculpe, pastor Sharp. Mas eu fico muito zangada. Por que não calam a boca?

ÀS VEZES, QUANDO ZELDA E ASHER CONVERSAVAM PELO TELEFONE, ELA dizia uma oração para ele, com a voz decidida e veemente enquanto ele esperava em silêncio até que ela terminasse.

— Tenho estudado muito e concordo com você, não podemos dar as costas para as pessoas. Mas as pessoas não falam tanto quanto deveriam sobre o pecado, Asher. Não podemos sair por aí dizendo que todo mundo pode fazer o que bem entender. Os cristãos têm que ser faróis.

— Eu tenho a impressão de que você está apenas repetindo o que seu marido costumava pregar.

— Tenho minhas próprias ideias. Você sempre me acusou de concordar com tudo o que ele e Lydia diziam. Mas eu também estudo a Bíblia, sabe? Tenho minha própria maneira de pensar. E não quero ser cruel com ninguém. Eu não seria. Mas também não sei se acredito que devemos aceitar o estilo de vida desses homens com a facilidade com que você aceita.

— Não é um *estilo* de vida, Zelda. É apenas a *vida*. A vida *deles*.

Ele sabia o que era ser minoria. Lembrava-se das discussões com sua mãe, tentando fazer com que ela aceitasse Luke. Mas acabou ficando mais fácil simplesmente concordar com ela, buscar sua aprovação. E assim ele se tornou um pregador que pregava contra o próprio irmão.

— Sei que está se sentindo sozinha na igreja, sendo uma das poucas pessoas que concordam comigo.

— Não, querido. Eu já lhe disse: tenho minhas próprias ideias a respeito disso. E Justin precisa saber o que é pecado. Precisa que lhe mostrem o que é certo e o que é errado.

Asher respirou profundamente. Algo dentro dele sabia que chegariam a isso. Que ele também a perderia.

— Preciso ir — ele disse.

— Amo você, Asher. Sempre amarei. Você sabe disso. Como se fosse meu filho.

Ele desligou o telefone.

Isso fazia duas semanas e eles não tinham se falado mais. Ele chegou a telefonar, mas ela não atendeu. Nos intervalos do trabalho, olhava o celular para se certificar de que não havia alguma chamada perdida.

Dois dias antes de audiência, ele foi até os fundos da mercearia em um dos intervalos do trabalho e ficou olhando para as olaias do Cumberland, que começavam a florescer. Teclou o número de Zelda mais uma vez e sua voz surgiu em meio ao ruído do velho telefone de disco que ela não via motivos para substituir.

— Alô? — O mesmo jeito de atender com uma pergunta já que não tinha como saber quem estava do outro lado da linha fixa sem identificador de chamada.

— Você vai testemunhar contra mim na audiência — ele disse.

— Não *contra* você.

— Mas a favor dela. Para dizer que não estou em condições de ter a guarda compartilhada. Depois de tudo o que passamos, me conhecendo do jeito que você conhece, você vai mentir por causa dela.

— Não vou *mentir*, Asher. E ela não vai tirar o menino de você. Você não pode esperar que ele fique indo pra lá e pra cá o tempo todo, metade do tempo com você e metade com ela.

— Por que *não*?

— Toda criança precisa da mãe.

— Não quando a mãe é uma fanática que julga as pessoas e que se preocupa mais com a igreja do que com o próprio filho! — A voz dele foi subindo a cada palavra. Ele tentou se acalmar. Ele sabia que não deveria dizer aquelas coisas, mas não pediria desculpas. — Você sabe que ela quer que eu veja meu filho uma vez a cada duas semanas? Você sabe o que vai acontecer com ele se for assim.

— Sinto muito — ela disse. — Tenho rezado muito. Tenho pensado tanto, Asher. Mas isso é o que o Senhor me disse para fazer.

Ele desligou o celular e se controlou para não atirá-lo ao rio.

17

ENQUANTO SUBIAM PELA ESCADA QUE DAVA NA SALA DO TRIBUNAL, Fisher tentou preparar Asher.

— É tanta gente contrária ao que você está defendendo... e o vídeo se popularizou de tal maneira... que as probabilidades a nosso favor foram pequenas desde o início. Não é o certo. Mas...

— Bem, você certamente não é do tipo que dá muita esperança ao seu cliente antes de um julgamento.

— Audiência. Não é um julgamento. Há uma grande diferença — disse Fisher, parando para tomar o último gole de seu refrigerante. — E prefiro que você entre sem grandes expectativas.

No final do corredor, Zelda estava parada junto às grandes portas de madeira que davam para a sala. Estava agarrada à bolsa, com uma expressão de sofrimento no rosto. Conforme Asher e Fisher se aproximavam, a advogada de Lydia saiu do banheiro feminino e pegou Zelda pelo braço para conduzi-la à sala do juiz.

Asher tinha a impressão de que não havia emoção alguma em todo o seu corpo.

— A senhora pode dizer honestamente que Asher Sharp não é um bom pai? — Fisher perguntou a Zelda.

— Ele é um bom pai, mas...

— Basta responder sim ou não, senhora Crosby.

Zelda se esforçou para não olhar para Lydia ou Asher. Manteve a cabeça baixa, olhando para o colo, de forma que sua voz soou incompreensível. Fisher teve que repetir a pergunta.

— A senhora pode dizer honestamente que Asher Sharp não é um bom pai?

— Não — ela disse, e antes que Fisher pudesse se virar para dizer que aquilo era tudo, Zelda continuou. — Mas está desencaminhado. Totalmente equivocado.

Asher se virou quando algumas luzes foram desligadas para que o vídeo pudesse ser exibido. Ele assistiu tudo junto com os outros. Era a primeira vez que assistia ao vídeo inteiro. E viu quando o juiz balançou a cabeça quase que imperceptivelmente no final. Era um senhor de cabeça lustrosa cujos traços a idade havia abrandado, fazendo com que simpatizasse com uma velha senhora que parecia saída de uma foto da Grande Depressão.

Lydia estava vestida como uma evangélica: um traje vermelho-escuro, blusa branca com um grande babado na gola que mexia quando ela falava ou virava a cabeça, o cabelo meticulosamente arrumado. Ela parecia mais forte. Mas quando seus olhos encontraram os de Asher, ele viu a mágoa que ainda existia ali.

— Meritíssimo, minha maior preocupação é ter a guarda principal do nosso filho para poder supervisionar sua educação moral e religiosa — ela disse, quando chegou sua vez de se dirigir ao juiz. Pelo menos ela não mentiria dizendo que Asher não era um bom pai, quando pressionada por Fisher.

Mas nada daquilo teve importância e Asher se refugiou em algum canto da sua mente quando o juiz concedeu a guarda total de Justin a Lydia. Fisher segurou o braço de Asher como se estivesse apoiando a mão no corrimão de uma escada. Ele não precisaria mais fazer visitas supervisionadas, mas só teria quatro noites por mês com Justin.

— O pai tem direito a chamadas telefônicas sem restrições e poderá escrever cartas para o filho sempre que quiser — disse o juiz, as palavras empastadas por uma fleuma que o fazia tossir, sem cobrir a boca. — O direito de receber da escola da criança...

Asher parou de ouvir. Sua mente já estava tentando encontrar uma forma de consertar tudo aquilo. Ele deveria ter ficado quieto. Deveria ter ficado com Lydia. Mas assim que esses pensamentos lhe passaram pela cabeça ele soube que nada disso era possível, por mais que desejasse.

Lydia permaneceu sentada com as costas muito eretas. Não parecia vitoriosa. Zelda estava com os ombros encolhidos para a frente sob o peso da traição. Seu cabelo grisalho estava preso em um coque e ele podia ver que estava tremendo. Assim que terminou a audiência, Asher se levantou e saiu. Abriu a pesada porta de madeira e quase correu até a escada, tentando fugir de tudo aquilo. Fisher foi atrás dele e segurou-o pelo ombro, no meio da escada.

— Podemos recorrer — ela disse. — Em Nashville as pessoas pensam de maneira diferente e acho que podemos mostrar que a decisão foi influenciada pelo preconceito religioso. Estou disposta a brigar, se você quiser. Acho que devemos.

Asher parou e apoiou a mão na parede de azulejos verdes.

— E quanto tempo demoraria?

— Pode levar até um ano — disse Fisher. — Mas nós estaríamos fazendo uma declaração...

— Um ano? Eu não aguentaria. Eu não... eu perdi meu filho.

— Mas vale a pena esperar. Meu ex só vê nossos filhos cinco dias por mês e funciona. Eles sabem que são amados. Eles sabem que...

— Não vou aguentar essa distância. Não aguento sequer pensar nela.

— Mas podemos recorrer — Fisher insistiu. — Você poderá tê-lo de volta. E, francamente, sempre imaginei que teríamos que recorrer à corte de apelação, por causa da maneira de pensar dessa gente.

— Perdi meu menino! — Asher falou, apoiando-se no corrimão para continuar a descer.

— Vai ficar mais fácil...

Asher se lembrou das caminhadas com Justin pela cumeeira, perto de sua casa. Das árvores que apontava a Justin, seu olhar seguindo a indicação do dedo. Do solo macio das trilhas, da pequena mão de Justin encontrando a dele.

Asher parou e olhou para Fisher, parada na escada como se estivesse esperando alguma coisa. *Não, não vai ficar mais fácil nunca*, ele pensou. *Nem para mim nem para ele.*

— Vá para casa, descanse um pouco e volte na segunda — disse Fisher. — Vamos fazer as coisas andarem.

Asher acelerou o passo e quase correu até chegar do lado de fora e respirar o ar frio daquela manhã de abril. Dirigiu o tempo todo no mais completo silêncio até voltar para o lago e seu trailer vazio.

Naquela noite caminhou pelos bosques escuros e parou nas pedras para ouvir o som suave das ondas batendo na margem do lago. Ao voltar para o trailer aqueceu uma lata de sopa. Analisou os cartões-postais que sabia serem de seu irmão, dispondo-os sobre o tapete como se estivesse jogando paciência. Passou os dedos pelas fotos, virou-os e releu as palavras. Tentou rezar, mas não conseguiu. Pesquisou na internet. Ficaria quieto, mas trabalharia. Planejaria. Iria até Nashville e compraria algumas roupas para Justin. Compraria livros para ter mais informações. Aprenderia. Conseguiria os suprimentos necessários. Ele sabia o que precisava fazer.

18

A NOITE ESTAVA MUITO ESCURA E QUENTE. ESTAVAM NO ALTO VERÃO E AS cigarras faziam muito barulho ao longo do rio. Ao virar na entrada de carro da casa de Zelda, Asher desligou os faróis e esperou os olhos se ajustarem à escuridão; a lua saiu de trás das nuvens prateadas e ele conseguiu enxergar o suficiente para percorrer a descida íngreme com facilidade. Desceu com o carro em ponto morto.

O jipe parou perto da varanda da frente da casa, com os longos ramos dos salgueiros raspando no teto do carro. As cigarras se acalmaram. Sua música tremendo como o som de pandeiros nervosos. E o chamado solitário do curiango.

— O Senhor tenha misericórdia — Asher disse em voz alta, e essas palavras o acalmaram. Ele abriu a porta do Jipe sem tirar os olhos da porta da casa, esforçando-se para ignorar os gerânios vermelhos e os carrilhões que pendiam do beiral. Essas coisas reviviam as lembranças de sua ex-sogra mexendo na terra, do sorriso de Zelda ao erguer o rosto.

Sabia que Justin estava ali. Fazia dias que estava vigiando, o carro escondido em um recuo perto do rio e ele mesmo protegido pelos salgueiros enquanto observava as idas e vindas. Lydia havia feito grandes demonstrações de afeto, com muitos beijos e abraços em Justin e também em sua mãe, o que significava que ficaria fora da cidade por um ou dois dias, pelo menos.

Três batidas fortes com a mão direita.

Ele contou até três e bateu de novo, com mais força.

A corrente da porta fez um barulho e a maçaneta girou. O rosto suave de Zelda apareceu na fresta.

— O que foi? — Zelda perguntou, olhando por cima dos óculos.

Asher sentia uma grande ternura por ela em um canto do peito, ternura que ameaçava se espalhar apesar da traição. Ela apertou os olhinhos cinza-azulados para ver melhor: curiosidade, a princípio, depois o reconhecimento, o choque.

— Deixe-me ficar com ele, Zelda.

— Você não deveria estar aqui, Asher. Eu...

— Deixe-me ficar com ele — Asher repetiu. Ela tinha lavado as mãos e permitido que aquilo acontecesse. Mas também havia sido a única mãe que ele tivera. *Não a olhe nos olhos. Não lembre dela levantando o vestido para atravessar o Cumberland naquele dia.*

Zelda não sabia o que fazer, mas continuou de olho nele enquanto pensava.

— Você sabe o que é certo — ele disse. — Sabe que ela não deveria ter tirado meu filho de mim.

— Asher — ela disse, com a voz trêmula. — Assim ele vai acordar.

Ele fez um esforço para apagar sua mente, seu coração e tudo o que conhecera nos últimos anos e ficou repetindo o nome de Justin para si mesmo. Jogou o corpo contra a porta com tanta força que o impacto afastou Zelda, mas não quebrou a corrente. Ela tentou fechar a porta de novo quando ele voltou a empurrar com o ombro. Dessa vez a corrente se rompeu e ele entrou na casa de Zelda, aquele ambiente que lhe era tão familiar, sempre cheirando a bacon e café fresco.

A porta havia empurrado Zelda para trás e ela caíra sobre a mesa de centro. Algumas coisas quebraram, como o grande cinzeiro cor de laranja que ela guardava desde a morte do marido fumante, há vinte anos; e o prato de doces iridescente que havia pertencido à sua bisavó. Certa vez Asher havia segurado o prato contra o sol para ver a mudança das cores leitosas, como se fosse um objeto santificado.

Asher viu o corte debaixo do olho de Zelda, um fio de sangue escorrendo. Sentiu um arrepio ao perceber que a porta havia batido em seu rosto. A dor da culpa embrulhou seu estômago.

Zelda colocou a mão no corte e gemeu. Depois levou a mão às costas e respirou profundamente. Asher queria ajudá-la a levantar-se, *ajudá-la*. Mas sabia que não podia.

Você é como um filho para mim, ela havia dito uma vez.

Zelda estendeu o braço à sua frente, mas Asher se virou e seguiu pelo corredor, tomado por fotografias. Fotos de Lydia na escola. A foto de seu casamento, Asher atrás dela, segurando-a pela cintura. Parecia que havia vivido aquela vida muito tempo atrás. Também as fotos de Justin quando era bebê. Asher sentiu uma tontura e precisou se apoiar na parede.

— Justin!

Da sala no final do corredor veio a música de um filme antigo.

Asher ouviu outro gemido de Zelda.

— Asher. Por favor.

Justin estava deitado na frente da televisão, a luz azul cintilando em toda a sala. Aparentemente, tinha dormido ao lado de Zelda enquanto assistiam à televisão. Na tela, Ava Gardner jogou a cabeça para trás ao rir de algo que Richard Burton tinha dito enquanto palmeiras balançavam atrás deles. Justin estava de costas, um braço acima da cabeça, o outro apoiado no peito com o punho cerrado. Seu jeito costumeiro de dormir.

Asher não o via há duas semanas, uma eternidade. Ele sentiu vontade de deitar ao lado do filho e dormir. Estava exausto, mas não podia parar agora.

Ele pegou Justin e carregou-o pelo corredor, passando por todas aquelas fotografias novamente. Tentou não olhar para Zelda, que continuava em cima dos restos de madeira e vidro, gemendo seu nome. Quando Asher se aproximou com Justin nos braços ela lhe estendeu a mão, uma expressão de dor em seu rosto. Não havia raiva ou rancor. Apenas dor.

— Por favor, não faça isso — ela implorou.

Justin dormia pesadamente, aninhado nos braços do pai.

Ele se lembraria dessa cena pelo resto da vida.

Asher colocou Justin no banco de trás. Os olhos do menino ameaçaram abrir por alguns segundos, mas logo se fecharam, rendendo-se ao sono.

Ele virou a chave, engatou a marcha e o Jipe saiu, deixando para trás os salgueiros. Pegaram a estrada e Asher sentiu o ronco suave do motor, ouvindo de novo as cigarras que gritavam ao longo do rio naquela noite quente e tranquila de verão.

PARTE 2

CAMINHO LIVRE

1

O VERMELHO DA MANHÃ RISCOU O CÉU ANTES DE CRUZAREM A fronteira do estado. Asher deixou a pequena cidade onde vivera toda a sua vida — *Adeus, Vale do Cumberland* — em direção ao grande desconhecido, em busca de um novo dia e de uma nova vida. Era o que ele esperava, pelo menos.

Asher dirigia enquanto seu filho dormia no banco ao seu lado.

Segurava o volante com as duas mãos, inclinando-se para a frente com determinação, de olho na estrada livre, olhando ocasionalmente para se certificar de que Justin estava realmente do seu lado e que aquilo não era apenas um sonho, fruto da imaginação para suportar todo o sofrimento.

Ele estava realmente ali. Estava. Roubado. E era de Asher agora, novamente. Os noticiários e a lei diriam que Asher havia sequestrado Justin, que um pai não seria capaz de amar assim, que um homem não seria capaz de se importar tanto, e que tudo havia sido feito por despeito.

Não. Justin é meu filho. Meu menino.

Somente agora, depois de ter deixado Zelda caída e provavelmente ferida, ele percebia como tinha piorado as coisas. Mas era tarde demais, e ele não abriria mão de Justin. Ele não deveria ter que fazer isso.

Por isso iam para Key West. Encontrariam Luke e ele saberia o que fazer. Sempre soubera.

Asher dirigiu em direção ao sul.

Na verdade, ele quase nunca tinha saído do lugar e havia feito a maioria das suas viagens como evangelista, antes de se tornar pastor na igreja em Cumberland Valley. Para Gulf Shores algumas vezes, Atlanta duas vezes, para conferências da igreja, e muitas igrejinhas no norte do Alabama, no sul do Kentucky e leste do Tennessee para encontros de evangelização. Ele cresceu a menos de uma hora de Nashville, mas nunca gostou de ir para o centro da cidade e procurava ir o mínimo possível para lá.

Não houvera muito tempo para se preparar, por isso Asher cuidou do básico: música e comida. Criou uma lista de músicas que durariam oito horas, pelo menos. Música de viagem. Colocou bastante roupa na mala e encheu uma sacola de comida; levou também uma bolsa térmica cheia de água e refrigerante Mountain Dew. Além disso, Asher havia comprado um grande atlas; material de arte e jogos de tabuleiro; e livros, muitos livros.

A estrada se descortinava à sua frente, o asfalto negro cortando o rosa e laranja da manhã de verão muito quente. As colinas exuberantes salpicadas pela finíssima névoa que subia do rio. Asher chegou à I-40 e a estrada abria caminho em direção a todas as cidadezinhas que ficavam entre eles e o vasto, imenso, oceano. A esta altura, Zelda certamente já tinha conseguido ligar para a polícia.

Isso o fez pensar: ele pegou o celular, desceu o vidro e quase atirou o aparelho para fora. Mas então lhe ocorreu que seria facilmente encontrado na beira da estrada, e talvez pudessem usá-lo para chegar até eles.

Quase não havia movimento na estrada nessa hora do dia, por isso ele parou na ponte que passava por cima do rio Cumberland. Ele desceu do carro, apoiou-se na mureta de concreto da ponte e olhou para a água, decorada com algumas folhas. Apesar da altura, sentiu o cheiro do rio.

Ele soltou o celular, que foi engolido imediatamente.

Então, quando Asher voltou para o carro, apesar de ter aberto a porta com cuidado, aconteceu aquilo para o qual ele não havia se preparado, porque sequer havia pensado em como explicaria o que havia acontecido: Justin acordou.

2

— CADÊ A VOVÓ? CADÊ A MAMÃE?
— Estão em casa, Justin.
Asher percebeu que sua voz parecia triste e cansada.
— Pra onde estamos indo?
— Para o mar. Vamos sair daqui por algum tempo.
— A gente não devia — Justin falou, sem olhar para o pai.
— Não há motivo para não devermos. Às vezes a lei entende tudo errado. Foi o que aconteceu desta vez.
— Vamos ter problemas — disse Justin. — Eles vão vir atrás de nós.
— Talvez. Mas você é meu filho.
Abaixo deles, o asfalto sibilava.
— Você sabe que não está certo, tudo o que aconteceu. Não sabe? — Asher perguntou, mas Justin virou o rosto para a janela. Ele não saberia dizer quando havia deixado de ser o tipo de pai que evitava falar mal da mãe de Justin e começara a dizer coisas como aquela. Mas tudo havia mudado.
Asher estendeu o braço e colocou a mão na cabeça do filho, carinhosamente.
— Justin — ele disse, e se perguntou quantas vezes teria dito o nome do filho em voz alta desde seu nascimento. Milhares, provavelmente. Centenas de milhares. — Fale comigo, amigão.
Justin parecia não lembrar o que Asher havia perguntado.
— O quê?
— Você sabe que não está certo, que eles tirem você de mim. Não sabe?
A estrada sob eles. Fazia o carro sacolejar ao passarem por uma ponte, deslizando imperceptivelmente quando voltavam para o asfalto.
Justin continuou olhando para fora pela janela do passageiro e Asher começou a se questionar, a questionar seus motivos. Teria trazido seu filho

apenas para se vingar dela? Porque não suportava viver longe dele? Porque realmente acreditava que viver com ela não seria saudável para o menino? Tudo isso. Cada uma dessas coisas.

— Não quero falar nada de ruim a respeito da sua mãe — disse Asher, apesar de saber que era exatamente isso o que mais desejava. Sua vontade era dizer: *Eu concordava com tudo aquilo. Mas não consigo mais. Não posso passar a vida julgando todo mundo. E não poderia deixar você naquela barafunda, não podia permitir que você sofresse uma lavagem cerebral.*

— Estou com fome.

— Eu trouxe todos os tipos de lanche. Você pode soltar o cinto de segurança até encontrar o que quiser.

Na sacola havia batata frita e barrinhas de granola, laranjas e bananas, pacotes de amendoim e de castanha-de-cajú, refrigerantes. Aparentemente, não havia nada que Justin quisesse, pois ele retomou sua posição no banco, apertou o cinto e voltou a olhar para a estrada.

— Preciso de um pão doce — ele disse.

E como o garoto sempre teve esse jeito de falar que "precisava" das coisas, em vez de dizer que "queria", como todas as outras crianças, e porque Asher faria qualquer coisa no mundo para agradá-lo, disse que iam parar no primeiro lugar que encontrassem.

3

ASSIM QUE AVISTOU UMA LOJA DE CONVENIÊNCIAS, ASHER ENTROU E estacionou o carro sob as lâmpadas brilhantes do posto de gasolina, que continuavam acesas apesar da luz matinal. Ele empurrou a porta para sair do carro, mas Justin não se mexeu.

— O que é que você está esperando?

Asher não queria demorar. A qualquer momento um policial poderia aparecer no estacionamento.

— Não tenho roupa — Justin falou, e então Asher se deu conta de que ele ainda estava com as roupas de dormir: calção de algodão e uma camiseta gasta, descalço. Mas não o deixaria sozinho no carro, esperando. Asher controlou a vontade de mandá-lo sair logo, pois não tinham muito tempo. Ele não queria que seu filho ficasse com a impressão de que estavam fugindo, apesar de estarem fazendo exatamente isso.

— Não há mais ninguém por aqui — Asher falou, mexendo na mala de roupas novas que havia trazido. Ele encontrou um par de chinelos. — Coloque isto e vamos entrar. Você está bem.

— Você sempre disse que as pessoas parecem preguiçosas, entrando nas lojas com a roupa de dormir.

— Mas ainda é muito cedo, Justin — disse Asher, mas o garoto fechou a cara. Asher remexeu na mala e tirou um short cáqui e uma camiseta. Ao segurar as roupas, ele pensou em como Justin era pequeno para sua idade. Parecia um velhinho pequeno.

— Vista isto — Asher mandou, examinando o estacionamento. — Depressa. Ninguém vai ver você.

Asher ficou parado do lado de fora do carro, de costas para a porta para dar a Justin a impressão de que estava vigiando para que ninguém o visse trocar a roupa. Justin sempre fora um menino tímido.

O dia havia despertado completamente. As cigarras estavam em silêncio, descansando para o calor abrasador que o dia prometia, quando entoariam sua música ruidosa para mostrar a todos que estavam vivas.

O tom vermelho do amanhecer havia desaparecido e o céu estava inteiramente coberto por um azul pálido. A cor dos olhos de Luke. Antigamente, seu irmão era famoso por causa dos olhos. As garotas ficavam loucas por ele, diziam que parecia o Paul Newman. Sem êxito algum.

Justin desceu do jipe.

— Agora você está ótimo — Asher falou, mexendo em seu cabelo. — Gostou da camiseta nova?

Justin fez que sim, resmungando "hã-hã" sem muito entusiasmo.

Havia uma jovem trabalhando nos fundos, mas ela voltou para o caixa assim que eles entraram. Sorriu para Asher, balançando os brincos compridos nas orelhas esticadas ao cumprimentá-lo com um aceno de cabeça. Em um canto da loja, um pequeno aparelho de televisão exibia o noticiário da manhã.

Justin desapareceu em um dos corredores em busca de *junk food*.

Apesar de estarem bem longe de Nashville, havia uma prateleira com muitas lembranças da cidade: a silhueta dos prédios em um globo de neve, um mata-moscas no formato de guitarra. Potes de café em uma grande máquina prateada ao lado de cachorros-quentes verdes que rolavam em cilindros metálicos, uma frigideira prateada com salsichas e biscoitos embrulhada em papel-manteiga pintado de rosa pelas lâmpadas de calor do teto. Um corredor inteiro era ocupado por arroz, molhos, tortilhas e canjica para os imigrantes que trabalhavam nos campos o dia inteiro, colhendo tomates.

Por cima de uma prateleira de *Bunny Bread*, Asher ficou assistindo a televisão. Os apresentadores falavam de um ataque terrorista em Munique e passavam com a maior facilidade para as notícias da meteorologia, informando que uma onda de calor se deslocava para a costa leste. A qualquer momento poderiam surgir imagens dos dois na TV.

Asher começou a andar por um corredor e viu Justin agachado na ponta, inclinado sobre um celular enfiado em uma capa coberta de pedras que imitavam rubis e diamantes.

— Estou com o papai e estamos bem. Ele vai tomar conta de mim.

Justin desligou e escondeu o celular atrás de uma pilha de fraldas infantis; depois se virou e viu seu pai.

— Justin. O que foi que você fez?

— Eu precisava telefonar pra ela. — Justin estava segurando pacotes de doces e biscoitos contra o peito, como se estivesse roubando. — Por favor, não fique bravo comigo. Quem sabe ela não desiste de chamar a polícia agora que eu liguei?

— Ela vai chamar, Justin. Ela vai chamar a polícia e agora eles saberão onde estamos. — Asher procurou manter a voz calma. Mas agora precisavam se apressar e sair dali o mais rápido possível. Ele não sabia se deveria se sentir traído ou ajudado. Não havia tempo para pensar nisso. — Onde você pegou esse celular? — Asher perguntou.

— Aquela moça deve ter esquecido aqui atrás.

— Vamos — Asher falou rispidamente.

Justin descarregou seu butim desajeitadamente sobre o balcão: dois pacotes de pão doce (um congelado), dois pacotes de roscas de nozes, um pacote de salgadinho *Bugles* e um pacote de biscoito amanteigado.

— Pegou tudo o que você queria? — Asher perguntou a Justin, tentando produzir o que seria uma conversa normal aos ouvidos da moça do caixa. Mas não conseguia evitar a sensação de mal-estar ao lembrar que Justin havia telefonado para a mãe. — Não vamos parar de novo tão cedo.

De trás da grande caixa-registradora, a moça lançou um olhar para Justin.

— Senhor! Ele só pegou coisas boas — ela disse sorrindo, o sotaque meio cantado. Um retângulo de plástico vermelho pregado no avental cor-de-laranja exibia seu nome: ADALIA.

Asher reparou em um quadrado de espuma com anéis baratos de aro ajustável, cada um exibindo uma imagem diferente sob uma camada de resina: a Virgem Maria segurando Cristo, a Virgem de Guadalupe, imagens do Dia dos Mortos e de Frida Kahlo. Luke sempre adorou Frida e gostava de ficar vendo um livro com suas pinturas na biblioteca pública.

— Às vezes as pessoas dizem que me pareço com Frida, mas é só porque também sou do México — Adalia falou, sorrindo e revirando os olhos escuros. Lentamente, ela foi pegando um item de cada vez para passar pelo leitor do código de barras. Atrás dela, os apresentadores do noticiário conversavam sobre a eleição presidencial. — Tem gente que acha que todas as pessoas pardas são parecidas.

Asher sentiu vontade de lhe dizer que estava com pressa, mas sabia que precisava manter a calma. Só então reparou na câmera de segurança em um canto da loja. Acabariam descobrindo que ele e Justin tinham estado ali. Isso era inevitável. Não tinha muita importância. Ainda estavam perto de casa. Descobririam apenas que os dois estavam a leste de Nashville. Dali, ele e Justin poderiam seguir em qualquer direção.

— Eu o *conheço* de algum lugar — disse a moça, olhando atentamente para seu rosto.

— Tenho um rosto bastante comum — Asher falou, esforçando-se para sorrir.

— E para onde vocês estão indo assim tão cedo e num dia tão bonito? — Adalia perguntou.

— Até o mar — Asher deixou escapar, arrependendo-se imediatamente. Estava se denunciando.

— Gulf Shores, aposto.

— Isso mesmo. — A mentira saiu com muita facilidade. Para ele, que sempre tinha sido tão honesto. Isso também seria coisa do passado. Teria que mentir todos os dias.

Adalia pressionou o botão "totalizar" como uma pianista tocando a última nota de uma apresentação notável.

— Nove dólares e dezoito centavos, querido — ela disse, balançando a cabeça. — Essas coisas são mais caras nas lojas de conveniência. É terrível.

Pela janela de vidro atrás de Adalia, Asher prendeu a respiração quando viu que um carro da polícia entrou no estacionamento. Adalia percebeu e olhou para ele enquanto contava o troco. Depois olhou para a janela.

— Rodney para aqui todas as manhãs para um café e uma rosquinha — Adalia falou, pegando um saco de papel para colocar os produtos.

Uma parte de Asher começou a pensar que Adalia poderia ter apertado um botão embaixo do balcão para avisar a polícia. Imaginou que ela poderia ter visto alguma notícia sobre o rapto no noticiário da manhã — afinal de contas, agora as notícias circulavam com muita rapidez — e mantivera a calma para segurá-los na loja pelo tempo necessário.

Ele podia sentir a pulsação aumentada em seu pescoço.

Por sua mente começaram a passar ideias do que fazer quando o policial entrasse: Lutar? Correr? Entregar-se? Nenhuma delas parecia uma possibilidade.

— Vivo dizendo a ele que parece um... como é mesmo que se diz? — Adalia perguntou, parando antes de colocar o pacote de biscoitos no saco de papel.

Depressa, depressa, depressa.

— Aquela palavra que se usa quando as pessoas aparentam ser de um determinado jeito?

O policial tinha saído do carro, mas havia voltado para pegar alguma coisa no banco.

— Um estereótipo? — Justin sugeriu.

Asher olhou para o filho como se o mundo estivesse girando em câmera lenta. Desejou que alguma coisa o distraísse daquela sensação de náusea e do suor frio que sentia escorrer pelas costas.

— Sim, é isso! — Adalia falou, demorando uma eternidade para fazer o pacote.

Depressa, depressa, depressa.

— Um estereótipo ambulante, um policial que come rosquinhas. Você é esperto!

Asher agarrou o pulso de Justin com uma das mãos e o pacote com a outra assim que Adalia terminou de colocar todos os produtos. Ele faria seus pés se mexerem e sairia dali. Se o policial tivesse vindo atrás deles, seria o fim. Caso contrário, tinham que sair dali imediatamente.

Adalia olhou Asher nos olhos. Ele sentiu como se a conhecesse há muito tempo, como se as suas vidas estivessem enredadas para sempre a partir daquele momento.

— Vou rezar por você, querido. Por sua viagem até a praia.

— Eu agradeço — Asher respondeu, como se outra pessoa estivesse falando.

O policial segurou a porta para dar passagem a Asher e Justin, o rosto escondido pela aba do quepe.

— Olá, rapazinho — disse o policial, e Justin parou.

— Olá — ele disse baixinho, e correu até o jipe.

Asher deu a partida, engatou a marcha e, controlando-se para não sair cantando os pneus, voltou a pegar a estrada.

4

ENQUANTO AVANÇAVAM PELA I-24, O CALOR TORNOU-SE TÃO PESADO QUE podia ser visto à distância, formando uma névoa indistinta sobre as colinas.

Eram apenas sete da manhã, mas já estavam perto da fronteira estadual. Os montes azuis erguiam-se no horizonte, borrados pelo calor de junho. As Montanhas Great Smoky.

Justin encostou na porta e colocou a mão para fora, subindo e descendo ao sabor do vento. Ele tinha pedido para Asher baixar a capota, mas isso aumentaria demais sua visibilidade. Asher se perguntava o que estaria passando pela cabeça de Justin. Ele estava encostado na janela do passageiro, com os fones de ouvido nas orelhas, mas o volume da música era tão alto que Asher podia ouvir. Então Justin tirou um dos fones do ouvido e perguntou:

— Vamos fazer as coisas que as pessoas fazem quando são sequestradas no cinema?

— Você não foi sequestrado, Justin. Você é meu filho.

— Mas estamos fugindo, não estamos?

— Só até eu descobrir uma forma de fazer com que o juiz me ouça.

— Agora, eles provavelmente não vão ouvir você.

— Você provavelmente está certo.

— Vamos pintar o cabelo? E usar boné e óculos de sol?

— O quê? — Asher riu, mas sentiu um aperto no peito. Ele subiu o vidro da janela para poderem conversar sem gritar. — Não. Não. Só estamos indo para o sul por alguns dias. Para tentar encontrar uma saída.

— A culpa é minha.

— Não, Justin. Como é que você pode pensar uma coisa dessas?

— Se eu não tivesse encontrado aqueles homens durante a enchente...

— Não, amigão. As coisas são mais complicadas.

— Foi por isso que a mamãe ficou brava com você — Justin falou, olhando para Asher. — Não foi isso?

— Não, não foi isso. Escute bem. Você não tem culpa de nada.

Justin voltou a ouvir música, prestando atenção na estrada. Asher abaixou o vidro de novo, nem tanto pelo calor, mas para deixar entrar o barulho. Não havia mais nada a dizer.

Perto de Monteagle eles pegaram uma saída e continuaram por uma estrada estadual que subia pelas montanhas e cortava os vales no meio, para cima e para baixo, por cima e em volta, sinuosa como uma fita acinzentada que tivesse caído do céu.

— Você está indo e voltando da interestadual e pegando estradas laterais para despistar a polícia?

— Você assistiu filmes policiais demais na casa da sua avó — disse Asher, e os dois começaram a rir.

5

OS LÍRIOS TIGRADOS CRESCIAM NAS VALAS AO LONGO DA ESTRADA. *Bandeirinhas* era como sua mãe os chamava. Lembrava-se de vê-la segurando uma flor com a mão, um momento de muita ternura: *Veja que bonita, Asher. Elas são perfeitas.*

Se ao menos alguém o tivesse tirado de sua mãe. Porque depois que Luke foi embora ele sofreu uma espécie de lavagem cerebral. Ela o convenceu de que Luke não se importava com eles, que ao apontar aquela arma para ele havia tentado salvar sua alma do inferno. Amor rigoroso, ela dizia. O tipo de amor que Deus havia demonstrado pelo mundo ao causar o Dilúvio, quando apenas Noé atendeu seu chamado. O tipo de amor que Deus havia mostrado a Abraão quando o convenceu a matar seu próprio filho, Isaac, antes de impedir que isso ocorresse no último minuto. O tipo de amor que Jó havia sofrido. Ela conseguira convencer Asher de que o tipo de amor mostrado no Velho Testamento era o melhor. *Oremos juntos, Asher, oremos pela alma de Luke para que ele veja os erros do seu modo de ser.* De nada adiantava tentar falar com ela sobre o Novo Testamento trazido por Cristo. Então, ele rezava com ela.

E dessa forma ela fez com que Asher se sentisse amado por algum tempo.

Quando ele se deu conta de que ela misturava o amor de Deus e o julgamento das pessoas, fazia anos que pregava de acordo com esse mesmo raciocínio. E então Asher percebeu que havia se casado com uma mulher que concordava inteiramente com sua mãe, que era igual a ela tirando a questão das agressões. Porque se Lydia tivesse encostado a mão em Justin, ele o teria sequestrado há muito tempo. Pelo menos ela não demonstrava esse tipo de maldade.

Seguindo pela estrada, eles passaram por várias casinhas enfeitadas com gerânios vermelhos e tradescantias penduradas em vasos nas varandas, com bancos e cadeiras de balanço.

Casais de idosos capinavam o milho no quintal debaixo do sol escaldante, as hortas retangulares como feridas escuras cravadas no verde dos quintais.

Um trator cor de laranja sacolejava em um campo de tabaco, tão longe que não conseguiam ouvir o barulho do motor, mesmo que estivessem parados.

Celeiros. Cinza, vermelho, branco.

Casas abandonadas com lírios tigrados crescendo nas janelas. *Elas são perfeitas, Asher*. Ele continuou a amá-la, mesmo depois de ela ter apontado uma arma para seu irmão. Tornou-se pastor por causa dela, para agradá-la, porque Luke não tinha conseguido.

Um pequeno cemitério com flores de plástico nos túmulos, as lápides limpas recentemente, provavelmente no Memorial Day. O povo do campo ainda levava essa data muito a sério.

Separadas por alguns quilômetros, lojas construídas com blocos de concreto ostentavam nomes interessantes: Mercearia do Papai. Cabeleireiro Senhor Deus Todo-Poderoso.

Aqui e ali uma bandeira confederada tremulando em um mastro enferrujado ou pendurada no peitoril de uma varanda.

Igreja atrás de igreja atrás de igreja. Asher havia pregado em tantas igrejinhas parecidas com essas, nos encontros de evangelização. Ele ainda se lembrava dos odores (mofo misturado com perfume, cheiro de desodorizadores elétricos, de água acre dos panos de chão e de spray de cabelo) que grudavam no fundo de sua garganta. Das pessoas se aproximando para pedir orações, da sua mão pousada nas testas, o óleo nas têmporas, os lábios tremendo com o Espírito Santo, orando como se estivessem febris. A música — quase sempre conduzida por mulheres — alta e acelerada com percussão e piano. Uma espécie de rock'n roll religioso. As pessoas dançando, tomadas pelo Espírito. As guitarras elétricas e os pandeiros sacudindo com sons ancestrais. Acreditara em tudo aquilo do fundo do coração. Acreditara e acreditara e acreditara.

Todas as igrejas eram pequenas, mas algumas tinham nomes tão compridos que não cabiam direito nas placas de identificação.

IGREJA PEQUENA POMBA DO EVANGELHO
COMPLETO EM NOME DE JESUS
IGREJA DA ÚNICA CELEBRAÇÃO VERDADEIRA
DO EVANGELHO DE DEUS
IGREJA DA EVANGELIZAÇÃO DO ESPÍRITO SANTO
DO NOVO SALVADOR

A maioria delas tinha algum abrigo por perto, com mesas para piquenique. Quase todas eram feitas de tijolos brancos, mas havia algumas de tijolos vermelhos, sempre com cruzes. Somente algumas tinham campanários, banheiros e lanchonetes.

O garoto continuava a olhar pela janela com tamanha concentração que Asher começou a se perguntar se ele, também, estaria sentindo falta do Tennessee, sofrendo pela perda de um passado cujo fim deveria ser celebrado.

Adeus, para sempre adeus, ele pensou, lembrando-se do rosto de sua mãe.

6

GEORGIA. JUSTIN TINHA COCHILADO NOVAMENTE E ASHER DEIXOU O rádio desligado para não incomodá-lo. O motor do jipe mantinha uma sonoridade constante ao longo da I-75 enquanto a culpa tomava conta de seu peito. A imagem de Zelda caída no chão não saía de sua cabeça.

— Perdoe-me — ele sussurrou, não para Deus, mas para Zelda, do outro lado das montanhas e pastagens.

Justin se espreguiçou ao seu lado, os grandes olhos sonolentos, mas abertos.

— Papai?

— Está tudo bem, garotão. Pode voltar a dormir.

— Eu ouvi você pedir perdão. O que foi que você fez?

Asher continuou com os olhos atentos na estrada. Cerrou a mandíbula e ligou o rádio, mas Justin logo o desligou e insistiu na pergunta.

— O que você fez, papai?

— Justin...

— Não, você tem que me contar. A vovó está bem?

— Sim — Asher respondeu, com seu tom de assunto encerrado, virando-se para olhar nos olhos de Justin e mostrar ao garoto que estava dizendo a verdade. — Vamos telefonar para ela, assim que sairmos de Atlanta.

AO CHEGAREM DO OUTRO LADO DA CIDADE COMEÇARAM A VER GRANDES cartazes pintados de vermelho e amarelo com os dizeres:

TIGHTWAD'S
A GASOLINA MAIS BARATA DE TODO O SUL.
SEM GARANTIAS.

... e depois de algum tempo o jipe os levou até uma saída onde encontraram uma placa gigantesca, idêntica aos cartazes, empoleirada no teto de uma parada de caminhões.

— Vou telefonar para sua avó — Asher falou, manobrando para estacionar. Você quer falar com ela?

— Ela só vai chorar — Justin falou. — E dizer para eu rezar.

— Tem certeza? — Asher perguntou enquanto pegava moedas no cinzeiro do carro. — Acho que ela ficaria mais tranquila se ouvisse sua voz, rapaz.

— Sei — disse Justin, demonstrando cansaço.

Asher então fechou a porta e foi até o telefone.

Uma jovem Cherokee de calça jeans e top vermelho veio desfilando pelo estacionamento, fumando um cigarro. Os seios balançavam a cada passo. O cabelo preto batia na cintura, e ela tinha virado um dos lados por cima do ombro. Um motorista desceu de um caminhão de dezoito rodas e assobiou para ela.

— E aí, pele vermelha? — ele gritou, mas a mulher continuou olhando para a entrada da parada de caminhões. — Você me mata do coração, baby! — insistiu o caminhoneiro, batendo com a mão na boca aberta enquanto entoava um "uh-uh-uh-uh-uh".

A índia, sem olhar para ele, mostrou o dedo do meio e continuou andando.

Asher colocou as moedas no telefone. Por sorte ainda se lembrava do número do telefone de Zelda, que havia decorado muito antes do surgimento dos celulares. Dois toques apenas e ela atendeu.

— Alô? Asher? — ela disse do outro lado da linha, sabendo, como sempre soubera. Sua voz parecia contida, como se não conseguisse respirar. — Onde é que você está?

— Zelda? Você está bem?

— Meu quadril está doendo, mas vou ficar bem. — Como era fácil ser dobrado por alguém que havia sido bom para você.

— E o seu rosto?

— Asher, o que é que deu em você?

— Não há pessoa neste mundo que tenha sido tão boa para mim quanto você, Zelda. E eu não devia, mas não sabia como...

— Eu sei, Asher.

Ele podia imaginá-la, sentada à mesa de jantar, tomando café no período mais quente do dia. O tique-taque do relógio de plástico amarelo na parede.

Talvez não. Poderia haver policiais sentados ao seu lado. Ou Lydia, com o ouvido encostado no telefone, ouvindo cada palavra. Aquilo era o fim do relacionamento deles, e ele sabia, sofria por isso.

— Você sabe que eu era um bom pai.

— Eu devia ter feito alguma coisa. Devia ter conversado mais com Lydia.

O telefone estava tremendo contra sua orelha. Asher fez um esforço para acalmar-se, olhou na direção de Justin para ter certeza de que ele estava bem. O garoto estava com o Atlas nas mãos. Nos filmes, os telefonemas podiam ser rastreados ou não, mas isso sempre dependia do tempo que a pessoa permanecia em contato. Ele não ia se arriscar falando demais.

— Asher, traga-o de volta. Antes que ela descubra. Você pode consertar tudo se o trouxer de volta. Agora.

— Você não avisou a polícia?

— Lydia ainda não sabe — Zelda sussurrou.

— O quê? — Asher mal conseguia acreditar. Eles tinham deixado o Cumberland Valley há mais de seis horas, e acreditavam que estavam fugindo da polícia. — Você não telefonou para ela?

— Ela foi para Knoxville, para um encontro de evangelização. Ficou de ligar na hora do almoço.

Obrigado. Obrigado. Obrigado.

Asher sentiu o medo se dissipar. Se ela não ouvisse as mensagens da caixa-postal, que ela nunca ouvia, então não saberia.

— Ninguém precisa saber, Asher. Se você o trouxer de volta. — Ele conseguia imaginar seus lábios tremendo, os olhos cor de violeta cheios de lágrimas. — Eu errei. Fiquei sentada naquela sala do tribunal e permiti que acontecesse. Mas isso não está certo. Você precisa trazê-lo de volta. — À sua maneira, Zelda havia tido a vida mais triste que ele já tinha visto, sempre preocupada com outra pessoa, nunca pensando por si mesma. Ver a maneira como Lydia a tratava fez com que ele percebesse que não viveria sua vida daquele jeito. — Você sabe que preciso telefonar para ela.

— Eu sei. Mas não posso levá-lo de volta. Eu não...
— Ela vai chamar a polícia.
— Eu sei.
— Asher, por favor. Não faça isso — ela pediu. — Eu não o culpo por ter ficado com raiva de mim. Com raiva dela. Mas por favor, eu lhe suplico.

O mundo se inclinou, girou, endireitou. Asher ouviu a própria respiração, sentiu a pulsação acelerada, o coração batendo mais forte. E também ouviu a gasolina enchendo o caminhão de um agricultor, os sinos badalando quando alguém abriu a porta do posto, sentiu o ar quente que cercava a madeira empilhada ao lado.

— Asher? — Zelda gritou com força, como se tivesse falado seu nome várias vezes sem obter resposta.

— Estou aqui.

— Por favor, não o leve.

Asher decidiu desligar, mas ficou parado, segurando o telefone junto ao ouvido. Precisava esperar um pouco antes de voltar para o jipe. Estava tremendo. Tinha falado com Zelda e ela estava bem. Eles tinham uma vantagem de seis horas em relação à polícia. E aquilo estava realmente acontecendo.

Ele colocou o telefone no gancho, mas antes de chegar perto do jipe reparou que um jovem vinha caminhando na sua direção. Cabelo descolorido, barba suja, camiseta sem mangas com o rosto de um daqueles cantores country que cantam igual a todos os outros.

— Obrigado... pelo que você fez — disse o rapaz.

— Como?

— Pelo que você disse naquele vídeo. Foi muito importante pra mim.

O rapaz, praticamente um adolescente, encarou Asher com seus olhos castanhos.

— Fico feliz, filho — ele respondeu, e percebeu que não usava a palavra *filho* com um estranho desde seus dias como pastor. Asher estendeu a mão para cumprimentar o jovem. — Fico feliz por ter ajudado, amigo. E, por favor, não diga a ninguém que me viu por aqui, está bem? — Asher falou, soltando a mão do rapaz.

— Tudo bem — disse o jovem, com um sorriso confuso no rosto.

— Cuide-se — Asher falou, e entrou no jipe.

Justin tinha ligado o rádio para ouvir música e foi cantando em voz alta até chegarem a um declive que levava à interestadual. Um homem muito magro, com cabelo comprido e uma barba vermelha batendo no pescoço, estava parado na beira do caminho com um cartaz a seus pés: FAMINTO SEM RECURSOS. Junto do cartaz, uma mochila gasta.

— Papai, vamos ajudar esse homem — Justin falou quando passaram por ele. — Vamos voltar e comprar um sanduíche pra ele.

— Justin, não podemos, querido. — O homem, que continuou olhando para eles, como se soubesse que seu destino estava sendo decidido, foi ficando cada vez menor no retrovisor de Asher. — Precisamos seguir em frente.

— Mas ele está com fome. Devíamos ajudar — Justin disse quando eles faziam a curva da interestadual. Agora era tarde demais para voltar.

— Já estamos na interestadual, amigão.

Justin fixou os olhos na estrada.

— Devíamos ter ajudado.

Justin não falou mais com Asher durante todo o percurso pela Georgia. Em vez disso, virou o rosto para a janela do passageiro e ficou observando os pinheiros e as pastagens. Igrejas e casas e vacas. Mas principalmente as placas ao longo da estrada:

   LOGO À FRENTE: AMENDOIM COZIDO
     MELANCIAS MADURAS
  ESTA BANDEIRA É HERANÇA, NÃO ÓDIO
        F
        I
        Q
        U
        E
     BEM COM
        D
        E
        U
        S

MELANCIAS GELADAS
POTES DE MELAÇO
DEUS ODEIA BICHAS
MELHORES PÊSSEGOS 6 KM

7

ASHER ESTAVA SENTADO JUNTO À JANELA, OBSERVANDO AS ÁRVORES. PINHEIROS sedentos e palmeiras pequenas; o teto do estacionamento estava coberto por uma fina camada de areia, remanescente de um período em que uma brisa devia ter soprado por ali. As árvores estavam absolutamente imóveis, de uma maneira que não se via no velho Tennessee; e não se ouvia um único pássaro. Talvez estivessem no meio da mata, onde a sombra dos pinheiros era fresca e perfumada, um lugar muito mais agradável para as criaturas aladas do que a estrada desolada, onde não havia nada além de motéis decadentes e postos de parada para caminhões.

Estavam em um hotel perto da divisa da Geórgia com a Flórida. Asher tinha dirigido por mais de oito horas antes de começar a ficar sonolento. Tinha parado o carro no Hotel Carvalhos Sombrios, onde alugou um quarto e dormiu profundamente depois de ter feito Justin jurar que não fugiria. Pegou no sono enquanto seu filho assistia TV, mas acordou duas horas depois e estava completamente desperto. Justin ressonava tranquilamente em sua cama.

Aquele quarto lhes oferecera ao menos algumas horas de sono. O piso do banheiro estava manchado de ferrugem e o sabonete era tão fino quanto uma barra de chocolate, com cheiro de velório. As toalhas pareciam lixas. Ele tinha quase certeza de que havia vômito seco em um canto do carpete. Justin havia dito que o controle remoto estava pegajoso.

— O nome do hotel é realmente perfeito — Justin tinha dito mais cedo.
— Por quê?
— Este é o buraco infernal mais sombrio que já vi.

Asher ia lhe dizer para pensar melhor antes de falar, para tomar cuidado com as palavras, mas percebeu que era um velho hábito que já nem fazia mais sentido para ele. Além disso, Justin estava certo.

Ele havia desligado a TV e estava parado junto à janela, debaixo do ar-condicionado.

Um velho cachorro atravessava lentamente o estacionamento. Se Asher fosse um cachorro, pensou, estaria rastejando sob uma varanda fresquinha ou saindo de baixo daquele teto quente. Havia alguma coisa naquele cachorro que inspirava muita pena. Talvez porque estivesse sozinho. Asher se perguntou se teria tomado um único banho em toda a sua vida. Era preto e branco, mas parecia cinza pois estava coberto de sujeira. O cachorro parou e cheirou o ar — talvez estivesse procurando comida, faminto demais para ficar descansando em uma varanda — e então virou a cabeça e olhou diretamente para Asher. Depois se virou e foi na direção dos pinheiros e Asher percebeu que sua perna direita traseira não estava encostando o chão.

O leve ronco de Justin lembrava um silenciador quebrado; ele se virou e o barulho foi abafado pelo travesseiro. Sob inúmeros aspectos, Justin parecia realmente um homem velho.

Asher voltou a olhar pela janela, mas o cão tinha desaparecido. Agora sabia que passaria a noite preocupado com o animal.

Ele se perguntou se Lydia já teria ouvido as mensagens do celular. E a essa altura Zelda já teria contado a ela. Isso significava que a polícia devia estar atrás deles. Poderia pegar o telefone e acabar com tudo aquilo antes que as coisas ficassem piores. Mas aí teria que abrir mão de Justin. Ele não podia fazer isso.

O cachorro voltou, mancando ainda mais. Tinha a língua pendurada e parecia estar completamente perdido. Não perdido no sentido de não saber onde estava, mas por não ter ideia do que fazer em seguida, como se tivesse esgotado todas as suas possibilidades de sobrevivência.

Asher foi até o banheiro e encheu um copo plástico com água. Ao sair do quarto, passou por uma dezena de aparelhos de ar-condicionado, de onde escorriam pequenos fios de água que desenhavam linhas irregulares no concreto da calçada. O calor era tão pesado quanto as cortinas. A noite começava a encobrir o mundo e as cigarras se acalmavam naquele período do dia em que a luz do sol dava lugar à escuridão e os grilos azeitavam seus instrumentos. Era o que acontecia nas profundezas da mata. Na área do hotel ouvia-se apenas o motor dos caminhões que passavam pela rodovia interestadual, um depois do outro, o barulho incessante do comércio em ação.

O cachorro estava deitado em um pequeno pedaço de grama entre a calçada e o estacionamento, as pernas traseiras estendidas e as dianteiras debaixo do peito. Asher se inclinou, tomando cuidado para não derramar a água, e estendeu o braço para que o velho cão pudesse sentir seu cheiro. Luke o ensinara a fazer isso quando eram crianças. O cachorro cheirou seus dedos e olhou para Asher com um misto de confiança e suspeita.

— Olá, amigão — ele disse, como se estivesse falando com um bebê.

Asher colocou o copo na calçada e o cachorro olhou para ele de relance, depois estendeu a língua como se finalmente tivesse se dado conta de sua sede. Asher inclinou o copo para ajudá-lo e ele continuou a beber a água sem tirar os olhos de Asher. Seu olhar parecia dizer: *Muito obrigado, essa é a melhor água que já tomei nesta minha vida desgraçada.*

Então o cachorro enlouqueceu e começou a lamber a mão de Asher e a pular de forma que Asher teve que se abaixar para lhe dar atenção. O cachorro tinha um cheiro de quem tinha rolado por cima de coisa podre e morta. Mesmo assim, Asher lhe fez carinho.

O cachorro parecia uma mistura de Beagle com Pit Bull. Tinha o peito forte e uma cabeça nobre, corpo delgado, mas musculoso, apesar de estar evidentemente faminto.

Com alguns tapinhas nas costas do cão, Asher sentiu os calombos sob a pele, que ele sabia serem projéteis de espingarda porque Roscoe também tinha esses calombos. Roscoe estava perambulando pela região e um vizinho atirou nele por ter destruído um canteiro de rosas.

Asher sentou na grama e deixou que o animal o cobrisse de amor, apesar do cheiro ruim. O cachorro subiu em seu colo e lambeu seu rosto, apoiando uma das patas em seu peito, e aquela foi a primeira vez que Asher se sentiu realmente feliz depois de muito tempo.

— Sim, senhor, você é um bom menino. Sim, é mesmo — Asher disse para o cachorro. Várias vezes. E o cão parecia responder abanando o rabo, lambendo as mãos e o rosto de Asher. Ele não poderia deixar esse garotão ali de jeito nenhum.

8

ELES CONTINUARAM A VIAGEM PARA O SUL, CRUZANDO A NOITE QUENTE e escura. Asher tinha abaixado a capota do jipe e o vento pegajoso circulava entre eles. Justin não conseguia dormir depois do longo descanso no hotel e aumentou o volume do rádio. A Flórida se abria à frente deles pela estrada cinzenta iluminada pelos faróis do carro.

Justin deu um nome ao cachorro — Shady — assim que acordou. Depois de ter tomado um banho na banheira do hotel, o velho Shady aninhou-se no banco de trás do jipe como se Asher e Justin fossem sua família desde sempre.

Havia uma espécie de contentamento entre os três. Para Justin, talvez fosse apenas resignação; Asher sabia que seu filho estava experimentando todos os tipos de sentimentos em relação a essa fuga. Gostaria de poder tirar esse peso das costas dele, mas não conseguiria facilitar as coisas por mais que conversassem.

Por isso, durante várias horas não houve nada além da estrada. Eles tentaram ouvir o rádio, mas depois de algum tempo só conseguiam captar estática ou estações de música gospel. Programas de pregadores religiosos. Por alguma razão desconhecida, esses programas sempre conseguiam ter o melhor sinal. Asher achava difícil acreditar que tinha sido um desses pastores. Essa outra vida não lhe parecia possível. Esse outro mundo.

Enquanto Asher dirigia, não havia nada que o impedisse de pensar no que ia fazer.

Quando chegaram a Key Largo, sentia dores nas costas, no pescoço, nos braços. Até mesmo os dedos doíam por terem estado agarrados ao volante por tanto tempo. Mas tinha que continuar dirigindo. A simples ideia de finalmente chegar a Key West e não precisar mais dirigir encheu-o de medo. Como seria estar em uma ilha, sem ter uma estrada pela frente? Quanto mais pensava nisso, mais lhe parecia que seguiam em direção a uma armadilha esperando para engoli-los.

O céu começou a clarear no leste, um tom cinzento ocupando o lugar da escuridão sobre o oceano. Obedeceram a sinalização e pararam diante dos semáforos que encontraram, apesar das estradas vazias. Não havia nada mais solitário do que um cruzamento vazio. Até as placas pareciam solitárias.

CROCODILOS ATRAVESSANDO LOGO À FRENTE
VEJA O CRISTO DAS PROFUNDEZAS
PASSEIO DE BARCO COM FUNDO DE VIDRO NO KEY LARGO PRINCESS!

Atrás dessa última placa havia um policial rodoviário escondido, pronto para ir atrás dos que excediam o limite de velocidade. Asher sentiu o coração acelerar e um arrepio subir pela espinha.

O ar — muito quente antes mesmo do nascer do sol — tinha um cheiro de peixe e água salgada misturado ao aroma das melancias maduras.

Em algum ponto perto de Tavernier, Justin avisou que precisava ir ao banheiro e Asher parou em um posto de gasolina.

A mulher do caixa da loja de conveniência era enorme, com uma grande verruga marrom e olhos verdes e doces.

— Bom dia, meus queridos — ela disse quando entraram, e quando saíram perguntou: — Então vocês estão indo até o fim? — Asher não entendeu. — Key West — ela disse.

Ele fez que sim com a cabeça.

— Boa sorte, querido.

De volta à Rota 1, Asher se concentrou na estrada. Ficaram em silêncio por um bom tempo, sentindo apenas o som do carro cruzando o asfalto. Shady fez um esforço para se levantar no banco de trás e tentou lamber o rosto de Asher, depois encostou o focinho no rosto de Justin e tentou passar para a frente. Justin manteve um olho na estrada e um braço em torno do pescoço de Shady. Asher não podia deixar de ver esse amor que nascia entre seu filho e aquele cachorro sem pensar no velho e doce Roscoe.

Com o avançar do dia, a Baía da Flórida surgiu à direita, ocupada por casas de todas as cores e salpicada por barcos a vela e pequenos iates. À esquerda, o Oceano Atlântico, em sua imensidão indescritível.

ISLAMORADA dizia a placa. Justin repetiu o nome da cidade várias vezes, mais para si mesmo do que para Asher.

Eles passaram por dezenas de ilhas pequenas. Passaram por uma centena de postos de gasolina e hotéis e parques aquáticos em ambos os lados da estrada. Justin implorou para que ele parasse no *Theater of the Sea*, e depois no *Indian Key State Park*, mas eles precisavam seguir em frente; além disso, ainda não eram nem sete horas da manhã.

Justin olhou para o Golfo e apontou para o que acreditava ser um grupo de golfinhos.

Depois passaram pela antiga ponte ferroviária, estendendo-se como um mistério de concreto.

Conch Key.

— Olha! — Justin gritou, apontando para uma enorme sereia de plástico dando as boas-vindas ao Tiki Bar.

Justin parecia muito bem naquela manhã. Colocou uma música de Tom Petty e ficou dançando no banco. Asher observou o filho girando o corpo, jogando um braço pela janela do carro, atirando o outro contra o teto do jipe, os olhos fechados enquanto cantava alegremente. Sentiu que havia feito a coisa certa e que poderiam ser felizes todos os dias de suas vidas se ninguém os incomodasse.

— Você tem bom gosto musical — ele disse para Justin quando a música acabou.

— Eu sei — Justin respondeu, sorrindo.

9

O TUDO

ELES SAÍRAM DO CARRO PARA CAMINHAR PELA PONTE NAQUELA PARTE em que as águas do Golfo se chocam com o Atlântico.

Justin passou a mão pelo parapeito enferrujado. O sol batia em seu cabelo e Asher imaginou que ele deveria estar com a cabeça quente.

A água abaixo deles — o Golfo do México — era escura, de um azul profundo, porém, mais acima, além da ponte, as ondas do Oceano Atlântico eram cor de esmeralda. Aquelas cores não eram apenas cores; eram algo muito maior, simplesmente magníficas. Em seus 35 anos de vida, Asher nunca tinha visto nada que se comparasse àquilo.

Aquele passeio pedia silêncio e eles sabiam. O cachorro também. Eles ouviram as ondas batendo nos pilares, a brisa da manhã soprando em seus ouvidos e o barulho ocasional de um carro passando pela nova ponte que corria paralelamente. Estavam caminhando em direção à confluência e podiam sentir a força da água abaixo deles.

Pararam no meio da ponte para observar a imensidão do Atlântico. Asher ficou atrás do filho e colocou a mão sobre seus ombros. Asher e Justin. Pai e filho. Ligados para sempre.

Normalmente, em um momento como esse, Asher diria a Justin que ele era tudo para ele. Sua vontade era dizer ao filho que a própria existência era desprovida de qualquer sentido antes de ele nascer. Queria que Justin soubesse como se sentia em relação a ele, de uma maneira que nenhuma criança poderia entender até gostar de alguém de verdade. A paternidade era um sofrimento constante, uma atividade permanente para garantir que a criança estivesse segura e feliz. Asher queria dizer ao filho que morreria por ele, ou mataria por ele, e tudo o mais entre esses dois extremos. Queria dizer a Justin que havia entregado a ele todo o seu ser, incondicionalmente. Mas não precisava dizer nada. Tudo isso estava implícito na maneira como tocava o ombro de seu filho, na maneira de ficar em pé ao seu lado; estavam juntos, sozinhos nesse mundo feito de águas infinitas, atravessado por uma tira de concreto.

10

— EU SEMPRE QUIS VIR ATÉ AQUI — ASHER FALOU, COLOCANDO O CINTO de segurança.
— E por que não veio?
Asher voltou para a Rota 1 e depois atravessou a Seven Mile Bridge.
— Sua mãe não queria. Nunca consegui tirá-la do Tennessee, a menos que fosse para um encontro de evangelização.
Shady estava no colo de Justin, as patas da frente na porta. Tinha colocado a cabeça para fora, as orelhas mexendo com o vento.
— Estou com saudade da mamãe.
— Sinto muito, Justin.
— Eu sei. — Justin continuou olhando para o Golfo. — Mas eu entendo.
— É mesmo?
— Ela mentiu, no tribunal. A vovó também.
— Como você sabe?
— A vovó me contou — Justin falou, sem virar o rosto para Asher. Estava olhando para uma lancha branca que sacudia contra as ondas. Uma mulher de biquíni estava apoiada no parapeito de metal, o rosto contra o vento.
— Ela não disse que mentiram, mas que não contaram toda a verdade. O que é a mesma coisa. A vovó disse que queria que eu soubesse que isso é errado.
Asher não sabia o que dizer, por isso continuou olhando para a estrada.
— Mesmo assim, acho que não está certo... fugir deste jeito.
Asher tirou a mão direita do volante e segurou no braço de Justin.
Quem poderia saber o que aconteceria agora? Era bem provável que Asher jamais voltasse a ver o Tennessee. A polícia poderia aparecer a qualquer momento e prendê-lo. Se isso acontecesse, onde deixariam Justin até que alguém viesse buscá-lo? Na cadeia? E será que algum dia voltaria a ver Justin caso fosse para a prisão?

Ao saírem da Seven Mile Bridge viram muitos policiais na beira da estrada. Ele nunca tinha visto tantos policiais em um único trecho de rodovia e segurou o volante com força a cada carro de polícia que ficava para trás.

Um grupo de garotos estava rindo e correndo na direção de um homem que estava na ponta de um píer ao lado da estrada. O homem segurava um peixe prateado cujas guelras ainda batiam.

— Ah, não! — Justin falou, colocando as mãos na maçaneta, como se fosse abrir a porta e pular do carro. — Papai, volte.

— O que foi? — Asher perguntou, sabendo o que ele ia dizer.

— Volte e faça aquele homem jogar o peixe de volta no mar.

— Não posso fazer isso, amigão — disse Asher, rindo. — Esqueça.

Mas Justin não conseguia deixar de olhar para trás. Ele se virou no banco e ficou olhando enquanto pôde. Asher também olhou pelo retrovisor e viu os garotos pulando em volta daquele homem estúpido, como se assistir a morte do peixe fosse a coisa mais divertida do mundo.

— Meu Deus, eu odeio gente. As pessoas são um saco.

Asher pensou que talvez devesse dizer a seu filho para não falar desse jeito, mas ficou calado. Que ele fosse como era. Se existisse um pai capaz de dar a resposta correta em todas as situações, gostaria de conhecê-lo. Justin estava arrasado e sentindo-se culpado por não ter ajudado o peixe. Voltou a virar a cabeça para trás, embora o homem, os garotos e o peixe já não pudessem mais ser vistos.

— Justin, por favor — Asher pediu, colocando a mão no joelho de Justin. — Não podemos controlar tudo o que acontece no mundo. Bem que eu gostaria.

— Eu espero que sim. Espero. Espero — Justin começou a falar alto sem perceber, e Asher colocou a mão em sua nuca.

— Tudo bem, rapaz.

Três carros de polícia, com as luzes e sirenes ligadas (*ió-ió-ió*), passaram por eles.

Asher empalideceu e segurou o volante com força, ficou acompanhando os carros pelo retrovisor, com medo do que poderia ver, mas o som das sirenes ficou cada vez mais distante até não poderem mais ouvir. Eles não iam voltar para pegá-los.

Os postes de telefone ao longo da estrada estavam cobertos de varetas e galhos. Ninhos de águia. Asher tinha lido a respeito.

KEY WEST: 30 QUILÔMETROS À FRENTE

Igreja Batista Haitiana com suas portas amarelas.
Uma garça branca pescando nas águas rasas do oceano.
Stock Island.
Estacionamentos para trailers e um *Kentucky Fried Chicken*.
Mais uma ponte — não mais do que um segundo — e então eles chegaram a Key West.

PARTE 3

CANÇÃO PARA UMA GAIVOTA

1

KEY WEST ESTÁ ACORDANDO QUANDO ELES CHEGAM.

Ao atravessarem para a ilha coloca-se diante deles a possibilidade de virar à esquerda ou à direita; Asher decide virar à esquerda sem qualquer razão especial e então eles se veem novamente junto ao oceano, e as pessoas estão correndo, andando de bicicleta ou empurrando carrinhos de bebês. O azul-esverdeado do Atlântico se perde no horizonte e Asher percebe que não tem ideia do que fazer em seguida.

Eles passam por duas ou três praias (vazias a essa hora do dia), hotéis, motéis, pousadas e resorts.

De repente aparecem muitas ruas e Asher começa a dar voltas de forma a se manter sempre perto do mar. Sua simples presença lhe dá certa sensação de segurança da qual ele não está disposto a abrir mão. E também oferece uma noção de direção. Justin observa tudo em silêncio, avaliando o lugar.

Depois de algum tempo ele reduz a velocidade perto da boia de concreto nas cores vermelha, branca e amarela onde as pessoas costumam tirar fotos. Asher sabe disso por causa do cartão-postal que guardou durante todos aqueles anos. Lambretas passam pra lá e pra cá. Ele para o jipe atrás de um bando de turistas que está tentando manobrar um carro elétrico alugado em uma pequena vaga de estacionamento; Asher e Justin ficam observando as pessoas ao redor do marco. Famílias. Homem, mulher e criança. Casais. Dois homens de mãos dadas, coisa que Asher nunca tinha visto antes. Nunca. Asher não conseguiu deixar de sentir certo nervosismo sabendo que Justin repararia nisso. Também havia um homem e uma mulher se beijando.

Aqui estou eu, fugindo, ele pensou; *um criminoso e seu filho confuso*.

Na boia de concreto está escrito:

THE CONCH REPUBLIC
144 KM PARA
CUBA
SOUTHERNMOST
POINT
CONTINENTAL
U.S.A.
KEYWEST, FL
HOME OF THE SUNSET

    Asher sente que suas pernas estão rígidas e de repente lhe vem a sensação de que seu corpo está desligando. O cansaço fala mais alto finalmente, agora que chegaram. Sente dificuldade para falar pois parece que sua boca está muito seca.

    — Preciso parar em algum lugar e descansar um pouco — ele diz, voltando para a rua, sem saber que rumo tomar. Seus braços tremem de cansaço.

    Mas Justin está tão animado por terem chegado que não quer descansar de jeito nenhum. O calor é muito forte, apesar de ainda ser cedo, e ele sabe que não pode simplesmente estacionar para tirar um cochilo no carro. Asher acredita que se puder esticar um pouco as pernas ficará bem. Poderá se forçar a não dormir.

    Asher vira em uma rua, depois em outra e de repente estão de novo à beira-mar. A água é de um verde-azulado palpitante, tão rasa que se pode ver as algas marinhas balançando sob a superfície. Um pequeno barco de pesca está ancorado na restinga, balançando com as pequenas ondas. Ao ver a praia, Asher estaciona em uma vaga junto da calçada.

    — Vamos poder nadar? — Justin pergunta, animado.

    — Não, vamos apenas descansar um pouco, está bem?

    Mas faz muito calor no carro e Justin suplica para entrar na água.

    Asher consegue pegar a manta no banco de trás e abre a porta; Justin corre pela calçada e Shady sai em disparada atrás dele, mas os dois se afastam tão rapidamente que Asher reúne todas as suas forças para gritar:

    — Justin! Pare!

Justin diminui o ritmo, mas não volta, por isso Asher faz mais um esforço para alcançá-lo, como se tivesse que caminhar por uma imensa camada de lama, exatamente como naqueles dias após a enchente. Sobe os degraus, passa por um banheiro público, feito de pedras e corais, e então encontra a praia praticamente deserta. O céu está nublado demais para a maioria das pessoas e o ar está carregado com o cheiro da chuva que se aproxima. Uma jovem família — homem e mulher, duas crianças e um bebê em uma cadeirinha de carro — se instala na areia debaixo de um guarda-sol branco e um pouco mais além um grupo de garotos começa uma partida de vôlei. Mas é só isso.

Justin corre até a beira da água, rindo. Shady late para as ondas, enfia o nariz na água e espirra. Asher encontra a cobertura de uma palmeira; o ar parece menos pesado na sombra.

Só quando se dobra para estender a manta na areia é que Asher repara no vento. A manta se contorce como se estivesse possuída. Ele se ajoelha sobre uma das pontas e consegue segurar a outra com as mãos até sentar. Asher nunca ficou bêbado na vida, mas imagina que deve ser algo parecido, as coisas se mexendo e depois deslizando para seu lugar novamente. Ele coloca a palma da mão aberta sobre os olhos para poder olhar para o mar e vê Justin e Shady correndo pela beira da água.

Poucas coisas o deixam mais satisfeito do que ver seu filho correr livremente, mas tão logo lhe ocorre esse pensamento ele percebe que nenhum dos dois voltará a ser realmente livre.

Isso era algo que ele havia tirado de Justin: que liberdade pode existir para quem está fugindo da polícia? Ele não tinha avaliado toda a situação. O que fariam quando as aulas recomeçassem? Ele não conseguiria matriculá-lo sem se denunciar. O que fariam se Justin ficasse doente e tivessem que ir até um hospital? E se ele mesmo ficasse doente?

— Justin, volte! — Asher grita, quando Justin caminha pela água em direção ao jogo de vôlei. Ele para e começa a voltar. Asher observa a cena com a vista nublada, como se uma névoa fina estivesse cobrindo tudo. — Venha pra cá, já!

Justin vem correndo pela praia e não há nada além de bondade em seu rosto.

Asher não aguenta mais. Deita-se sobre a manta e cruza as mãos sobre a barriga. Se puder descansar mesmo que só por alguns minutos...

Justin para ao seu lado, o rosto mergulhado na sobra do sol que brilha às suas costas.

— Você não quer deitar aqui comigo? Vamos descansar um pouco, amigão.

— Não, eu quero entrar na água.

— Ainda não — Asher resmunga. Ele não consegue manter os olhos abertos. — Você não está com o calção de banho...

— Posso ir buscar. Aqui tem um banheiro, eu vi, é feito de pedras.

— Agora não. Vamos descansar um pouco.

— Quero entrar na água. Passei dois dias naquele carro. Não aguento mais!

Asher já não consegue nem mexer a boca direito. Está absolutamente exausto. Não há um único músculo ou osso que não esteja dolorido. Há meses não consegue descansar.

— Sinto muito — ele ouve sua voz dizer, muito distante. E mesmo à distância, sabe que isso é errado, que não pode dormir, que não pode deixar Justin sozinho na praia. Ele tenta dizer: Fique por perto.

Asher já está dormindo antes mesmo de Justin se virar e correr para a água.

2

O TUDO

JUSTIN COSTUMAVA PENSAR QUE AS ÁRVORES ERAM DEUS. MAS AGORA, ali, ele acha que o oceano talvez seja Deus. Toda aquela força e fraqueza estendendo-se diante de nós. O oceano pode fazer tanta coisa quando quer, e às vezes pode ficar sem fazer nada além de ir e vir, formando ondas ou mantendo a calmaria. O oceano é um mistério, como Deus. Ambos são tão grandes que não podemos ver tudo ao mesmo tempo, mas podemos captar pedaços aqui e ali. Justin acredita que Deus é tão grande quanto o oceano. Até maior. Mas muita gente acha que não. Elas acham que Ele é pequeno o bastante para caber em uma igreja, em uma bandeja de oferendas ou em um livro antigo. Pois Ele não é, e Sua mente é ainda maior do que Ele. As pessoas olham para o mar e pensam apenas na imensidão azul. Mas ele tem tantas cores. Agora mesmo Justin consegue ver dez tons diferentes de azul, e muitos tons de verde. Também há linhas marrons e a ponta das ondas é branca. Quando a luz bate na água de uma determinada maneira, aparecem mais cores: vermelho, laranja, pêssego, violeta. À noite haverá tons de cinza e se pudesse nadar para bem longe poderia ver a água ficando cada vez mais escura até se tornar completamente preta em uma noite totalmente nublada. Justin acha que os olhos de Deus são assim: têm todas as cores. Esse é o tipo de conversa que deixaria sua mãe horrorizada, mas ele acredita que Deus está em tudo e em todos. Pedaços dele. Ele não quer dizer apenas o espírito, mas verdadeiros pedaços de Deus. Acredita que Ele não está apenas no oceano, mas também em Shady, na areia, nas árvores, e em cada pessoa daquela praia, em cada pessoa do mundo. Agora, nesse exato minuto, Justin não consegue ver nada além do oceano, e isso é Tudo. E Justin consegue sentir esse Tudo debaixo da sua mão, que está apoiada no peito de Shady; e o coração de Shady está batendo em um ritmo constante, como as ondas na praia. Ele consegue sentir esse Tudo debaixo dele, na areia. Pode senti-lo no cheiro das algas acariciando seu rosto. Pode ouvi-lo na risada dos adolescentes jogando vôlei, no choro do bebê e no som metálico do avião que passa acima de todos eles, na água que vai e vem, vai e vem. O oceano é Deus, mas também somos todos nós.

Mas esse não é o tipo de coisa que ele pode falar em voz alta para ninguém. Ele sabe que é o tipo de conversa que pode ter consigo mesmo em sua cabeça quando está sentado em uma praia a milhares de quilômetros de casa, sem saber o que acontecerá em seguida.

3

SEU ROSTO ESTÁ COBERTO POR MILHARES DE FORMIGUINHAS VERMELHAS.
Ele tenta abrir a boca para gritar, mas não produz som algum; sua língua parece uma tampa enferrujada.

Seus braços estão pesados, pesados demais para que ele possa mexê-los e afastar as formigas de sua cabeça e pescoço.

As pálpebras de seus olhos parecem estar coladas; ele precisa reunir todas as suas forças para abri-los e assim que os abre o mundo fica inteiramente branco até conseguir finalmente distinguir a bola branca do sol e o céu à sua volta, e as frondosas palmeiras acima dele.

Então ele sente a areia trazida com tal força pelo vento que sua pele parece estar sendo perfurada por cada grão que bate em seu corpo. A areia gruda em seus dentes, entra pelas narinas e se acumula nos cantos dos olhos.

Por uma fração de segundo ele sente um grande alívio ao perceber que não tem formigas na cabeça e no pescoço, apenas areia, mas então Asher se lembra de Justin e, com o susto, inspira toda a areia que se acumulara em sua garganta.

Ele se levanta e sai correndo pela praia à procura de Justin.

Asher não o vê em lugar algum. Olha para todos os lados, como um pássaro assustado. Ele não sabe dizer por quanto tempo dormiu, mas tudo lhe parece exatamente igual: o jogo de vôlei, a família com o bebê, o céu, o mar com suas ondinhas batendo na praia. A julgar pelo cenário, parece que não cochilou por mais de cinco minutos, mas pode ter sido mais.

Asher tem a impressão de que levou um soco no estômago.

Eu o perdi.

Asher se vira e seu olhar recai sobre o lugar onde havia dormido. Ele percebe que Justin e Shady estavam deitados sobre a manta o tempo todo. Shady levanta a cabeça e sacode as orelhas. Justin dorme profundamente, mas Asher está tão assustado e feliz que o sacode até acordá-lo, gritando seu nome.

— O que foi? — Justin pergunta, encolhendo-se e arregalando os olhos.

— Por quanto tempo eu dormi?

— Não sei — Justin responde, virando para o outro lado. Shady se aproxima o quanto pode e enfia a ponta do nariz debaixo do pescoço de Justin. — Vinte minutos, eu acho.

Asher fica aliviado e se inclina para beijar a testa de Justin — há meses que não faz isso; depois deita-se ao lado dele sobre a manta, apesar da areia trazida pelo vento. Faz muito tempo que não tiram um cochilo juntos.

Asher puxa a ponta da manta sobre suas cabeças para que a areia não entre nos ouvidos e descansa ao lado do filho.

4

CÉU IMENSO E DE AZUL FIRME.

Vento.

Oceano.

Asher calcula que devem ter dormido por cerca de uma hora; faz séculos que não se sente tão descansado. Nenhum dos dois mexeu um músculo durante o sono e assim que abre os olhos ele vê que Justin está absolutamente imóvel. Um pequeno homenzinho deitado ao seu lado, dormindo.

Asher sabe que precisa levantar e conhecer esse lugar, sentir seu cheiro, seu gosto. Precisa encontrar Luke. Asher precisa levantar e seguir em frente. Por Justin.

É então que ele ouve as sirenes.

Ele fica em pé, pronto para encará-los, aceitando que está tudo acabado, a mente acelerada, mas sem lhe dar pistas de nada. Ele tem a impressão de que a família ao lado está olhando para ele com certo incômodo. Talvez seu rosto já esteja em todos os noticiários; ele não tem como saber. Precisa encontrar uma televisão. A mãe segura o bebê no colo, olhando para Asher. Mas talvez seja apenas paranoia.

Shady late para as sirenes, jogando a cabeça para trás. Justin não se mexe, abatido pelo cansaço.

Então os três carros de polícia passam rápido, disparando em direção a alguma coisa na outra ponta da ilha.

Asher senta novamente sobre a manta, sentindo ânsia de vômito. Ele tosse para dissipar o muco no fundo da garganta e limpa a boca com o braço. Ele sente o suor frio na testa e abaixa a cabeça entre os joelhos para evitar o vômito. Shady se aproxima e lambe sua orelha. Depois de algum tempo, ele sacode Justin.

— Vamos lá, amigão — ele fala, tentando mostrar-se corajoso. — Vamos dar um jeito nisto.

A caminho do carro eles passam por um trailer de comida. Na placa lateral, vê-se escrito à mão:

> 2 HOT-DOGS FRITAS COCA U$ 5
> LIMONADA DE LIMA BEM GELADA U$ 2
> FAMOSO HAMBÚRGUER SMATHERS U$ 3
> BANANA FRITA U$ 3

Pela janelinha do trailer eles vêm um homem inclinado sobre um balcão de fórmica lendo um livro de bolso. Esse parece um bom lugar para começar. Asher pergunta a Justin se ele quer alguma coisa.

— Não — ele responde. — Não estou com vontade de nada.

— Eu vou querer uma limonada. Tem certeza de que não quer uma?

— Não — Justin responde, balançando a cabeça. — É meio nojento — ele diz, sem parar de olhar para as palmeiras que balançam com o vento, como se estivesse hipnotizado.

— E aí, chefe? — diz o homem do trailer quando Asher se aproxima. Ele fecha o livro *Piedra de Sol* e pergunta: — O que vai querer?

Asher pede a bebida e vê o homem pegar uma jarra de plástico transparente com as fatias de lima flutuando. Ele sente a boca salivar só de ver. Quando o homem lhe entrega o copo de papel com a limonada, as bordas já estão suando por causa do calor.

Asher paga o homem com duas notas de um dólar e pergunta bruscamente:

— Você sabe se eu conseguiria encontrar algum trabalho por aqui?

— Sempre tem trabalho em Key West — diz o homem. Seus olhos são muito pretos. Ele apoia os cotovelos no balcão, encostando os ombros nas orelhas. — Mas você não vai querer o trabalho que oferecem por aqui.

— Por que não?

Asher fica surpreso com a resposta, mas disfarça tomando um longo gole pelo canudinho. A limonada é azedinha e deliciosa.

— A maioria das vagas é ocupada por latinos como eu — ele diz, rindo.

— Estou disposto a fazer qualquer coisa. Preciso ganhar algum dinheiro.

Justin puxa a camisa de Asher.

— Estou ardendo — ele sussurra.

— Meu primo trabalhava na Casa Marina e eram bons pra ele. E eles oferecem moradia para os empregados. Eu começaria por aí.

Asher agradece ao homem e pensa: *Por que não?*

— Você por acaso conhece um homem chamado Luke Sharp?

— Não. Acho que não.

— É meu irmão. Estou tentando encontrá-lo.

— Sinto muito — diz o homem, retomando o livro.

— Muito agradecido — diz Asher, com o jeito caipira aflorando repentinamente em seus lábios.

— Por nada, senhor.

A MULHER IMENSA E PESADA DA CASA MARINA DIZ QUE NÃO TÊM VAGAS, mas encaminha Asher para o Blue Marlin.

As funcionárias do Blue Marlin — lindas, flertando, rindo, indianas, cubanas, mexicanas — estão sentadas em uma mureta de pedra em seu intervalo do trabalho, tal qual pássaros aboletados na fiação elétrica. Elas sugerem que ele procure alguma coisa na área do porto.

Os homens do porto, espalhados pelo convés de um barco chamado *The Lonesome Dove*, tiram o cigarro da boca e falam todos ao mesmo tempo. "O jornal", "Os classificados", "O *Citizen*".

E no jornal Asher encontra anúncios de vários empregos, a maioria das vagas em restaurantes e serviços de limpeza. Mas também há anúncios para todos os tipos de trabalho, desde digitador de dados cadastrais até paramédico. Quase todos os anúncios pedem fluência em inglês. No entanto, o que mais chama sua atenção é de um lugar chamado *Canção para uma Gaivota*.

PROCURA-SE FUNCIONÁRIO. NÃO SERÃO ACEITAS DOENÇAS DE KEYS.
CANDIDATE-SE APENAS SE ESTIVER DISPOSTO A TRABALHAR MUITO
E FOR UMA BOA PESSOA. SABEREI SE NÃO FOR.
CHALÉS CANÇÃO PARA UMA GAIVOTA.
184 OLIVIA STREET.

Asher não faz ideia do que seja "doenças de Keys", mas está absolutamente certo de que não tem. E gosta do ar de mistério do anúncio. Procura-se ajuda para quê? *Saberei se não for*. Há alguma coisa intrigante na imprecisão.

Por isso eles seguem para a Olivia Street.

5

AO VIRAREM NA OLIVIA STREET, JUSTIN REPETE O NOME EM VOZ ALTA, como se estivesse aprendendo a falar uma palavra estrangeira: "O-li-vi-a".

Eles encontram uma cerca branca diante de grandes palmeiras e beirais de três telhados. Flores cor-de-rosa e roxas caem sobre a cerca. Preso ao portão, um cartaz dizendo "Procura-se funcionário" confirma que aquele é o lugar que procuram.

Asher abre o portão e entra no quintal. Eles são engolidos por árvores, flores e cantos de pássaros. "Buganvília", ele diz, segurando uma pequena flor roxa. Tinha lido a respeito dessas flores ao pesquisar a ilha. Eles encontram uma fonte borbulhante e uma piscina tranquila. Uma mesa de vidro com todos os tipos de produtos para o café da manhã: *muffins*, uma jarra com suco de laranja, uma máquina de café e um cesto cheio de frutas — bananas, laranjas, maçãs, uvas, *grapefruits*. Asher fica com água na boca ao ver o *grapefruit* rosado.

Diante deles, uma grande casa antiga, pintada de laranja pálido, o contorno das janelas em verde-escuro e uma balaustrada branca cercando a varanda. Um grande balanço verde e algumas cadeiras de balanço amarelas compõem o cenário.

Uma pequena placa de metal decorada com caranguejos em cores vibrantes e pendurada nos galhos de uma árvore indica o ESCRITÓRIO, por isso eles seguem por um caminho coberto por cascalho, onde são obrigados a desviar de galhos e flores como se estivessem em uma floresta. Eles chegam ao que parece um pequeno barracão de ferramentas com uma placa pintada à mão acima da porta: ESCRITÓRIO.

Dentro do barracão, uma mulher enorme, mais ou menos da idade de Zelda, está inclinada sobre uma mesa coberta por pilhas de papéis, livros e recibos. O interior do barracão parece pertencer a um daqueles acumuladores que Asher tinha visto em programas de TV. Ela está usando um *muumuu* havaiano da cor do Ki-Suco vermelho, o que o faz pensar de novo em Zelda porque ela adora esse suco. Seu cabelo preto está preso no alto da cabeça, ameaçando cair caso ela faça algum movimento brusco. Algumas flores roxas enfeitam o coque.

Ela faz algumas anotações em um pedaço de papel antes de notar a presença deles.

— E aí, rapazes? — ela pergunta, erguendo o olhar. Em casa, só os homens cumprimentam dessa forma. Ela tira os óculos e puxa uma ponta do *muumuu* para limpar as lentes. Asher gosta da maneira como ela se move, como uma rainha. — Precisam de um quarto?

— Não, senhora.

— Em que posso ajudar, então?

— Preciso de trabalho.

— Você já trabalhou alguma vez fazendo limpeza?

— Passei a vida limpando minha própria casa.

Asher não conhecia nenhum outro homem que limpasse a casa, mas ele sempre fez isso. Ele gosta das coisas muito, muito arrumadas. Na verdade, a bagunça daquele lugar está começando a deixá-lo nervoso. Antigamente, quando dizia que limpava sua própria casa as mulheres riam e lhe davam tapinhas nas costas como se ele não soubesse o que significava limpar uma casa de verdade. Principalmente as mulheres da igreja.

— Então você mantém sua casa sempre limpa?

Ela olha para Asher por cima dos óculos como que para se certificar de que ele não está mentindo.

— Acredito que sim — diz Asher.

— E quem é esse rapazinho?

— Este é Justin — Asher responde, percebendo que talvez devesse ter usado um nome falso. — Ele tem nove anos.

— Ele é bem pequeno para a idade — ela diz, examinando Justin. Ela não parece tão grande quando fica em pé. Ela dá um passo à frente e estende a mão para cumprimentar Justin, que aperta sua mão sem titubear. — Eu me chamo Bell — ela diz, ao apertar a mão de Asher. — Realmente encantada em conhecer vocês dois.

— E este aqui? — ela pergunta, apontando para Shady com o queixo.
— Não tivemos coragem de abandoná-lo na estrada — diz Justin.
— De onde vocês são, querido? — Bell pergunta a Asher.
— Do Tennessee.
— Eu podia jurar que são mesmo, pelo sotaque. Sou de Notasulga, Alabama.
— Não conheço, mas já estive em muitos lugares no norte do Alabama.
— Ele não diz nada a respeito dos encontros da igreja *Holy Roller*, muitas vezes, na região de Sand Mountain. Lydia odiava esse termo, *Holy Roller*, mas era assim que eles se chamavam (ou ainda se chamam).
— Você não se importa de fazer limpeza para estranhos?
— Prefiro limpar para estranhos a limpar para pessoas que conheço.
— Por que isso?
Bell inclina a cabeça como se o estivesse avaliando.
— Acho que deve ser mais interessante.
— Admito que é uma forma de pensar.
— E porque quando conheço a pessoa digo a ela que trate de fazer sua própria limpeza.
— Amém! — diz Bell, rindo. Seus peitos sacodem junto com a gargalhada. — Concordo com você nas duas coisas. Ela desce e senta no degrau da entrada. Shady se aproxima, encosta o corpo em seus quadris e dorme assim que Bell começa a fazer carinho em sua barriga. — Os seres humanos podem ser maravilhosos e terríveis, mas a maioria das pessoas é simplesmente nojenta. Mas acho que você já sabe.
— Soube disso a vida inteira.
— Então você gosta deste garotão? — Bell olha para Justin, ainda acariciando a barriga de Shady.
Ele faz que sim com a cabeça.
— Você pode sentar aqui do meu lado.
Justin senta-se ao lado de Bell e Shady se mexe, colocando a cabeça sobre a perna de Justin e mantendo a barriga perto de Bell. Ele faz uns grunhidos com a garganta, sem se preocupar em abrir a boca.
— Sim, senhor. Você arrumou um amigo para a vida inteira — Bell diz a Justin, com a voz mais suave. Os cães faziam isso com as pessoas.

Era o que Asher mais gostava neles. — Ele é como todos nós. Quer apenas ser amado.

Então Bell retoma a conversa que interrompera.

— Eu não aguento a bagunça que algumas pessoas fazem.

Asher engole a saliva com dificuldade e sorri, tentando se situar. Ele ainda está um pouco zonzo e de repente volta a sentir a boca muito seca.

— Tenho um chalé e cinco quartos para alugar. Às vezes as pessoas acham que precisam festejar o tempo todo porque estão em Key West — ela diz. — Mas alguns quartos e um pequeno chalé atraem viajantes da melhor qualidade, entende? Eu não permito que os hóspedes tragam crianças, mas posso abrir uma exceção para o seu garoto. Os que são realmente terríveis — universitários que tentam se embebedar até não aguentarem mais e os endividados que querem impressionar as namoradas — ficam nos hotéis das grandes redes.

— Sim, isso é muito bom — diz Asher.

— Então você teria que limpar o chalé e os quartos, e fazer as compras para mim. Tudo o que eu precisar. Gosto das coisas feitas quando quero que sejam feitas.

Asher concorda com a cabeça.

— Sim, senhora.

— Não precisa me chamar de senhora.

— Está bem.

— Evona cuida da piscina e dos jardins. Você terá que trabalhar quarenta horas por semana, às vezes mais. Tudo bem pra você?

— Farei o que precisar que eu faça — diz Asher. Parecia desesperado, até para ele mesmo. — Não tenho medo de trabalhar.

— Bem, parece que estamos nos entendendo. O emprego é seu, se quiser.

— Um homem que encontrei na praia disse que às vezes é possível morar no trabalho.

Ela olhou para os três com um olhar inquisitivo. Asher, Justin, o cachorro. Depois olhou para Asher de novo.

— Bem, tenho um lado do chalé para funcionários. Você teria que dividir a casa com Evona. Mas os espaços são totalmente separados, com entradas independentes. Ela gosta de ter seu próprio canto.

— Eu também — ele diz.

Aparentemente, Justin decidira brincar de ouvir a conversa dos dois. Seus olhos se moviam de um para o outro, dependendo de quem estivesse falando.

— Vocês teriam que dividir a varanda, só isso. Evona é honesta, posso garantir.

— Parece bom pra mim — diz Asher, mas de repente ele começa a pensar que talvez seja perigoso dividir a casa com uma estranha que pode tentar ouvir através das paredes para conhecer os dois. Mas o que ele mais quer no mundo é encontrar um lugar onde possam deitar à noite.

— Então estamos acertados.

Eles conversam sobre o pagamento. Quanto por hora. Quanto pelo aluguel do chalé, que lhe custará boa parte do salário. E Bell os convida a jantar com ela todas as noites.

— Gosto de cozinhar, mas não gosto de comer sozinha — ela diz. — É mais fácil cozinhar para muita gente. Todas as manhãs colocamos tudo para o café dos hóspedes ao lado da piscina, vocês podem se servir.

— Você se importa em me pagar em dinheiro? — Asher pergunta abruptamente.

— Está com problemas? — Bell pergunta, olhando para ele como se tentasse memorizar seu rosto.

— Não. Mas não estou querendo ser encontrado.

— Sei como é isso.

Bell faz um esforço para se levantar, como uma grande máquina antiga, soltando-se depois de muito tempo parada.

— Estou precisando de mantimentos. O que você acha de ir até o Fausto's? Pode usar uma das bicicletas que ficam na entrada. Ou ir de lambreta. Você escolhe.

— O que é o Fausto's?

Bell se vira para ele.

— Há quanto tempo está aqui, doçura?

— Chegamos esta manhã.

Bell fica pensativa e então volta para o escritório.

— Fausto's é a única mercearia onde faço compras. Fica nesta rua aqui. — Ela atira um mapa para Asher. Volta a sentar-se à mesa e coloca os óculos. — O cachorro pode ficar aqui comigo. — Shady aninha-se aos pés de Bell como se falassem a mesma língua. — Ele vai ficar bem. E vá de lambreta. É mais rápido.

Assim, Asher arruma um emprego. E agora eles têm uma casa para morar. Na Olivia Street, com buganvílias.

— Olivia Buganvília — diz Justin, como se estivesse lendo os pensamentos do pai.

Asher respira profundamente. Eles podem ter chegado a um beco sem saída ou a um novo começo.

6

ASHER JAMAIS TINHA DIRIGIDO UMA LAMBRETA, MAS CONSEGUE DESCOBRIR como pilotar a Vespa. Bell chega a dar uma espiada da porta, mas não oferece qualquer ajuda, e ele não pede. Quando finalmente liga o motor, Asher manda Justin subir na garupa e eles saem.

Dois dias antes, Asher estava quase enlouquecendo naquele pequeno trailer junto ao Lago Cheatham e agora tinha a sensação de que estava em outro país.

Eles passam por casas coloridas como as contas de uma pulseira — rosa, turquesa, amarelo, laranja — protegidas por cercas brancas. Um casal de negros idosos sentado na varanda fazendo colares de contas, crianças brincam em um quintal, um galo magricela desfila pela calçada, flores desabrocham como promessas vermelhas e roxas. Uma mulher dança enquanto varre a varanda, de biquíni e fones no ouvido. Uma igrejinha metodista amarela-acinzentada perto da rua.

Asher examina o rosto de todas as pessoas que passam na esperança de encontrar Luke, imaginando o que diria se realmente voltasse a ver seu irmão. Sente um medo estranho e ao mesmo tempo um desejo enorme de encontrá-lo. Como se sentiria se visse Luke segurando a mão de um homem? O simples pensamento lhe vira o estômago.

Na Whitehead Street a movimentação é mais intensa. É aí que estão situados o tribunal e o posto dos correios. O ar salgado gruda na pele. Ao parar em um semáforo, Asher olha para a cintura, onde as mãozinhas de Justin o agarram com os dedos entrelaçados.

A mercearia tem corredores estreitos, pequenos carrinhos de metal, frutas e legumes com preços nas alturas. As mangas têm uma cor rosa-avermelhada que dão água na boca, apesar de Asher nunca ter experimentado uma antes. Pela primeira vez percebe que está morrendo de fome. Ele tinha feito Justin comer uma fruta antes de sair mas ele mesmo não havia comido nada.

Ele encontra uma seção inteira só de coisas feitas com lima, marcas e produtos que Asher jamais tinha visto.

As pessoas se aglomeram diante da vitrine de vidro da delicatessen e pedem salada de frango, azeitonas e uma coisa chamada homus. Um senhor idoso olha para Justin.

— Olá, rapazinho — ele diz, com um sotaque diferente. Talvez de Wisconsin ou Dakota. Asher não sabe dizer. Justin estende a mão e o homem, surpreso, ri e aceita o cumprimento. Na igreja, Justin aprendera a cumprimentar os mais velhos dessa maneira. — Um verdadeiro cavalheiro — diz o homem, olhando para Asher com seus olhos claros, úmidos. Inofensivo.

Ainda assim, Asher coloca a mão no ombro de Justin e olha para o senhor com um sorriso amarelo. Ele imagina que já tenham espalhado cartazes com o rosto deles em todas as estradas desde o Tennessee. Todas as pessoas que encontram podem se tornar delatores se conseguirem gravar suas fisionomias. Asher sentira-se momentaneamente seguro em relação ao vídeo, acreditando que não seria reconhecido, porque Key West lhe parecera um lugar tão exótico — por alguns instantes chegou mesmo a ter a sensação de que estavam em um país estrangeiro. Mas a verdade é que ainda estavam nos Estados Unidos e pelo menos metade das pessoas que se aglomeravam diante da delicatessen era formada por turistas, que poderiam ter vindo de qualquer lugar, inclusive de casa.

Uma mulher sai da delicatessen com um pote plástico e sorri para Justin.

— Olá — ela diz, com a voz fininha como o pio de um pássaro.

— Oi — diz Justin. Enquanto ela se afasta batendo os saltos, ele se vira para Asher. — Eu gosto deste lugar.

As unhas da mulher que está no caixa são roxas — e tão compridas que Asher observa admirado enquanto ela mexe os dedos para registrar os produtos. A sombra dos olhos combina com a cor do esmalte, os cachos são oxigenados e a quantidade de rugas é suficiente para mostrar uma vida de álcool, cigarros e sol. Sua voz é rouca, cada palavra sai com um arranhão áspero.

— De onde é que vocês estão vindo?

— Tennessee. Nós... — Justin para de falar ao sentir o dedo de Asher pressionando suas costas.

Eles precisam conversar a respeito disso, sobre o quanto podem contar para as pessoas. Mas Asher não sabe o que dizer para o filho. Ele não gosta da ideia de fazer Justin mentir, mas deveria ter pensado nisso antes de sequestrar o garoto. Tarde demais agora. Acontece que o sequestro de uma criança é uma situação muito parecida com aquela que você enfrenta quando ela nasce: você vai descobrindo o que tem que fazer conforme as coisas acontecem.

— Já estive lá. É um estado muito bonito.

— É sim. Eu gosto — Justin diz para a mulher.

Então ela olha para Asher e sorri, fazendo com que seu rosto fique ainda mais enrugado.

E então...

O barulho do motor da lambreta.

A ilha se transformando com a mudança da luz, preparando-se para a noite. Turistas saindo da Casa de Hemingway, caminhando até a Duval Street, com suas viseiras brancas, meias brancas e tênis brancos.

Justin encostado em seu pai enquanto a Vespa cruza a rua.

O cheiro do mar.

JUSTIN FICA BRINCANDO COM SHADY NA VARANDA ENQUANTO ASHER carrega os mantimentos até o chalé de Bell. Somente a porta de tela permanece fechada e Asher pode ouvir Justin falando com o cachorro.

As paredes da casa são brancas e o piso é revestido de cerâmica laranja queimada, como as panelas de terracota. Junto às janelas, plantas grandes e saudáveis. Muitas pinturas coloridas, que não fazem qualquer sentido, mas são bonitas de olhar, aqui e ali fotos emolduradas. Asher tenta examiná-las sem parecer intrometido. Uma das fotos em preto e branco mostra uma mulher de aparência severa, uma Bell mais jovem, com um dos pés no para-choque de um caminhão, um cigarro na boca; outra é de um bebê recém-nascido na maternidade, as cores indicam o início dos anos setenta;

outra foto mostra várias crianças sentadas no chão em torno de uma mulher de aparência cansada, sentada em uma cadeira de cozinha que havia sido levada para um pátio empoeirado. Há também uma foto de uma mulher negra muito bonita em um vestido vermelho, mandando um beijo para a câmera; enfiada no cabelo, acima da orelha direita, uma flor de magnólia.

Há um piano na sala da frente, feito de madeira de bordo, muito diferente do piano da sua antiga igreja.

— Você toca?

— Sim — Bell responde, indo em direção à cozinha.

Asher não tocava há anos, mas até esse momento não sentira saudade dos dedos nas teclas. Houve um tempo em que ele não conseguia passar um dia sem tocar por uma ou duas horas. Certa vez ele se sentou diante de um piano como aquele e sentiu Deus em seus dedos, sentiu a música saindo para fora dele, e tudo mais parecia flutuar para longe, e ele se tornou a música, e acreditou, acreditou, acreditou.

— Você também toca? — Bell pergunta enquanto guarda os mantimentos.

— Não mais.

— Pode deixar que eu termino por aqui. Pode ir se instalar — ela diz, subitamente radiante em sua cozinha amarela.

— Acho que vamos dormir cedo esta noite.

— Não vêm jantar conosco? Vocês vão perder uma ótima refeição.

— Agradeço o convite — ele diz, virando-se para a porta. Será difícil não socializar nesse lugar. Mas ele tem muita coisa com que se preocupar. — Nos vemos de manhã bem cedo.

Ao abrir a porta ele olha para trás e percebe que ela ficou olhando para ele.

QUASE TUDO NO CHALÉ É DE VIME: SOFÁ, POLTRONA, MESA DE CAFÉ, CA-beceira das camas.

Um pequeno banheiro com vidro fosco, um quarto para Asher e outro menor para Justin. Não existe uma sala de jantar, mas a cozinha é grande, com uma mesa de fórmica muito parecida com a que havia na casa de sua mãe. Asher fica satisfeito com o pouco que possuem. Há uma certa liberdade quando não se tem nada. Ele trouxera apenas as roupas que havia comprado para Justin, suas próprias roupas, alguns brinquedos (ele percebe que Justin não tem mais idade para a maioria deles), material de pintura, jogos de tabuleiro e livros. Era tudo, além de seu laptop e as músicas do iPod. Algumas roupas, livros e música: eles têm tudo que precisam e nada mais, e é assim que Asher sempre quis viver.

A varanda ocupa toda a frente da casa. Uma divisória de treliça divide o espaço em dois, de forma que eles têm seu lado e a mulher o dela. Evona. Ninguém conseguiria esquecer um nome desses. Há uma abundância de móveis de vime, algumas cadeiras de balanço e um balanço de madeira. Sinos de vento batem uns contra os outros ao sabor da leve brisa que sopra do Atlântico.

Asher observa o jogo de luzes e sombras no piso da varanda, enquanto a escuridão vai aos poucos se apossando da ilha. Tudo é silêncio, nenhum outro som além daquele produzido pelos sinos e pelo roçar das folhas das palmeiras, um ou outro murmúrio de Justin, falando com Shady dentro da casa. Esse foi o dia mais longo da vida de Asher, mas talvez o melhor. Houve um tempo em que ele teria pensado que essa boa sorte acontecera porque Deus estava ao seu lado. Agora ele percebe quão arrogante era esse pensamento.

Ele sente passadas na varanda e percebe que a mulher passou do outro lado da treliça. Assim que entra em casa, ela começa a ouvir música, como se tivesse chegado com esse único objetivo.

Violinos, bateria, *The Mamas and the Papas*.
You gotta go where you wanna go

Ela está cantando, sua voz harmonizando com as vozes gravadas. Um retângulo de luz amarelada surge no piso da varanda e de vez em quando Asher percebe a silhueta passando diante da luz.

Ao entrar, Asher encontra Justin dormindo, esparramado na cama, ainda de tênis, o rosto iluminado pela lâmpada da cabeceira. Shady levanta a cabeça, olha para Asher com seus bondosos olhos castanhos (*Estou cansado demais para levantar*) e volta a colocar o focinho sobre o peito de Justin. Asher senta na beirada da cama e vela o sono do filho.

7

ELE DEIXA UM BILHETE AO LADO DA CAMA DE JUSTIN — *ESTOU TRABA-lhando; fique na casa.*

    Bell vem ao encontro de Asher no pátio; está usando um *muumuu* com estampa de gaivotas. Asher observa as pequenas flores cor-de-rosa presas em seu cabelo.

    — Jasmim-manga. Minha flor favorita. Sinta o cheiro.

    Asher sente-se meio esquisito ao se inclinar para cheirar as flores na cabeça de Bell, mas sente o perfume — como o das magnólias de sua terra, porém mais frutado.

    — Elas ficam mais perfumadas à noite — ela diz, e segue em frente. — A primeira coisa que precisamos fazer é montar a mesa do café.

    E assim começa o primeiro dia de trabalho de Asher. Bell lhe mostra tudo o que deve fazer: montar a mesa do café, limpar os quartos, lavar a roupa, varrer todas as varandas, montar a mesa de queijos e vinhos no final da tarde, estar a postos caso os hóspedes precisem de uma toalha, travesseiro ou qualquer outra coisa.

    Ela cai pesadamente sobre uma das cadeiras de metal e enxuga o suor da testa com um lenço. Eles estão cercados por buganvílias roxas, aloés enormes e todos os tipos de plantas que formam uma espécie de muro protetor.

    — Evona cuida das flores e árvores, lava o pátio e corredores e conserta o que precisar ser consertado.

    — Há quanto tempo ela está com você?

    — Há bastante tempo. Mas é melhor você não fazer muitas perguntas, e ela fará o mesmo em relação a você.

    Asher acena com a cabeça, aliviado.

    — O que você realmente precisa saber a respeito de Evona é que um dia ela pode estar feliz como uma cotovia e no dia seguinte realmente por baixo. — Bell olha fixamente para ele. — Você precisa saber disso. Tudo bem?

Ele concorda com a cabeça novamente, antes de se dirigir a ela.

— Posso fazer uma pergunta?

— Sim. Mas posso responder ou não.

— É justo.

Bell fica esperando, sentindo a brisa com os olhos fechados.

— Você já ouviu falar de um cara chamado Luke Sharp?

— Não. Eu me lembraria desse nome. Quem é ele?

— Uma pessoa que eu gostaria de encontrar.

— Porque você o odeia ou porque o ama?

Asher sente vontade de dizer que Luke é seu irmão, mas assim estaria revelando seu sobrenome. E quanto menos ela souber, melhor. Para ele e para ela.

— Eu daria tudo para encontrá-lo — diz Asher. — E acho que ele está em Key West.

— Gostaria de poder ajudar. Mas acho que não conheço uma única pessoa neste mundo chamada Luke. De qualquer forma, passo a maior parte do tempo sozinha. Com exceção da igreja.

— Qual você frequenta?

— Saint Paul. A grande igreja episcopal da Duval. Mas agora não gosto mais de sair. Faz anos que não vou até lá. Eles me trazem a comunhão aos domingos.

Asher sente vontade de perguntar por que ela fica em casa, mas decide que é muito pessoal. Quando as pessoas não querem sair de casa, provavelmente não querem explicar seus motivos. Por isso pergunta se pode guardar o jipe na garagem. Ele diz que não gostaria de deixá-lo na rua, exposto ao clima, por causa da capota, mas ela não é boba.

— Se você conseguir arrumar um espaço para ele — ela diz. — Aquele lugar está cheio de tranqueiras, mas se você conseguir empilhar tudo direitinho em um canto talvez dê certo. — Bell dá um tapa no joelho e se levanta. — Acha que está pronto pra começar?

— Acho que sim.

— É só gritar se tiver alguma dificuldade.

Asher começa a trabalhar. Os hóspedes aparecem assim que a mesa do café é montada. Uma mulher usando pijama e robe de seda coloca uma coisa de cada no prato e volta para o quarto. Um senhor idoso, com a pele manchada, pega um café e nada mais. Asher fala com eles, mas procura manter a cabeça sempre baixa. Os hóspedes não se importam. Para eles, Asher é apenas um empregado, alguém cujo objetivo na vida é servir-lhes o café e limpar os quartos.

A mulher do robe de seda não fica nada satisfeita quando Asher aparece para limpar seu quarto, mas depois de dispensá-lo duas vezes ela concorda em sentar na varanda enquanto ele faz seu trabalho.

— Deixe o rádio ligado, por favor. Assim posso ouvir enquanto espero — ela diz, com palavras curtas e incisivas. Depois estende a mão e ele fica em dúvida se deve beijá-la ou apertá-la. Ele a cumprimenta rapidamente e ela sorri, com a boca fechada. — Sou a senhora Lewis.

— Olá, madame. Eu me chamo Asher.

O rádio está sintonizado em um noticiário e os locutores estão esbravejando contra todas as coisas erradas do mundo. Israel e a Palestina em desacordo, como sempre estiveram até onde Asher se lembra. O presidente brigando com o Congresso. Reféns. Kim Davis fazendo campanha contra o casamento gay. Explosão de um carro perto da embaixada americana. Outro tiroteio em um cinema. O noticiário local fala basicamente do tempo — previsão de chuva — e do petróleo que continua a aparecer no Golfo e do impacto dos navios de cruzeiros sobre os corais. Nada a respeito do homem que sequestrou o próprio filho e foi visto pela última vez fazendo compras no Fausto's.

Essa senhora pelo menos é limpa, ele pensa, apesar de não ser muito amigável. Ela cobriu as luminárias com lenços coloridos. Os vidros, tubos e potes de maquiagem estão perfeitamente alinhados sobre a pia do banheiro. Ela também tirou tudo de cima da mesa que fica junto à janela da frente, onde há uma caixa com cerca de uma dúzia de canetas e cinco blocos de folhas pautadas cobertas por escrita cursiva inclinada. Ela até arrumou a cama, mas quando Asher pergunta se deseja lençóis novos ela diz "É claro!", como se fosse a coisa mais absurda do mundo imaginar que ela usaria os mesmos lençóis dois dias seguidos.

Asher adora a simetria dos lençóis. A peremptoriedade dos pratos limpos no escorredor. Quando garoto, era ele quem cuidava da casa. Sua mãe trabalhava feito um burro de carga e era tratada como um cachorro na escola onde era zeladora. Os estudantes se divertiam às suas custas e faziam bagunça só para obrigá-la a limpar tudo. Ela passava os dias limpando banheiros e raspando as carteiras para tirar a sujeira e pedaços de chiclete. Ele morria de vergonha quando passava por ela no corredor da escola e a via espalhando serragem sobre uma poça de vômito ou limpando pichações vulgares nas portas dos armários. Luke se metia em brigas quando a insultavam. Foi suspenso três vezes, sempre por defendê-la. Mas Asher, e ele se dá conta disso agora, foi um covarde.

Quando está prestes a sair do quarto, a senhora Lewis coloca a mão em seu braço.

— Espere. Já *vi* seu rosto. Você parece muito familiar. Por acaso já apareceu em algum programa de TV?

— Eu tenho um rosto muito comum, madame — ele diz, saindo às pressas, o coração acelerado.

Quando Asher chega aos outros quartos, os hóspedes já foram para a praia ou saíram para comer. Ele limpa os banheiros, recolhe as toalhas (para ele, a parte mais desagradável), faz as camas, tira o pó, limpa as janelas, os espelhos, as telas dos televisores, troca os saquinhos de plástico dos baldes de lixo, repõe o gelo, as garrafas, sabonetes, passa o aspirador.

De repente lhe ocorre que se transformou em sua mãe nesse aspecto: limpando a sujeira dos outros, sendo o empregado. Mas não permitirá que isso o transforme em uma pessoa amarga e raivosa, como havia acontecido com ela. É importante fazer as coisas bem-feitas.

Quase todas as tardes de Asher são ocupadas com tarefas de lavanderia, mas ele procura manter o hábito de ir até o chalé para um almoço rápido. Quase todas as manhãs Justin fica atrás dele, ajudando aqui e ali, mas com o passar dos dias ele suplica para ficar sozinho em casa. Todas as manhãs Asher repete para Justin que ele não deve ir além da varanda, que ele não deve conversar com os hóspedes e que não pode usar a piscina mesmo que esteja vazia porque isso chamaria muita atenção sobre ele, uma criança nadando sozinha.

A senhora Lewis continua curiosa.

— Aquele menino é seu filho? — ela pergunta um dia, quando Asher já está saindo do quarto.

Ele diz que sim, sem esticar a conversa. Ela não faz mais perguntas, apenas acena firmemente com a cabeça, como se tivesse feito uma pergunta importante e tivesse recebido uma resposta igualmente importante.

O almoço torna-se um momento essencial para Asher verificar se Justin está bem, enquanto as máquinas lavam lençóis e toalhas.

Após uma semana em Key West, Evona ainda não se fez muito presente; eles limitam-se a um aceno de cabeça quando passam um pelo outro pelos jardins. Ela faz suas refeições com Bell no final da tarde e depois fica ouvindo música à noite. Mas Bell está se aproximando cada vez mais. Um dia Asher vai para casa almoçar e descobre que ela resolveu fazer uma visita. Ao se aproximar do chalé e ver os dois na varanda, conversando calmamente enquanto fazem carinho no Shady, Asher acelera o passo.

Meu Deus! Meu Deus! Meu Deus! Por favor, não permita que ele tenha dito qualquer coisa que nos denuncie.

— Justin! — ele grita, ainda perto da piscina, e percebe o tom agudo da sua voz, que faz os dois erguerem a cabeça como se algo errado tivesse acontecido.

Shady se levanta e começa a latir.

— Tudo bem, amigão — Justin fala, passando a mão na cabeça do cachorro, que se acalma. — É só o Asher.

Asher não gosta de ouvir o menino chamá-lo pelo primeiro nome.

— Justin, vá pra dentro.

— Por quê?

— Vamos, Justin. Obedeça.

Justin balança a cabeça, encarando o pai com seus grandes olhos verdes. Olha para Bell como se tivessem um segredo, e entra na casa.

Bell fica em pé, juntando as mãos na frente do corpo.

— Aconteceu alguma coisa?

— Preciso dar almoço para o Justin.

— Eu estava apenas fazendo uma visita.

— Bell, se vou trabalhar aqui, preciso manter um espaço só para nós.

— Eu não estava tentando obter nenhuma informação — ela diz, sorrindo. — Não dou a mínima para o que você está aprontando, desde que...

— Não estou aprontando nada.

— Não é o que parece, pelo seu modo de agir — ela diz, encarando Asher, e deixa a varanda sem dizer mais nada.

Justin está deitado de bruços na cama; Shady está aninhado ao seu lado.

— O que é que ela estava perguntando?

— Nada! — Justin grita, com o rosto enfiado no colchão.

Asher senta na cama ao lado dele.

— Justin, é importante que você me conte.

— Só estávamos falando sobre Shady.

— O que é que tem ele?

— Qual é o seu problema? — Justin grita.

— Quieto! — Asher agarra o braço de Justin (tão pequeno), pensa melhor e solta. — Acalme-se. Por que está tão chateado?

Os olhos de Justin estão vermelhos; parece prestes a chorar.

— É você quem está surtando.

— Precisamos tomar cuidado, Justin. Não podemos conversar com as pessoas. Não podemos...

— E eu tenho que ficar trancado em casa o dia inteiro enquanto você trabalha. É verão. Eu preciso sair. Não posso ficar dentro de casa...

— Não tenho escolha.

— Não podemos nem jantar com Bell e Evona. Não podemos nem ser amigos delas...

— Não podemos.

— Porque a polícia está atrás de nós. Certo?

Por um momento não há nada além da respiração dos dois.

— Precisamos tomar cuidado. Precisamos ter certeza...

— Não estaríamos metidos nisto se você e mamãe conseguissem se entender! Se vocês não agissem de maneira tão estúpida.

— Eu e sua mãe não podemos continuar casados....

— Vocês dois não conseguem nem conversar! Não conseguem nem ficar na mesma sala juntos!

— Porque ela tirou você de mim!

Justin fica em pé ao lado da cama, os punhos cerrados, o rosto inteiro vermelho.

— Porque você enlouqueceu! — ele explode. — E foi parar na internet!

— Você não entende — Asher começa a falar, mas não tem ideia de como explicar para um garoto de nove anos como é passar a vida convencido de que seu objetivo é julgar os outros em vez de ser bom para eles. Como pode explicar a seu filho que um dia acordou, mas que levou anos para isso? Que viver assim durante tanto tempo quase o transformou em uma coisa oca? Que esse longo processo de esvaziamento fez com que ele desmoronasse?

— Agora sou seu prisioneiro — Justin diz, caindo de novo na cama, jogando-se contra a parede como se quisesse ficar bem longe de seu pai. Começa a agir como se estivesse perdendo o controle. — Não posso nem usar a internet!

— Não será sempre assim — Asher lhe diz, sem muita certeza.

Justin toma uma decisão e endireita o corpo.

— Assim que puder vou chamar a polícia e contar tudo. — Seu olhar é feroz. — Vou fugir de você.

Asher agarra o braço de Justin e puxa-o para fora da cama. Ele chuta o ar, mas acerta a canela de Asher. Da sua boca escapa uma súplica — *por favor, papai* — e então Asher para, segurando Justin no ar, a cintura presa em seu braço. Ele se lembra da mãe segurando Luke desse jeito enquanto batia na parte de trás das pernas dele, lembra de quando era criança, chorando e pedindo para que ela parasse.

Asher coloca Justin no chão, mas o estrago está feito.

Ele percebe que Shady está em cima da cama, rosnando e arreganhando os dentes. O cão está pronto para atacar e defender Justin, mas ao ver que Asher se acalmou, ele também se acalma. Shady lambe as lágrimas do rosto de Justin, mas nem isso sossega o garoto.

— Eu te *odeio* — ele diz, os lábios tremendo enquanto as lágrimas escorrem por seu rosto vermelho. — Eu te odeio muito.

8

DEPOIS DE ALGUM TEMPO, ASHER VOLTA AO QUARTO DE JUSTIN COM um sanduíche de manteiga de amendoim e geleia em uma toalha de papel. Coloca um Nehi de pêssego (o refrigerante preferido de Justin) sobre a mesinha da cabeceira e atira um saquinho de batata sobre a cama.

— Você precisa comer — ele diz, segurando o sanduíche.

Justin vira a cabeça. Shady faz um movimento na direção da comida e por isso Asher coloca tudo na mesinha da cabeceira, fora do seu alcance.

— Sei que errei, Justin. Você está certo. Mas agora é tarde para consertar. Se levar você de volta agora, nunca mais o verei. Vão me prender e eu não suporto a ideia de ficar longe de você todos esses anos.

Asher continua em pé no meio do quarto, sentindo-se meio idiota, enquanto Justin segue de costas.

— Durante toda a minha vida tentei ser um bom homem, amigão. Tentei seguir as regras e fazer tudo como manda a cartilha. Mas nesse tempo todo, fui me tornando uma pessoa dura em vez de me tornar uma pessoa melhor. Isso não é vida, filho.

Asher para de falar, enfia as mãos nos bolsos, sentindo aumentar a frustração.

— Justin, você está me ouvindo? — Ele toca nos ombros de Justin, consciente de que são muito pequenos. — Justin! Primeiro você diz a pior coisa que uma pessoa pode dizer para outra e agora me ignora? Por que está fazendo isso?

Justin se levanta e ajoelha na cama; Shady se põe ao seu lado, as orelhas alertas.

— Fico trancado neste chalé de merda o dia inteiro! — ele dispara, sentindo-se livre por usar uma palavra proibida. — Você me trouxe para cá dizendo que teríamos uma vida legal, nós dois, e eram esses os seus planos?

Trabalhar o dia inteiro enquanto fico aqui trancado? Se não tem um plano melhor, me leve até a rodoviária e me deixe voltar pra casa.

— Justin... — diz Asher, tentando ganhar algum tempo. Ele não sabe mais o que dizer. Mas sabe que seu filho não se sente muito confortável com o que ele já disse.

— Eu não quero te deixar... — Justin fala com uma vozinha sumida.

Justin pega o sanduíche e dá uma mordida. Shady se aproxima da boca de Justin, sentindo o cheiro da manteiga de amendoim, como se fosse o melhor cheiro que havia sentido na vida. Justin levanta o sanduíche no alto entre uma mordida e outra.

— Se eu não tivesse fugido naquela noite, você e mamãe ainda estariam juntos.

Asher segura Justin pelos braços e olha para seus olhos.

—Não, amigão, não — ele diz, sentindo uma dor profunda diante da tristeza que vê nos olhos do filho. — Nada disso é culpa sua. Está entendendo, Justin?

Justin balança a cabeça, uma afirmação quase imperceptível.

— Você não tem culpa de nada. Às vezes as coisas simplesmente não dão certo. Sua mãe e eu, nós tentamos. Mas não conseguimos. Somos os únicos responsáveis por isso. Não você. Jamais.

— Mas se eu não tivesse saído para procurar Roscoe...

— Escute. — Asher aproxima o rosto de Justin, mantendo seus olhos grudados nos dele. — Quero que você tire isso da cabeça, de uma vez por todas. Está bem? Você é a melhor coisa que aconteceu para mim e para sua mãe.

— Ela não me suporta — Justin diz, e olha para a porta como se estivesse vendo o fantasma de sua mãe, um fantasma de boca rígida e mãos cruzadas. — Por ela, eu jamais teria nascido.

— Pare com isso, Justin. Não é verdade. Sua mãe e eu não conseguimos nos entender sobre muitas coisas, mas ela te ama, rapaz. Nós dois te amamos mais do que tudo no mundo. Você não sabe disso? Você *tem* que saber disso.

Isto é muito difícil. Eu não vou conseguir. Não sei como lidar com isto, ele pensa, mas continua falando como se outra pessoa tivesse assumido o controle.

— Jamais existiu qualquer dúvida em relação a isso — ele diz passando o polegar sobre a sobrancelha de Justin. Por algum motivo, aquele gesto sempre foi reconfortante para Justin, e Asher sabe disso.

— E se formos à praia esta tarde, depois que terminar meu trabalho? O que você acha?

— Tudo bem — Justin diz com uma voz fraca. Mas o brilho no rosto deixa claro que o que ele mais precisa nesse momento é sair do chalé, mexer-se.

9

O TUDO

ELES ESTÃO SAINDO DA PRAIA E GRAÇAS AO AR QUENTE JÁ ESTÃO COM-
pletamente secos. A toalha de praia de Justin está pendurada em seu pescoço e uma das pontas balança com o vento, como se fosse uma bandeira.

Justin sabe que não poderão continuar assim por muito tempo. Imagina o que acontecerá quando a polícia finalmente chegar até eles. Consegue ver a cena, mas fecha os olhos e tenta apagar a imagem. Ao abrir os olhos de novo, percebe um ajuntamento de nuvens no horizonte amarelado, pairando logo acima da água. Uma tempestade se aproxima. Ainda está longe, mas não vai demorar a chegar.

Eles passam de lambreta diante de casas com quintais de areia. Passam por uma rua tomada por casas estreitas, todas muito pequenas e coloridas: rosa, amarela, verde, lilás. Passam por pessoas em suas varandas, saindo de casa para ver o crepúsculo. Dois homens dançam na varanda de uma casa com a música extremamente alta — baixo e bateria — como se estivessem sozinhos, sem se importarem um com o outro. Justin vira a cabeça e fica olhando para os dois até a casa turquesa desaparecer atrás deles.

Um galo passeia pela calçada como se estivesse a caminho da mercearia. Riscos esverdeados tomam conta do céu com a aproximação das nuvens de chuva. As pessoas param para sentir o cheiro da umidade no ar. Os primeiros pingos caem sobre as penas alaranjadas do galo, mas ele não parece se importar.

Ao virar uma esquina, eles dão de cara com a boia gigantesca que viram assim que chegaram na cidade. Justin implora para parar e, como é fácil estacionar a lambreta na calçada, Asher atende o pedido do filho.

— Você tira uma foto? — Justin pede, correndo para ficar ao lado da boia. Asher procura o celular no bolso e então se lembra de que o celular está no fundo do rio Cumberland.

Justin parece tão pequeno ao lado da boia enorme que Asher se perde em devaneios. Pequeno e assustado, e confiante, tudo ao mesmo tempo.

— Você vai tirar? — o garoto pergunta, ansioso, esperançoso.

— Não tenho uma câmera. Joguei o meu celular fora.

Uma grande onda bate atrás deles e as pessoas soltam gritos de prazer com os pingos da água que caem sobre todos.

E então o céu se abre, permitindo que as gotas de chuva caiam feito moedas; as pessoas saem correndo em busca de abrigo. Mas Justin e Asher não se mexem. Ficam parados junto à mureta de concreto, olhando na direção de Cuba, enquanto a chuva os castiga. A água do mar se agita ao sabor do vento, mas a chuva é quente e a brisa que sopra do mar é reconfortante. De vez em quando uma onda sobe acima da mureta e eles sentem o gosto de sal no ar.

Então a chuva passa pela ilha e segue em direção ao Golfo do México.

— Luke está aqui.

— O tio Luke? — Justin pergunta, observando a água escura. — Como é que você sabe?

— Ele me mandou alguns cartões-postais daqui. Foi por isso que escolhi este lugar. Quando chegamos, eu não tinha certeza absoluta, mas agora eu sei. Ele está aqui. Nós vamos encontrá-lo.

— Se vocês eram tão próximos, por que ele foi embora?

— Nós nos afastamos.

— Por quê? — Os olhos de Justin agora estão fixos em Asher.

— É complicado.

— Por que ele não voltou quando eu nasci? Ele não quis me conhecer?

— Ele não sabia que você existia.

— Ele devia procurar saber de você, então.

— Bem, é mais complicado do que isso, amigão.

— Por quê?

Asher não responde. Ele observa a escuridão se formando sobre o oceano.

— É melhor voltarmos e ver se está tudo bem com Shady. Está ficando tarde.

Quando montam de novo na lambreta, Justin agarra-se ao pai. Com a cabeça virada para cima, ele observa o céu novamente. É assim que as pessoas deviam fazer suas orações, ele pensa. Em vez de abaixar a cabeça, enfiando o queixo no peito. Elas deveriam olhar para cima e expor o rosto para o céu. Justin observa as nuvens deslizando, mudando de forma, de cor, do esverdeado para um cinza profundo; e o céu amarelado adquirindo os tons rosados do início da noite.

10

A BRISA DO ATLÂNTICO PASSA ENTRE AS FOLHAS DAS PALMEIRAS. AS plantas respiram na escuridão, aproximando-se dos chalés e acariciando as paredes. A água da piscina está parada em seu retângulo de concreto.

Asher e Justin estão sentados na varanda, jogando mexe-mexe. Shady está esticado na poltrona de vime ao lado de Justin, que coloca a mão sobre sua cabeça quando não está jogando. Justin herdou da avó sua habilidade com as cartas; Zelda é especialista em mexe-mexe e ensinou Asher a jogar. As cartas não eram permitidas na casa de Asher quando ele era pequeno.

Asher ouviu o gelo batendo no copo do outro lado da treliça, mas não fez nenhum contato com Evona e nem a convidou para juntar-se a eles. Quanto menor a aproximação, melhor, e ele tem sorte de estar ali todo esse tempo sem precisar falar com ela. Ele sabe que já revelou coisas demais para Bell. De repente, Asher percebe que a mulher está parada junto à treliça, observando os dois.

— Eu costumava jogar mexe-mexe com minha mãe todas as tardes — diz Evona, quando Asher se vira para olhar em sua direção. Apesar de ser esguia, ela tem uma presença forte. Há certa tristeza em seus movimentos. Mesmo com as sombras, seus olhos se destacam, verdes como o rio Cumberland.

— É mesmo? — ele pergunta, sem saber o que dizer.

— Pois é — ela responde enfática.

Asher vê quando Justin levanta a cabeça para olhar para Evona por cima das cartas. Ele ainda não sabe o que seu filho pensa a respeito daquela mulher, mas percebe que ele a examina cuidadosamente, antes de decidir se gosta dela ou não.

— Tive a sorte de ter uma mãe muito boa — Evona diz finalmente, como se soubesse da luta diária de Asher para entender a sua.

Evona é uma mulher muito bonita, alta, braços e pernas longos. O rosto, em forma de coração, com olhos capazes de atrair o olhar de Asher por mais tempo do que seria conveniente. Mas o que a torna mais atraente é o fato de parecer muito à vontade no próprio corpo. Ela se apoia no pilar da varanda com um pé descalço em cima do outro. E então diz:

— Parece que você também tem um pai bem bacana, amigão.

Justin sorri e volta a olhar para as cartas.

— Vocês deveriam se juntar a nós no jantar de amanhã. Se continuarem a recusar o convite de Bell vão deixá-la magoada.

Asher acena com a cabeça.

— Ela cozinha muito bem.

Os bons modos diriam que nesse momento ele deveria convidá-la a se juntar a eles, mas Asher reluta em fazer isso.

— Está bem, tenha uma boa noite — ele diz, percebendo o quanto isso soa grosseiro assim que as palavras saem de sua boca. Daria na mesma se tivesse dito: *Dá o fora, madame.*

— Está certo — ela diz, com um sorriso leve e gentil, entendendo a indireta. Ela ergue o copo como se fizesse um brinde, virando o copo ligeiramente em direção a Asher, de forma que ele percebe o gelo tilintando no uísque, e desaparece nas sombras do seu lado da varanda. Asher ouve o barulho da cadeira de balanço, depois um gemido da madeira, quando ela se movimenta para pegar alguma coisa da mesa.

— Por que você vez isso? — Justin sussurra, a testa com rugas de reprovação.

Justin não sabe falar baixo e Asher tem certeza de que Evona pode ouvir o que ele diz. Ele coloca o dedo sobre a boca para que o filho fique quieto, mas Justin revira os olhos.

Mais tarde, Asher levanta para ir até o banheiro, mas volta correndo, pois sempre fica preocupado quando perde Justin de vista. Viver assim é exaustivo, mas também necessário para manter a paz de espírito.

Justin está diante da treliça, olhando para Evona por um dos orifícios. Shady está ao seu lado, o nariz em pé, balançando o rabo.

Asher estala os dedos para atrair a atenção de Justin, mas o garoto não se vira. Então Asher se aproxima dele e coloca a mão em seu ombro.

Venha, Asher movimenta os lábios sem verbalizar a ordem.

Justin cobre a boca com a mão e aponta para a treliça, rindo com esse tipo de conversa tão perto de Evona. Ela está sentada em uma cadeira de balanço a menos de trinta centímetros de distância, lendo um livro. Asher consegue ver claramente através da treliça, a luz amarelada da janela caindo sobre os ombros dela. Asher gostaria de ver a capa para saber o título do livro.

Ele imagina que ela também havia visto o lado deles facilmente, com a luz da varanda acesa sobre a mesa do jogo de cartas. Imagina que ela deve ter observado os dois antes de se aproximar e dizer que também jogava cartas com sua mãe. Um papo tão revelador quanto se dissesse que se sentia solitária e queria companhia. E ele a dispensou.

AGORA! Asher movimenta os lábios com as sobrancelhas erguidas para enfatizar a ordem. PARE! Ele arregala os olhos para mostrar a Justin que está ficando zangado, apesar de também achar graça.

Justin começa a rir do pai. Faz uma dancinha para enfatizar o fato de estarem tão próximos de Evona que é ridículo acreditar que não estão sendo observados.

Agora chega, Asher repete com os lábios, tentando não rir, mas então endireita o corpo e olha para Justin daquele jeito que ele já entende: *Estou falando sério*.

Justin cede e volta para a mesa do jogo. Shady vai atrás dele, o focinho sempre grudado nos calcanhares do menino.

— Sua vez de dar as cartas — Asher fala, embaralhando e colocando a pilha de cartas diante de Justin.

Enquanto jogam, Asher continua a pensar em Evona, lendo, sozinha, e na maneira como Justin ficara impressionado com isso. Luke tinha sido o único leitor que Asher realmente conhecera; ele lia de tudo, o tempo todo. Asher havia dedicado a maior parte de sua vida à leitura da Bíblia, é claro. Era isso o que esperavam dele, que lesse a Bíblia e nada mais. Sua congregação o contratara porque ele *não* havia frequentado um seminário. Só recentemente percebera que os livros podiam dar asas às pessoas.

Ele pensa no homem que havia sido, poucos anos atrás. Julgando e pregando e dizendo às pessoas como viver, carregando o peso de acreditar que sabia o que Deus queria.

11

A ÁGUA ESCURA E TURBULENTA. CARROS VIRADOS SENDO LEVADOS PELO rio, árvores inteiras com as folhas intactas. A madeira amarela das casas que haviam explodido com a enchente. O rio Cumberland enchendo todo o vale. E então: Luke se debatendo na água, gritando. Mas o barulho ensurdecedor da água encobria sua voz. Uma onda cobre seu rosto, enchendo sua boca de água, e ele está se debatendo, lutando para manter a cabeça na superfície. E então ele desaparece. Asher: sentado na beira do penhasco, incapaz de se mexer. Um covarde paralisado pelo medo.

Asher acorda assustado, senta na cama e estranha o rosto molhado. Ele não chorava desde antes de conseguir recuperar Justin. Tinha passado muitas noites acordado naquele trailer árido, com as lágrimas escorrendo até as orelhas. Mas isso parecia ter acontecido há séculos. E fazia muito tempo que não chorava.

Agora a dor — de perder Luke, de perder Justin, pelo que foi preciso fazer para ter Justin de volta — pesa em seu peito. Asher não quer que Justin ouça, por isso sai do chalé. Ele fecha a porta e coloca para fora todo o sofrimento. Tenta abafar o choro com as mãos, mas é difícil controlar o extravasamento.

— Você está bem?

Asher se refugia na cadeira de balanço, como se ela não tivesse ouvido o choro. Olha para a varanda escura e não vê nada além da treliça. Evona já devia estar sentada ali, admirando o céu. Em Key West a noite não é tão escura como era em sua terra natal; a luz é diferente, até mesmo à noite, como se a água ao redor iluminasse o céu.

— Você está bem? — ela repete.

— Estou bem.

— Quer companhia?

— Estou bem — ele repete.

Mesmo assim, Evona passa para o outro lado da treliça, inclina-se e senta no chão da varanda, perto dele. Estica o pescoço e olha para Asher.

— Você não me parece bem.

— São sentimentos que estou segurando há muito tempo.

— Não é bom fazer isso — ela diz, acendendo um cigarro. — Quer um?

Ele balança a cabeça.

— Eu sei. Eles são péssimos. Só me permito fumar um por mês. Mas isso — ela ergue o copo e ele ouve o tilintar do gelo —, eu realmente acredito que o *Jameson* faz bem pra alma.

— Disso eu talvez precise.

— Eu vou pegar um copo pra você — ela diz, levantando-se, passando para o outro lado da treliça e voltando em menos de trinta segundos com um copo idêntico ao dela, cheio de cubos de gelo. Ela coloca o copo na mão de Asher e serve o uísque; ele vislumbra a garrafa verde sob a luz do luar. Então ela bate seu copo contra o dele e toma um gole enquanto a palavra *Sláinte* se dissolve no ar.

Asher toma um pequeno gole e saboreia o uísque no céu da boca, e depois na língua. Um sabor defumado, de carvalho, macio e pungente, tudo ao mesmo tempo. Ele toma um gole maior e então solta um suspiro de satisfação.

— Faz anos que não bebo.

— Por quê?

— Eu não sei. Na verdade, nunca criei o hábito.

Asher não quer contar que foi pastor durante muitos anos. Não quer tocar nesse assunto. As pessoas ficam nervosas, até mesmo diante de um ex-pastor (*principalmente* um ex-pastor, ele imagina). Elas se sentem julgadas. E não é de se admirar.

— Isso ajuda? — ela pergunta, e Asher olha para Evona sem entender exatamente o que ela quer dizer. Ela está olhando para o jardim, não para ele.

— O quê?

— A minha companhia, minha tentativa de distrai-lo com uma bebida, isso ajuda? Ajuda em relação ao que o levou a chorar?

— Eu não estava cho...

— Estava — Evona diz com firmeza e se apoia levemente contra a perna dele. — Tudo bem. Às vezes rimos e às vezes choramos, e desde que continuemos vivos poderemos lidar com tudo mais. Entende?

Ela está bêbada, ele conclui agora. Fica surpreso por ter demorado tanto a perceber a voz arrastada. E por que não estaria bêbada se quisesse, às quatro da manhã? Ela não está fazendo mal a ninguém. E está certa, eles *estão* vivos, e às vezes as pessoas só querem negar tudo, só querem ficar entorpecidas. Às vezes as pessoas precisam esquecer, e às vezes perdoar.

— Sinto muito — ela diz, diante da falta de resposta. — Acho que estou um pouco bêbada.

— Tudo bem.

— Eu não costumo fazer isso. Mas acho que tivemos uma noite ruim ao mesmo tempo. Só isso. Tive uma semana muito ruim mesmo. É por isso que tenho andado tão pouco amistosa. Às vezes tenho noites ruins e às vezes tenho semanas ruins.

— Tudo bem, sério...

— Sei, você fica repetindo isso — diz Evona, parecendo irritada o suficiente para fazê-lo parar de falar.

Eles continuam em silêncio por algum tempo, e o único som que se ouve vem dos sinos de vento da varanda de Bell. Então, longe dali, para os lados da Casa de Hemingway, eles ouvem o ronco do motor de uma lambreta.

— Seu filho é muito bonito — ela diz, parecendo mais sóbria. Ela serve mais uma dose de uísque e esvazia o copo de uma só vez. — E dá pra ver que é diferente.

— O que você quer dizer?

— Parece um homenzinho, um velho num corpo de menino. No bom sentido. — Silêncio. O motor da lambreta tornou-se inaudível. Restam apenas os sinos de vento. — Como se soubesse coisas que ainda não tem idade para saber.

Asher fica sem palavras, pois ela parece entender Justin de uma forma que ele jamais conseguiu expressar em voz alta.

— Não quis ofender.

— Tudo bem.

— Meu Deus, se você disser isso de novo vou começar a gritar. — Ela começa a rir e então cobre a boca com a mão. — Droga! Eu falei isso em voz alta? Desculpe. Des-cul-peeee. — Ela cai na gargalhada. Depois fica séria. — Não sou uma alcoólatra, certo? Só faço essas coisas de vez em quando, com a lua azul. Entendeu?

— Sim. Acredito.

— Mesmo?

— Sim.

— Você me *entende*? — Evona pergunta, rindo. E desata a rir ainda mais. — Entende o que estou dizendo, senhor?

— Sim, mas precisamos falar mais baixo.

Ela está se divertindo tanto que Asher não consegue evitar um sorriso.

— Está certo — ela diz, colocando um dedo sobre a boca. Evona mal consegue manter os olhos abertos. — Vamos fazer silêncio. Vamos ouvir.

Evona levanta a cabeça como se estivesse esperando por algum tipo de som mágico, mas a noite está silenciosa. Então ela começa a rir alto de novo.

Ele percebe que o último copo foi a gota d'água. Na verdade, ela está muito mais bêbada do que ele imaginava. Ela ri muito e então desaba a seus pés, o corpo totalmente largado.

Fazia muito, muito tempo que Asher não sentia o contato de um corpo. E certamente não sentiu ninguém que gostaria que estivesse ali. Ele fica em pé e se inclina para sacudi-la.

— Hei! — ele sussurra, e repara na tristeza estampada no rosto de Evona. — Vamos lá — ele diz, baixinho.

Evona pisca os olhos e olha para ele.

— O que foi?

— Vou ajudar você a ir para a cama.

Ela estica um braço e ele a ajuda a se levantar. Evona apoia-se em Asher e ele sente um perfume doce e almiscarado, como o das nozes que se abrem nos bosques no outono. Ela tem o perfume dos bosques de sua terra natal.

— O que é que você está fazendo, senhor misterioso? — ela murmura, com os olhos fechados.

Asher precisa colocar o braço em torno da cintura de Evona para mantê-la de pé. Ela solta todo o peso sobre ele e coloca a cabeça em seu ombro.

— Vou colocar você na cama, certo?

— Certo.

Apesar da dificuldade para abrir a porta de tela sem deixar que ela caia, Asher consegue entrar. A sala está iluminada apenas por um abajur. Há livros empilhados por toda parte e um disco girando no toca-discos. Só então Asher ouve a música cubana e percebe que ela deve ter deixado o volume bem baixo para não acordá-los. Uma mulher canta *Tamborilero!* com uma voz grave e profunda.

Evona ouve a música e começa a mexer os quadris em uma débil tentativa de dançar.

— Vamos dançar! — ela diz, colocando as mãos dele em seu quadril e enlaçando-o ao redor do pescoço. Apesar de se mexer, ela tem dificuldade para manter os olhos abertos. Ela se esforça para focar no rosto de Asher, piscando, rindo.

— Você não está dançando — ela se queixa.

— Eu não sei dançar.

— Droga, claro que sabe.

Evona segura o quadril de Asher, mexendo-o para a frente e para trás. Ela poderia muito bem tentar mexer um toco de árvore. Ela desata a rir da falta de jeito dele.

Agora, algumas vozes masculinas fazem coro com a cantora, repetindo *Tamborilero!* várias vezes.

— Vamos lá! Você pode fazer melhor do que isso. — Evona tenta sacudir o quadril de Asher e ele tenta um pequeno movimento só para fazê-la parar. — Vamos dançar, droga!

Mas ela parece perder a energia de novo e se apoia em Asher, soltando os braços e deixando cair a cabeça em seu ombro.

— Eu não sou alcoólatra. Deveria ser. Mas não sou.

— Não acho que seja.

Ele consegue mexer os pés e mover-se lentamente em direção ao quarto. É tão bom sentir o corpo dela contra o seu, respirando devagar, triste e, acima de tudo, viva.

Ao fim da música, o braço do toca-discos levanta e antes que ele desça de novo sobre a primeira faixa, Evona se afasta de Asher e sai cambaleando.

— É, é melhor ir pra cama — ela murmura. — Não consigo lembrar seu nome.

— Asher.

— É — ela diz, caindo contra o batente da porta ao balbuciar o nome dele.

Ele tenta ajudá-la, pois Evona parece ter desmaiado em pé. Asher pega Evona no colo — ela é leve como uma criança — e leva-a para o quarto.

O quarto está no escuro, banhado apenas pela luz acinzentada que entra pelas janelas abertas onde as cortinas balançam ao sabor da brisa que sopra do Atlântico. Sobre a mesinha de cabeceira, três fotos, todas do mesmo menino.

Asher coloca Evona sobre a cama desfeita e puxa a colcha para cobrir as pernas reveladas pela saia que havia subido até a altura das coxas. Ele não quer pensar no quanto ela é bonita, mas pensa. Ele para por um instante, pensando se deveria virá-la de lado para o caso de Evona passar mal e vomitar. Percebe que o melhor é ir embora logo, mas assim que dá um passo ela se mexe.

— Onde é que você vai? — Ela levanta o braço e tenta segurar seu pulso, mas não consegue. — Por favor.

Ele sai do quarto, desliga o toca-discos, pondo um fim ao seu sofrimento repetitivo, e fecha a porta.

Evona havia deixado a garrafa na varanda, por isso ele se serve um pouco mais do uísque irlandês. Fica admirando o céu, que passa de um azul escuro profundo para um azul purpúreo e depois adquire um brilho azulado de lavanda. Outra manhã em Key West. Ele pensa de novo em Zelda e sente uma dor no estômago ao se lembrar do que fez com ela, deixando-a caída como se não fosse nada ou ninguém. Ele merece ir para a cadeia. Ele merece tudo o que está por vir.

Ele termina o uísque e entra no seu lado da casa. Entra na cama de Justin e o garoto não se mexe, continua respirando tranquilamente. Asher fica ali deitado, preocupado com todos eles enquanto a luz sobe pelas paredes e chega ao teto, reclamando o mundo novamente.

12

ASHER FICA ESPIANDO ENQUANTO BELL RECEBE A COMUNHÃO TRAZIDA pelo pastor da grande igreja da rua Duval. Eles fazem isso com as pessoas confinadas ou doentes. Asher não sabe se Bell está doente ou se apenas não deseja ter contato com o mundo, mas todos os domingos, por volta das três horas da tarde, lá vem o homenzinho de túnica branca, brilhando com o sol da tarde como uma mariposa. Asher lê seus lábios quando ele ergue o pão para dar a ela (*o corpo de Cristo*) e quando coloca o vinho em seus lábios (*o cálice da salvação*).

Faz muito tempo que Asher não comunga. Ele se pergunta se conseguiria sentir o pão e o vinho espalhando-se por seu corpo como luz.

Ele havia parado atrás de um vaso grande de babosa e de uma espécie de cerca formada por buganvílias que caíam sobre uma mureta e não lhe pareceu certo fazer qualquer movimento antes do término da Eucaristia, por isso ele continua imóvel enquanto o sacerdote faz as orações finais. Depois vai para o chalé descansar um pouco antes do jantar. Justin está na piscina, nadando de um lado para o outro com o rosto enfiado na água.

Eles estão em Key West há três semanas. Chove quase todo dia à noite ou de manhã, mas quase nunca há relâmpagos como os que caíam em sua terra natal, por isso, às vezes, Justin nada mesmo quando chove. O número de hóspedes diminuiu e Asher já não se importa tanto com o fato de ele ficar ali sozinho. Às vezes Justin anda atrás de Asher e ajuda com o trabalho. Ele adora as coisas desagradáveis que encontra nos quartos depois que as pessoas vão embora. Mas passa a maior parte do tempo no chalé ou na piscina. E desenha bastante. Tem três cadernos cheios de desenhos que não mostra a Asher.

Quando o garoto finalmente tira a cabeça da água, Asher o chama.

— Hei! Está quase na hora do jantar. É melhor trocar de roupa.

Asher finalmente concordara em jantar no chalé de Bell. Justin fica feliz com a mudança, pois se afeiçoou a Bell e Evona. Ele sai da piscina imediatamente e água escorre de suas pernas enquanto ele esfrega uma toalha nos cabelos.

— Você não pode falar muito a nosso respeito esta noite — Asher diz, acomodando-se na cadeira de balanço. — E tome cuidado para não revelar nosso sobrenome, mesmo que alguém pergunte do nada.

— Você quer que eu minta?

— Não — Asher responde, apesar de ser exatamente isso o que ele está dizendo para seu filho fazer. — É só não falar. Isso é uma coisa que elas podem me perguntar, mas não consigo imaginar uma pergunta dessas para você.

— E você vai mentir?

— Não — Asher responde, sem saber o que vai fazer. — Provavelmente vou dizer que isso não é da conta de ninguém.

— Vai parecer falta de educação.

— Justin, ouça bem.

Mas Asher não sabe o que dizer. Ele está inclinado para a frente, olhando seu filho nos olhos, mas precisa pensar um pouco.

— O que foi?

— Sinto muito por ter feito o que fiz. Sei que não agi certo. Você sabe que não gosto de mentir. É errado.

— Eu sei — Justin diz, como se dissesse: *Meu Deus, já ouvi essa droga milhares de vezes.* — Vamos nos arrumar.

QUANDO ELES SE SENTAM PARA COMER NA CASA DE BELL, ELA PERGUNTA a Asher se ele pode fazer uma oração. Ele trava. Faz muito tempo que busca por orações em sua mente, mas encontra apenas silêncio.

— Eu faço a oração — diz Justin.

Evona sorri, encantada.

— Muito bem! Vá em frente, meu amigo.

Justin estende as mãos para os outros como sempre fizeram em casa, quando Asher fazia as orações e todos davam as mãos. Parece que isso havia acontecido há séculos, quando Asher era pastor e eles rezavam o tempo todo. Até mesmo quando comiam fora, bem no meio do restaurante. Será que ele estava apenas se exibindo, para que todos soubessem que era pastor? Agora não sabia o que pensar.

Justin está sentado entre Bell e Evona e segura as mãos das duas.

— Obrigado por este alimento e por estas pessoas — ele diz, de olhos fechados. — Obrigado ao Tudo. Amém.

— Amém — dizem todos.

— Foi uma oração perfeita — Evona diz a Justin.

Desde muito pequeno, Justin aprendeu com Asher a fazer uma oração simples e sucinta, sempre agradecendo pelo alimento e pelas pessoas reunidas para compartilhar esse alimento. Durante muitos anos, Asher se preocupou em fazer com que Justin entendesse a Bíblia e frequentasse a igreja, apesar de no último ano não ter se dedicado à prática de suas crenças, resignando-se ao fato de que Lydia deturparia tudo. De alguma forma, Justin acabara encontrando sua própria maneira de pensar.

Sobre a mesa do jantar, arroz e feijão-vermelho, pão de milho, pedaços de tomate e pepino no vinagre, abacates do abacateiro que fica ao lado da varanda de Bell, fatiados e regados com vinagre balsâmico. Asher e Justin nunca tinham comido abacate.

Depois de se servirem, eles começam a comer enquanto Evona conta uma história comprida e engraçada sobre uma ocasião em que Bell teve um problema nas costas e ficou deitada no pátio durante horas até Evona voltar da praia.

— Eu tentei ajudá-la a se levantar, mas estava fraca demais.

— É uma maneira educada de dizer que eu estava muito gorda.

— Mas quando consegui ajudá-la a erguer-se ela não conseguia mexer as pernas. As costas tinham pifado.

— Então nós meio que nos dobramos para o caminho de cascalho e a essa altura já estava escuro...

— Nós meio que deslizamos pelo chão, eu em cima da Bell.

Então elas começam a rir, e de repente Asher também começa rir e percebe que Justin também se deixou contagiar pela risada das duas.

— Eu estava tentando sair de baixo dela — diz Bell — e ficamos ali enroscadas até que alguns hóspedes chegaram da praia.

— E eles eram os piores hóspedes que já tivemos — diz Evona, rindo tanto que os olhos estão cheios de lágrimas. Ela tem dificuldade para se controlar.

— Eles tinham reclamado de tudo durante sua estadia — Bell explica.

— Eu não sei por quanto tempo ficamos ali, rindo, mas foi o suficiente para as costas de Bell se recuperarem.

Asher fica olhando mais tempo do que deveria para Evona e ela percebe.

— Temos sobremesa — Bell avisa a todos, levantando-se da mesa. — Torta de amora.

Evona começa a tirar a mesa. Asher se levanta e olha para Justin, mostrando que ele também deve oferecer ajuda.

— Obrigada — Evona diz, vendo-o pegar os talheres. — Você criou um cavalheiro, Asher.

Em casa as mulheres não permitiriam que um homem levasse os pratos para a cozinha. Elas insistiam para que os homens ficassem sentados enquanto elas cuidavam de tudo. Asher tinha apenas uma lembrança de seu pai; ele tinha ido embora quando Asher era muito pequeno. A família tinha terminado de jantar e seu pai estava sentado à mesa. Ele tirou a dentadura postiça e sugou os dentes, enquanto sua mãe limpava tudo. Depois ele foi para a sala assistir TV e gritou para Luke sair da cozinha.

— Isso é trabalho de mulher — ele disse, e piscou para Asher.

— Bell, nos deixe cuidar de tudo. Vá para a sala. — diz Evona. — Lavamos os pratos e então comemos a torta com café.

— Não vou discutir com vocês — Bell responde, afastando-se. Ultimamente ela tem tido dificuldades para andar e parece estar sentindo dores. Sempre que se levanta de uma cadeira ela faz caretas.

Evona olha para Asher com um olhar de preocupação. Um simples olhar diz tudo.

Justin, Asher e Evona lavam as panelas, pratos e talheres. Asher observa a pia cheia de água quente, com tanta espuma que ameaça transbordar.

Sente o aroma de limão, cheiro que sempre o faz pensar em Zelda. Todos os dias ele lamenta aquele momento. Estava completamente fora de si.

— Vá limpar o resto da mesa, amigão.

— Ele é um menino especial — diz Evona, colocando as mãos na água quente. Aquela oração — ela diz. — Como um homenzinho.

Na sala, Bell toca piano. Justin fica atrás dela, observando a ondulação dos ombros, a cabeça mexendo pra cá e pra lá. Os olhos dela estão fechados, as mãos se mexendo como ondas no mar, seu rosto sentindo cada nota.

DEPOIS DESSA, QUASE TODAS AS NOITES SÃO IGUAIS. UMA BOA REFEIÇÃO, Evona rindo e Bell tocando uma canção de Joni Mitchell para eles. E depois sorvete de pêssego ou biscoitos de limão, e em algum momento da noite Asher se pega olhando para Evona de um jeito que nunca olhou para Lydia. Às vezes Evona canta enquanto Bell toca. Asher gosta mais quando é Evona quem canta as músicas de Mama Cass. Outras vezes eles ficam conversando na varanda enquanto Justin deita no chão ao lado de Shady, observando as estrelas.

Há noites em que Evona não sai do quarto para jantar e depois ele a ouve chorando baixinho.

Há noites em que ele se sente paralisado pelo medo: medo de serem descobertos; medo de nunca encontrar Luke; medo de encontrá-lo.

Há noites em que é fácil esquecer que o Tennessee existe.

Há noites em que Asher acredita que Key West é o que sobrou do mundo, e que as pessoas sentadas ao seu lado, comendo torta ou observando a noite, são as únicas que restaram.

Há noites em que ele acha que eles são apenas um sonho de Deus.

Às vezes ele acha que talvez não exista Deus algum. Esta é talvez a coisa mais assustadora para ele.

Outras vezes Asher olha para o céu azul muito escuro e imagina Zelda olhando as estrelas, pensando nele e em Justin, e mal consegue suportar esse pensamento. Ele lembra de como Lydia jamais saía para olhar o céu à noite, mas pensa em como ela deve estar se sentindo muito só agora.

Ele odeia pensar que Lydia está sozinha, mesmo que tenha que lutar para odiá-la. Asher tem a impressão de que ela tem medo de tudo no mundo e não sabe o que fazer a respeito.

Há noites em que ele pensa que o Tennessee é apenas um sonho que ele teve um dia, com colinas verdes, vacas ruminando e cigarras gritando nas noites quentes.

13

OS TRÊS ANDAM DE BICICLETA PELAS RUAS ESTREITAS, ZIGUEZAGUEANDO sob o túnel formado por galhos repletos de folhas e flores. Eles passam pelo cemitério onde as lápides brilham nas sombras, pedalam mais rápido quando se aproximam do mar e começam a sentir o ar salgado.

Evona vai indicando o caminho, contornando as esquinas das ruas, às vezes ficando em pé sobre os pedais enquanto canta.

(*My Dixie darling, listen to the song I sing*)

Às vezes ela desafia Asher para uma corrida, às vezes segue ao seu lado tranquilamente. Asher gosta de observá-la conforme ela vivencia seus sentimentos de forma extremada. Ela pode estar muito feliz ou muito triste. Asher também tem seus altos e baixos, mas ninguém fica sabendo além dele. Essa é a diferença entre eles: ela não esconde nada e ele não revela quase nada. Foi assim que ele sempre agiu para sobreviver. Às vezes escondendo a verdade até de si mesmo.

Eles vão de bicicleta até o final do White Street Pier, onde as pessoas estão pescando e o vento sopra firmemente do Atlântico agitado, com a espuma das ondas brilhando contra a água escura. Um grande pelicano está bicando o próprio corpo sobre o gradil de concreto, mas assim que Justin passa por ele, a ave alça voo, encolhendo as pernas e batendo as asas, incomodada com a agitação. Os três param, montados nas bicicletas, e olham para o oceano escuro e infinito. Pode-se ver as luzes de alguns barcos bem longe dali, mas fora isso não há praticamente nada além da escuridão, do vento quente e do som das ondas batendo contra o píer de cimento.

Mas Asher se sente muito exposto por causa da forte iluminação. Perto deles, um casal mais velho está pescando; os dois vestem camisetas iguais. O homem tenta controlar a longa vara de pescar, castigada pelo vento. A mulher, talvez aborrecida com a luta contra o peixe, fica olhando para os três, como se estivesse com medo de que ela e o marido fossem assaltados. Mas Asher acha que ela pode estar se perguntando por que o rosto dele parece tão familiar.

Justin volta a pedalar e Evona vai atrás dele, afastando-se sem dizer uma palavra. Asher corre para alcançá-los e continua pedalando atrás deles, observando as pernas fortes de Justin nos pedais, sentindo-se mais seguro sem tantas luzes sobre eles. Evona começa a cantar o refrão de *My Sweet Lord* e Justin canta com ela.

Às vezes Asher tem a impressão de que vivem em Key West há muito mais tempo do que um mês. Em noites como essa ele pensa que gostaria de ficar ali para sempre. Mas sabe que isso é impossível. A cada dia isso fica mais claro. Eles passam por ruas marcadas por sombras profundas; por casas pequenas, pintadas em tom pastel, com as pessoas nas varandas, fumando, rindo ou cantando. Geralmente as portas e cortinas estão abertas, de forma que Asher pode observar o interior iluminado (pessoas assistindo televisão, comendo, uma mulher apontando o dedo para um homem sentado em uma cadeira de balanço, a expressão contorcida pela raiva) e ver os pequenos dramas de cada pessoa do mundo.

Ele continua à procura de Luke. Quando cruza as ruas, alimenta a esperança de topar com ele por acaso. Faz buscas na internet e de vez em quando pergunta a um estranho na rua se ele por acaso conhece algum Luke Sharp. Mas não tem mais pistas do que tinha quando chegou ali.

Eles saem do bairro com casas grudadas umas nas outras e viram em uma rua com muitas palmeiras e pinheiros em ambos os lados. Ele percebe que o mar não está longe dali, apesar de não saber muito bem como; seus sentidos já se adaptaram à ilha, de forma que ele simplesmente percebe algumas coisas, como se a pulsação entre seus pés e o chão mudasse quando ele está perto da orla. Ele nunca esteve em um lugar tão escuro desde que chegou à ilha, onde sempre parece haver alguma luz por trás do céu.

— Deixem as bicicletas e fiquem quietos — Evona sussurra.

— Por quê?

— Se vocês quiserem ter a melhor vista das estrelas, temos que ir até essa praia. Não tem iluminação alguma, mas é uma praia particular.

— Não podemos quebrar a lei.

— Não tem problema, Asher — ela diz, algo divertida com a preocupação dele. — Já fiz isso centenas de vezes.

— Vamos, papai — diz Justin, caminhando em direção ao som da água.

Os olhos de Asher já se adaptaram à escuridão e ele consegue distinguir a figura do filho à sua frente.

— Eu juro! Estamos bem longe de um grande resort, no extremo oposto da praia. Nunca irão descobrir — ela diz, estendendo a mão, o rosto coberto pela sombra de uma palmeira; apenas seus olhos e as pontas dos dedos esticados estão iluminados por uma fresta de luz.

Asher não pega a mão estendida.

— É contra a lei — ele sussurra.

Os olhos dela brilham com mais força no escuro.

— Deveria ser ilegal cercar uma área selvagem. Às vezes, o que diz a lei não é certo.

Ela se vira e ele vai atrás dela, principalmente porque Justin desapareceu de vista.

— Justin — Asher chama baixinho, tentando não fazer barulho, mas Justin não responde.

Depois de dar alguns passos eles chegam perto de uma cerca feita de uma espécie de rede, cortada por alguém para criar uma passagem. Asher se pergunta se a própria Evona teria feito aquilo. Ele não duvidaria. Ela passa pela abertura como uma criança, depois segura a parte de cima para que Justin passe.

— Cuidado com as bordas, amigão — ela diz, com uma voz calma, carinhosa, e ele agora tem certeza de que ela já foi mãe. Ou talvez ainda seja. Há alguma coisa em suas palavras, em seu corpo. — Assim você não se corta.

O cheiro de pinho faz com que Asher se lembre do Tennessee, quando ele carregava Justin nos ombros pelos bosques ao longo do rio Cumberland; de sua infância, quando ele e Luke brincavam nos mesmos bosques, quando as coisas — boas e ruins — faziam sentido para ele. Ou quando ele e Lydia começaram a namorar e passearam pelo bosque uma noite depois da igreja. A mão tão pequena na sua. Aquele momento em que pensaram que poderiam se amar. Asher fecha os olhos e respira profundamente, enchendo os pulmões com o perfume do Tennessee, o lar que não lhe faz falta e do qual sente tanta falta.

Ao sair do meio do bosque ele percebe que a praia também é muito escura. Há um cordão de luzes brancas e amarelas à distância, onde o resort se espalha em uma curva da ilha. Justin e Evona saem correndo para a água. Quando Asher consegue alcançá-los, estão deitados na areia com os pés na água. Justin está com os braços atrás da cabeça e seu rosto parece iluminado por uma luz distante.

— Veja, papai — Justin fala, apontando com o dedo para cima.

Asher olha para o céu e seus olhos veem uma quantidade de estrelas como ele não via desde a inundação, quando toda a eletricidade foi cortada e ele passou a noite ajudando os vizinhos e procurando Roscoe. Naquela ocasião ele não teve tempo para ficar olhando para o céu.

Asher se deita ao lado do filho.

São tantas as estrelas nessa noite que o céu parece prateado, um céu que em vez de ser pontuado por estrelas parece ter sido feito de estrelas. Não há lua, o que torna as estrelas ainda mais brilhantes, e quando Asher fica bem quieto consegue distinguir satélites que cruzam o céu e ele os aponta para Justin. Eles ficam olhando em silêncio, exceto quando Justin vê uma estrela cadente ou quando Evona sussurra o nome das constelações. Eles conseguem sentir a terra girar embaixo deles.

Asher não consegue tirar da cabeça aquilo que está sempre pensando: que precisa memorizar tudo o que está acontecendo porque em breve Justin será levado. Ele chegou ao ponto de não conseguir apreciar nada sem sentir a dor da futura perda.

E então Justin se levanta e sai correndo e pulando na beira da água. Evona senta na areia, olhando para ele, o vento do oceano soprando e formando um emaranhado com os fios de seus cabelo pretos.

— Meu Deus! Este lugar é lindo — ela diz, olhando para o mar.

Você também, Asher pensa. Mas repreende-se imediatamente: *Você não pode pensar uma coisa dessas.*

Evona coloca a mão sobre a dele e Asher afasta sua mão como se tivesse colocado os dedos perto de uma fogueira.

— Sentimos atração um pelo outro, por que não? — Evona pergunta, sem raiva na voz. — A vida é tão curta, Asher. É curta demais para não aproveitarmos tudo o que pudermos.

— Neste momento não consigo pensar em outra coisa além de Justin.

Asher sabe que ela está às cegas, que não tem ideia do que os levou para Key West, mas não pode contar a Evona. Não pode confiar em ninguém.

— Esse menino será muito mais feliz se você também for.

— As coisas são mais complicadas.

— Asher, eu sei.

Evona olha para ele como se estivesse examinando seu rosto.

— O que você quer dizer?

— Eu *sei*.

Ele espera, prendendo a respiração.

— Eu o reconheci assim que você chegou. Eu me lembrei do seu rosto no noticiário quando aquele vídeo viralizou. Mas não tinha certeza absoluta. Por isso pesquisei notícias sobre "Asher" e "Justin" na internet. Vocês deveriam pelo menos ter trocado os nomes.

Asher fica em pé, sentindo o sangue latejar em suas têmporas; a intuição lhe diz para pegar Justin e sair dali correndo. Mas Evona também se levanta e estende as mãos como se pretendesse acalmar um animal selvagem. Justin continua pulando na beira da água, longe deles.

Ela coloca as mãos nos braços de Asher.

— Escute, está tudo bem. Você está seguro comigo. Não é difícil imaginar por que você pegou o garoto depois de tudo o que aconteceu na igreja. — Ela para, balança a cabeça. — Quanto mais eu pesquisava, mais as coisas ficavam claras. O noticiário diz que ela usou o vídeo contra você, mas o que você disse... está certo. Aquilo *precisava* ser dito. Ela usou o vídeo para mostrar sua incapacidade, mas para mim ele mostra o quanto você é *sensato*. Muita gente acha que você foi um herói por ter dito tudo aquilo.

Asher não consegue deixar de se sentir traído, apesar das palavras tranquilizadoras. Ele imagina Evona pesquisando na internet todas as noites, descobrindo tudo a respeito deles.

— Como você pode fazer uma coisa dessas? Ficar lendo o que dizem a nosso respeito?

— Não é bem assim. Moramos praticamente na mesma casa. Só uma parede nos separa — ela diz. — Bell pode muito bem confiar em sua intuição, mas já passei por muitas coisas na vida e não podia arriscar. Eu seria uma louca se não tentasse descobrir algo a seu respeito.

Ele não tem argumentos para discutir essa questão.

— Para um velho juiz de uma cidadezinha do Tennessee o que eu disse foi loucura.

— Mas eles estão errados. Não consigo entender como uma pessoa que passe cinco minutos ao lado de vocês não enxergue o laço que existe entre vocês dois. É evidente.

— Bell também me reconheceu? Foi por isso que ela nos acolheu?

— Não — Evona diz, e nada mais.

Justin volta correndo na direção deles e Asher abaixa a voz.

— Você acha que devemos ir embora? — ele pergunta, sentando de novo na areia.

— Acho que você tem sorte por estar em uma cidade turística onde as pessoas não dão atenção aos noticiários. Apesar de que os locais sim, eles prestam atenção. E também vão à praia. Trabalham no Fausto's. Por isso é provável que alguém acabe reconhecendo você. A maioria dos artigos da internet dá a entender que você é um maluco e as pessoas gostam de ajudar as crianças a voltarem para suas mães.

Asher procura ouvir o barulho da água batendo na praia.

— Evona! — Justin grita.

— Eu sei como é. Perder um filho — ela diz, afastando-se. — Você está em segurança comigo e com Bell.

Justin chega perto deles, ofegante, e coloca as mãos nos quadris.

— A água está quente — ele diz. — Mais quente do que durante o dia. Vamos nadar.

— Vamos! — Evona diz, pronta para sair correndo com ele.

— Esperem! — Asher fala bruscamente, sempre receoso em relação ao mar. — Não sei se essa é uma boa ideia. Nadar à noite.

— É ótimo!

Evona e Justin saem correndo. Asher vai atrás deles, deixando-se banhar pela água do mar. Acima deles, somente as estrelas. Justin e Evona estão rindo, brincando com a água, mas Asher se deixa envolver pelo próprio silêncio e passa por eles, até a água bater em seu queixo e ele sentir o gosto do sal nos lábios.

14

JUSTIN ENCONTRA UMA CALCINHA VERMELHA SOB OS LENÇÓIS NO FUNDO da cama num dia em que está ajudando Asher a limpar os quartos.

— Como é que ela veio parar aqui?

Asher dá de ombros.

— Espera! — Justin grita ao encontrar também uma cueca por ali. Uma boxer azul com a marca EXPRESS escrita na cintura. Ele fica parado, refletindo sobre essa descoberta por algum tempo, como se estivesse tentando resolver um problema de matemática. — Eles devem ter tirado enquanto estavam deitados e depois esqueceram — ele conclui. — Por que fariam isso?

Mas antes mesmo de pronunciar a última palavra ele entende e seu rosto fica vermelho.

Justin segura a calcinha com as pontas dos dedos e mostra para Asher, perguntando o que devem fazer com aquilo. Asher pega a lata de lixo e coloca-a na frente dele.

— Jogue aqui, Justin. Já!

Nesse mesmo quarto Justin encontra duas camisinhas usadas, uma na lata de lixo e outra no chão, ao lado da lata de lixo (isso acontece com frequência nesses quartos, as pessoas jogam as coisas e muitas vezes não acertam a lata de lixo, mas não se preocupam em pegar o que jogaram no chão, como fariam em suas casas). Cada uma delas estava amarrada com um nó e pareciam balões murchos.

Asher percebe o olhar de Justin e diz a ele para ir brincar, mas Justin não obedece; aquilo parece muito mais interessante.

A pia do banheiro de outro quarto está suja de pelo de barba, pois a pessoa que se barbeou não se preocupou em limpar a pia. As pessoas acham que podem fazer qualquer coisa em um quarto alugado.

Os hóspedes estão sempre deixando coisas. Principalmente coisas pequenas, que Justin considera especialmente interessantes. Se Asher lhe diz que pode ficar com o que encontrou, Justin guarda o objeto em sua caixa de sapato, onde também guarda sua coleção da natureza. Ele tem conchas, vidros do mar, penas de aves, flores secas, um ovo de pássaro azul-claro (vazio, com um furinho na casca, como se algo tivesse chupado todo o conteúdo).

Entre os objetos encontrados nos quartos, aquele de que Justin mais gosta é um pequeno medalhão de prata. Ele pensou que fosse uma moeda, quando o encontrou no piso de ladrilhos de um dos banheiros. A imagem de um homem usando um manto está estampada no medalhão. Ele está com os braços erguidos, cercado por animais: um cachorro, uma raposa, um esquilo. Também há pássaros em seus ombros e um em sua mão.

Às vezes, quando está examinando os objetos de sua coleção, Justin tira o medalhão da caixa e o segura entre o indicador e o polegar.

Asher adora quando Justin espalha sua coleção sobre a mesa de vime da varanda sob a luz rosada do final da tarde. Estranhamente, ele até cobiça os tesouros que seu filho encontrou. Há um apontador de lápis de metal que parece o globo terrestre, com cores vibrantes delimitando os países. Uma caixa de fósforos (com uma ilustração em que drag queens ocupam os lugares das letras I e E das palavras AQUA NIGHT CLUB KEY WEST). Uma foto do tamanho de uma carteira, deliberadamente deixada para trás, de uma mulher da década de 1950, segurando uma barra de metal com cerca de uma dúzia de peixinhos pendurados. Ela está usando calça capri branca e blusa branca sem mangas, e uma faixa branca nos cabelos pretos. Está sorrindo, mas parece triste. Atrás da foto, alguém escreveu *Thelma*, misturando letra de forma e caligrafia cursiva. Asher sabia que se encaixaria na coleção de Justin. Asher imaginava que Thelma era uma pessoa rebelde e triste, às vezes ao mesmo tempo, e que saía para dançar usando um vestido vermelho, e gostava de cães, e às vezes sentava na margem do rio enquanto pescava, e chorava enquanto pensava em alguém que tinha amado, mas que havia perdido. A coleção também tem um vidrinho azul de colônia: *Davidoff Paris, Cool Water, .5fl. oz.* Justin gosta de segurar o vidro contra a luz. Ele diz que é o azul de uma nuvem de trovão transformado em vidro. Uma vez ele pulverizou a colônia no pescoço e ficou mesmo com cheiro de água gelada, mas era um cheiro tão forte que Asher mandou que se lavasse.

Às vezes, Asher passa o dia inteiro sozinho e fica tentando memorizar tudo, com medo do dia em que talvez não tenha mais essa liberdade. Às vezes, ele fica observando os hóspedes quando estão tomando o café da manhã ou tomando vinho à tarde. Pensa em como são felizes por estarem vivendo suas vidas sem ter que fugir. Na tarde anterior Asher tinha visto uma mulher enfiar a mão na calça de um homem enquanto tomavam vinho. Ele a levou para seu quarto enquanto ela continuava com a mão dentro da calça. Viu um homem colocar a mão dentro do maiô da namorada e segurar seu seio; ela riu e o beijou na boca. Hoje, uma mulher deu um tapa no rosto do namorado quando estavam na piscina, depois pegou uma lambreta e foi embora de maiô molhado. Asher reflete sobre isso tudo, sobre como coisas desse tipo jamais aconteceram em sua vida tranquila. Até sequestrar seu próprio filho, é claro. É como se tivesse tido duas vidas: Antes e Depois.

Bell está sempre em sua mesa de trabalho. Segurando os papéis muito perto dos olhos porque seus óculos não estão muito bons e ela não quer ir ao oculista para fazer óculos novos. Mas Asher e Evona estão sempre em movimento, Evona cantando enquanto trabalha (*My love is like a red red rose*). Asher trabalhando sem parar. Ele acredita que se trabalhar bastante afastará todas as preocupações e toda a tristeza.

Asher se limita a ver Evona na hora do jantar no chalé de Bell. Quando não a vê, é mais fácil não pensar na maneira como ela faz com que ele sinta algo que nunca havia sentido antes.

Ele imagina que esse tipo de paz e felicidade não pode durar muito, seu castigo não tardará. Às vezes ele acha que pode senti-lo se aproximando, uma espécie de zumbido que vai aumentando ao longo do dia, que fica mais alto à noite, quando ele luta desesperadamente para dormir.

Luke saberia lhe dizer o que fazer. Se ao menos conseguisse encontrar seu irmão, tudo ficaria bem. Mas ele fez tudo o que sabe fazer. Perguntou a todo mundo que podia, passou por todas as ruas na lambreta, examinando cada rosto.

15

O TUDO

NA MANHÃ ANTERIOR AO DIA EM QUE TUDO COMEÇA A SE DESVENDAR, o cachorro encontra uma iguana muito grande e muito velha debaixo da varanda, morta.

Shady rasteja até chegar perto e depois fica latindo, sem conseguir se afastar de sua descoberta. Justin olha embaixo da varanda e vê o lagarto a alguns centímetros de Shady, que continua agachado sobre a barriga, as pernas dianteiras grudadas no chão. De vez em quando, os latidos dão lugar a um uivo. Justin consegue agarrar uma das patas da iguana com um graveto e puxa o bicho.

Bell aparece para ver o que está acontecendo com Shady e quando vê a iguana — a pele verde da cor de um limão com quadrados pretos na cauda, os olhos de um branco leitoso, abertos — não esconde a tristeza.

— Oh, não! Conheço esse velho camarada há tanto tempo.

Justin pergunta se ela alguma vez deu um nome a ele.

— Não. Não acredito nessa coisa de dar nomes às criaturas selvagens — ela diz, inclinando-se com as mãos nos joelhos. — Eu e esse camarada chegamos a um acordo. De vez em quando eu lhe fazia um agrado... deixava umas sobras de couve ou de manga, e ele retribuía não comendo os legumes da minha horta.

— Sério?

Bell confirma com um aceno de cabeça.

— Quando você respeita uma criatura selvagem, ela retribui o favor — ela diz. — Na maioria das vezes.

A iguana é praticamente do tamanho do braço de Justin, com cauda e tudo, mas Bell diz que na verdade ela era pequena para uma iguana adulta.

— Estou aqui há vinte anos e ele há pelo menos quinze. Pobre coitado.

Justin não consegue parar de olhar para as pequenas garras do lagarto, que estão enroladas, uma cena muito triste.

Bell se aproxima de Justin e coloca a mão em seu ombro. Eles ficam parados, olhando para a iguana. Justin sente saudade da avó, pois ela também permitiria que o silêncio crescesse entre eles num momento como esse.

Shady se aproxima perigosamente da iguana, depois recua com o focinho perto do chão, querendo se aproximar para sentir o cheiro de morte, mas com medo de que a iguana de repente recupere a vida e pule sobre ele.

— Pra trás! — Bell grita alto. Com medo de que Shady possa tentar morder a iguana, Justin imagina. O cão abaixa as orelhas e senta, boceja para fingir indiferença e coloca a cabeça sobre as patas.

— Não seria bom fazer um enterro?

Bell faz que sim com a cabeça e pede a Justin que vá falar com Evona para pegar uma pá. Evona está podando uma babosa enorme, que cresceu demais para o vaso e aponta para o barracão de ferramentas.

Ao voltar, Justin passa por seu pai, que está pendurando lençóis no varal.

— Aonde você vai com essa pá, amigão? — Asher pergunta a Justin por cima do varal.

— Vou levar para a Bell.

— Eu te amo, rapazinho.

Asher percebe que repete demais essa frase. Justin sabe o quanto ele o ama, por isso não faz muito sentido repetir mil vezes por dia.

Justin olha para o céu, onde as nuvens se movem lentamente, cada vez mais baixas sobre a ilha.

Bell já colocou a iguana em uma caixa de sapatos e fechou com a tampa.

Eles escolhem um lugar ao lado da casa de Bell. Justin cava um pouco, mas não é muito bom nisso. Por isso Bell lhe mostra como pisar na pá para que a lâmina desça mais fundo e depois virar a pá com força para jogar a terra de lado.

— É difícil mexer com uma pá usando chinelos — ela reclama, mas aparentemente sabe o que está fazendo. Ela sabe cavar, com seus ombros e braços se mexendo como aquelas velhas peças de metal dos motores ferroviários de antigamente. Justin não sabe o nome dessas manivelas, mas consegue imaginar em sua cabeça. Ele diz a ela o que está pensando.

— Estes braços já deram conta de muito trabalho pesado. Acho que não existe nada que eu não tenha feito para ganhar a vida neste mundo.

Shady assiste tudo a uma boa distância, sentado e com o olhar atento, as orelhas em pé, como se soubesse que alguma coisa morta será enterrada.

Quando conseguem cavar um buraco de bom tamanho, colocam a caixa e cobrem com terra, ouvindo o barulho da terra caindo sobre a tampa da caixa. Bell bate na terra com a sola da sandália e depois fica parada, sem saber o que fazer.

— Você acha que devemos fazer uma oração ou algo assim? — Justin pergunta a ela.

— Pode fazer. Nisso você é melhor do que eu.

Em sua cabeça, Justin sabe o que quer dizer: *Obrigado, Tudo, por nos ter dado essa boa iguana. Ele era muito bonito. Amém.* Mas não pode dizer isso em voz alta, nem mesmo diante de Bell.

Quando Bell percebe que Justin não consegue falar, coloca a mão sobre o ombro dele novamente — Justin sente a tristeza passando dos dedos de Bell para sua pele, uma dor antiga que a morte da iguana trouxe de volta — e diz:

— Tudo o que é, é sagrado.

— Amém — diz Justin, tão baixinho que nem ele mesmo tem certeza se realmente disse. Ele pensa: *Olívia Buganvília Iguana.*

Depois, Justin e Bell ficam sentados na varanda. Shady pula para a poltrona de vime e fica ao lado deles. Bell se move na cadeira de balanço amarela como uma rainha e olha para o ponto onde as nuvens cinzentas estão se juntando e escurecendo o céu.

— Você sente as coisas de uma maneira muito profunda, não é? — Bell diz depois de algum tempo.

— Não consigo evitar.

— Você não tem que se envergonhar. Mas às vezes é um fardo muito pesado.

— Por que você está tão triste?

— Todo mundo tem seus problemas. Não existe pessoa que não os tenha.

— Minha avó sempre diz que uma pessoa tem que viver até morrer.

Justin não acrescenta que sempre tentou entender o que isso quer dizer. Às vezes ele acha que ela quer dizer que viver é mais difícil do que morrer. Outras vezes ele acha que ela quer dizer que devemos viver o máximo que pudermos antes de morrer. Mas ele tenta não pensar na morte. Às vezes ele fica acordado à noite e pensa na eternidade, e mesmo que esteja pensando que será uma coisa boa, esse pensamento faz com que sinta vontade de vomitar depois de algum tempo.

— Bem, concordo com ela. A vida não deve ser mais temida do que a morte. Nunca tive medo de nenhuma das duas. Mas quando chegar minha hora, certamente vou sentir saudade de tudo.

— Tudo o quê?

Bell estende a mão e aponta para as árvores, o céu, tudo. As nuvens se afastaram e o mundo está iluminado de novo.

— Tudo.

Até onde Justin consegue lembrar, as pessoas falam com ele desse jeito. Ele tem alguma coisa que faz com que as pessoas o tratem como se fosse um homem velho. Talvez seja por isso que todas as crianças da escola o odeiam, mesmo sem saberem por quê. Uma vez o Coelho o prendeu no banheiro, molhou um pedaço de papel higiênico no vaso sanitário e depois enfiou na sua boca. E disse quase cuspindo na sua cara: *Coma isto sua cadela esquisita*. Sem motivo algum. Justin não tinha feito nada contra ele.

— Perdi muitos anos da minha vida por causa da raiva. Não faça isso, está bem?

— Não farei.

Então Bell encosta a cabeça na cadeira de balanço e fecha os olhos. Justin a observa enquanto ela aproveita o sol. Ele gostaria que ela e sua avó se conhecessem. Ele acha que elas seriam boas amigas. Ele acha que elas se divertiriam bastante.

16

UM ARROGANTE GRUPO DE GALINHAS CISCA NO GRAMADO DA AGÊNCIA DOS correios de Key West. Essas galinhas não são como as galinhas do Tennessee. Elas caminham com um andar empertigado, como se fossem as donas do lugar. Zelda tem algumas galinhas em casa — "poedeiras", ela diz — e as dela são barulhentas, sempre cacarejando, prontas a sair correndo, a cabeça pulsando e as asas dobradas, se alguém se aproximar demais. Uma das coisas que Justin mais gostava de fazer era conferir se havia ovos de manhã cedo. Aqui, os galos são os piores, bamboleando-se pelas ruas; até mesmo as galinhas de Key West demonstram pouquíssima preocupação em relação às pessoas que se aproximam delas.

Eles estacionam as bicicletas e Justin sai correndo na frente de Asher, abaixando-se e abrindo os braços, correndo atrás das galinhas.

— Sou o rei das galinhas! — ele grita. — Posso fazer qualquer coisa.

As galinhas mal olham para cima.

— Deixe-as sossegadas — diz Asher, com um sorriso na voz.

Nove horas da manhã e o sol já se instalara sobre a ilha como uma grande tigela amarela destinada a produzir mais calor. A agência dos correios fica em uma pequena poça de ar.

Dentro da agência o ar-condicionado está frio demais. Todos os funcionários usam abrigos. Justin vai direto até a janela com os vidros embaçados e começa a escrever com o dedo.

— Não faça isso, Justin. Vai parecer que a janela está suja.

Justin ouve seu pai, mas hesita. Ele tem um fraco por superfícies que parecem implorar para que escrevam nelas. Certa vez, quando estavam na Dollar General, ele escreveu no vidro empoeirado do carro: *No porta-malas! Chamem a polícia!*

Asher vai até a caixa-postal de Bell para pegar a correspondência, mas fica de olho em Justin. E vê quando o garoto coloca o dedo no vidro e escreve: SOCORRO! Asher volta correndo para perto do filho, quando este está terminando a frase: FUI SEQUESTRADO!

Ele limpa o vidro com a mão para apagar as palavras.

— Por que você fez isso?

— Não é porque *fui* sequestrado — Justin responde, encolhendo-se diante de Asher. — Só porque é engraçado escrever essas coisas. Como se estivesse no porta-malas de um carro.

— Mas você não está no porta-malas de um carro, Justin. — Asher se esforça para manter a voz baixa. — E não podemos chamar atenção!

— Desculpe — Justin diz, assustado.

— Tudo bem.

No dia anterior, enquanto Bell estava na varanda tomando a comunhão, Asher entrou no escritório e mexeu no computador. Pesquisou seu nome e o de Justin e lá estavam eles, em toda parte. Fotos dos dois. Muitos dos artigos haviam entendido tudo errado. Alguns diziam que Asher tinha atacado Zelda, o que era verdade.

A maioria dizia algo assim:

Foi dado um Alerta AMBER para um menino de nove anos do Tennessee, que foi sequestrado por seu pai.

Justin Kyle Sharp estava passando a noite na casa de sua avó, Zelda Crosby, perto da comunidade de Cumberland Valley, quando foi levado por seu pai, Asher Sharp, 35, um ex-pastor que ganhou notoriedade um ano atrás, depois que um colapso emocional diante da congregação de sua igreja foi gravado e tornou-se uma sensação na internet. Sharp foi considerado um herói por integrantes do movimento de defesa dos direitos dos gays.

Segundo o alerta, Sharp deixou Cumberland Valley nas primeiras horas da manhã do dia 7 de junho em um Jeep Wrangler azul 2012, com placas do Tennessee 4S47EY. Justin Sharp é descrito como um menino muito pequeno para sua idade. Ele tem cerca de 1,27m de altura e pesa aproximadamente 25Kg. Tem cabelo castanho-escuro, olhos verdes e sardas. Asher Sharp tem cabelos escuros e olhos verdes, 1,80m de altura e 75Kg. Ele está armado e é perigoso...

QUASE TODOS OS ARTIGOS TINHAM UM TRECHO DO VÍDEO, EM QUE ASHER desmorona diante da igreja, mas só mostravam a pior parte. Asher assistiu apenas alguns até perceber que todos mostrariam o mesmo trecho, aquele em que parece maluco.

E também apresentavam um link para a mensagem de voz que Justin havia deixado para sua mãe. Tudo o que mostravam era a voz de Justin dizendo: "Estou com o papai". Deixavam de fora todo o resto, em que ele dizia que estavam bem, que ela não precisava se preocupar, que Asher cuidaria bem dele.

Um dos canais de notícias exibia um vídeo de Lydia, na frente da casa deles. Era tão estranho ver o quintal de sua casa, o gramado que ele havia aparado centenas de vezes, a casa que ele havia construído, atrás dela, igual ao que sempre fora. Ele chegara a pensar que tudo mudaria em sua ausência.

"Asher", Lydia dizia, olhando diretamente para a câmera, "se estiver assistindo a este vídeo, eu lhe suplico: por favor, traga Justin de volta pra nós. Por favor, não o machuque". Então ela começava a chorar e a jornalista tirava o microfone de sua mão, parecendo muito compadecida.

Asher sentiu a raiva encher seu peito. Ela sabia que ele nunca, jamais faria mal a Justin. Ele podia imaginar o que pensariam as pessoas que não a conheciam, nem ele. Pensariam que Asher era um monstro.

Ainda assim, havia um novo tipo de tristeza no rosto dela. Asher ficou tentado a telefonar para ela, só para lhe dizer que Justin estava bem. O telefone de Bell estava ali do lado do teclado. Mas a questão é que ela sempre culpava os outros, nunca assumia a responsabilidade por sua participação no que quer que fosse.

Na agência dos correios, Justin está assustado, olhando para ele com aqueles grandes olhos verdes, o nariz e a boca pequenos, esperando, e a culpa é sua. Na janela de vidro ficou a marca das palavras apagadas com um movimento de sua mão.

17

ANOS DEPOIS, PENSANDO NESSA ÉPOCA, ASHER ÀS VEZES PENSAVA TER ouvido a pequena chave dourada encaixar na abertura da caixa postal. Em sua memória, o ruído era muito parecido com o das chaves das prisões dos filmes antigos: o som exagerado de metal contra metal quando os diretores queriam mostrar que alguém estava sendo preso. Nessa época, Asher também já era um prisioneiro e não conseguiria se livrar dessa sensação por um bom tempo. Passou um mês inteiro aterrorizado, é claro, mas aquele momento na agência do correio foi o começo do fim. Fácil de ver agora.

Um giro do pulso, as pequenas ferragens virando, sua mão dentro da caixa postal.

Lá dentro, alguns folhetos, uma conta, um exemplar da revista TIME, o que parece ser uma carta de Guntersville, Alabama, e então: um cartão retangular. Um dos lados tem apenas o endereço:

MORADOR
KEY WEST, FL 33040
NO OUTRO LADO, EM LETRAS GARRAFAIS NO TOPO:
VOCÊ VIU ESTA CRIANÇA?

Abaixo da pergunta, uma foto de Justin que o próprio Asher havia tirado cerca de um ano antes. Justin está olhando para a câmera, os olhos grandes, o rosto franco, toda a sua beleza exposta. Uma foto bastante reveladora, que havia sido escolhida por causa daquele olhar brilhante. Ele havia tirado a foto perfeita para um cartão de denúncia de sequestro: completamente inocente, aparentando ser mais novo do que sua idade real, pequeno. O tipo de criança que qualquer pessoa gostaria de ajudar.

O que a foto não mostra, pois foi cortada para mostrar apenas seu rosto: Justin estava na margem do Lago Cheatham, atrás do trailer de Asher. Como a foto foi divulgada em branco e preto, perdeu-se também a luz alaranjada do pôr do sol.

Nesse dia, Asher havia preparado lanches para os dois: um sanduíche de manteiga de amendoim e geleia para Justin, um sanduíche de presunto para ele, um pacote de batatas para os dois e duas latas de Nehi de pêssego, que Asher colocou em um saco de gelo.

Nesse dia eles comeram sob os salgueiros, observando as ondinhas que chegavam até a margem do lago. Depois ele ensinou Justin a saltar pedras na água.

Tudo depende da escolha da pedra. Olhe essa aqui, é perfeita.

O céu havia adquirido um tom rosa dourado e a luz que batia no rosto de Justin dava a impressão de que seu brilho vinha de dentro, como se ele fosse uma dessas crianças santificadas.

Não se mexa. Não, não. Papai vai tirar uma foto.

O clique da câmera, aquele momento captado para sempre.

Depois eles se deitaram na manta e ficaram ouvindo o lago enquanto o sol se punha. Um dia perfeito. Um dia que Asher percebeu imediatamente que jamais esqueceria.

Um dia que agora estavam usando contra ele.

Sob a foto, o nome completo de Justin, data de nascimento, altura, peso, cor dos olhos e do cabelo.

E então uma foto de Asher. A pior que poderiam ter encontrado. Ele está olhando para algum ponto além da câmera, triste, um momento de terrível depressão registrado pela câmera.

Ele não sabe dizer onde podem tê-la encontrado; nunca tinha visto essa foto. Zelda estava sempre tirando fotos nas reuniões de família, e essa provavelmente havia saído da sua coleção de fotos mal enquadradas, fora de foco. Asher imagina que na foto original ele nem estava no centro da imagem, só aparecera por causa do enquadramento; devia estar atrás de Justin (tema favorito, e praticamente único, de Zelda).

Sob a foto, todas as informações a respeito de Asher. Data de nascimento, altura, peso, cor dos olhos e do cabelo, sem tatuagens, sem piercings. Tudo nesse cartão que seria enviado para todo o leste dos Estados Unidos.

Embaixo das duas fotos, também em letras garrafais, como se fosse um grito: SEQUESTRADO!

Asher procura assimilar tudo o que está no cartão: as fotos e palavras fazendo seu cérebro latejar, os pensamentos disparando de um lado para o outro, até que a sensação de medo toma conta dele como se fosse adrenalina, deixando-o exausto. Ele precisa respirar fundo e se acalmar apoiando-se na parede do correio.

Ele consegue enxergar Justin com sua visão periférica: o garoto conseguiu encontrar algo para se manter ocupado; ele sempre consegue encontrar alguma coisa interessante qualquer que seja a situação.

Se havia um cartão na caixa-postal de Bell, certamente haverá um cartão para cada pessoa de Key West.

Então Asher repara na lata de lixo; em torno dela, vários cartões espalhados. As pessoas procuram se livrar da correspondência indesejada apressadamente, sem prestar atenção ou se preocupar. Talvez nem tenham olhado para o cartão com o aviso de SEQUESTRADO! Porém, o mais provável é que tenham dado pelo menos uma espiada. As fotos de crianças sequestradas acabam ficando na mente das pessoas.

Asher começa a recolher os cartões.

Está consciente de que respira com dificuldade; Justin está cantarolando enquanto olha para as galinhas pela janela.

— Justin! — ele chama, sentindo a firmeza de sua própria voz. — Vamos embora. Já.

ASHER GUIA JUSTIN PELA CALÇADA, COM A MÃO NO OMBRO DO GAROto, até o lugar onde deixaram as bicicletas.

Alguns turistas passeiam pelo estacionamento. "Olhem só as galinhas!", grita uma mulher como se fosse criança. Ela está vestida para jogar golfe. Somente as pessoas com muito dinheiro podem andar vestidas totalmente de branco. Foi o que Evona lhe disse um dia, quando estavam observando os hóspedes que saíam para um dia pela ilha.

Asher segura Justin pelos ombros e vira o menino para que ele não olhe para as pessoas.

— Por que você fez isso? — Justin quase grita.

— Fale baixo! — Asher diz a Justin, mas antes de falar mais alguma coisa começa a cambalear para os lados e cai, apoiando-se no chão apenas com a palma aberta de uma das mãos.

— Papai! — Justin grita. — Você está bem?

Asher está curvado, balançando a cabeça, com pequenas gotas de suor sobre o lábio superior.

— Está tudo bem — ele diz, limpando a mão. — Foi só uma tontura.

Asher sobe na bicicleta. Ele sabe que não faz muito sentido montar na bicicleta depois de ter sido derrubado pela tontura, mas eles precisam voltar para o chalé.

— Vamos embora — ele diz, apontando com a cabeça para a bicicleta de Justin. — Estarei logo atrás de você.

Suas pernas pedalam pela Whitehead e os levam de volta à Olivia Street, o lugar que faz as vezes de lar.

18

ENQUANTO JUSTIN BRINCA NA PISCINA, ASHER REMEXE AS GAVETAS DA cozinha à procura de uma caixa de fósforos. Quando não está de olho no garoto, seus ouvidos estão atentos ao barulho da água; mas a cada gaveta revirada, ele vai até a porta para ter certeza de que está tudo bem.

No fundo da última gaveta ele encontra uma pequena caixa de fósforos vermelha: *Galatoire's New Orleans*.

Asher havia conseguido recolher três ou quatro dezenas de folhetos do chão e da lata de lixo da agência do correio. Ele rasga as fotos em tiras, observando o rosto de Justin nos folhetos, e coloca tudo em um cinzeiro preto na varanda. Ele risca um palito várias vezes até conseguir acender o fósforo. Asher lança um olhar nervoso para Justin, que está indo e voltando na piscina (sempre sozinho — sem uma única criança com quem brincar).

Luke, onde é que você está? Estou sozinho. Preciso de você.

Os pequenos quadrados de papel vão se desfazendo enquanto ele acende vários fósforos até conseguir um fogo laranja brilhante.

— Está tudo bem, querido?

Bell está parada com um pé na escada, olhando para ele e, alternadamente, para a pilha de papéis queimando no cinzeiro. Ele muda de lugar para ficar entre Bell e o fogo.

— Vá cuidar da sua vida — ele diz. Asher não imaginava que tivesse esse tipo de grosseria na ponta da língua, mas não diz mais nada.

Bell se aproxima e puxa Asher com os braços, engolindo-o com seu abraço, seu perfume e seu *muumuu*.

Asher não consegue evitar e relaxa, apoiando-se nela. Ele solta um suspiro que estava segurando há semanas e tem a sensação de estar abrindo um punho cerrado. Ele sente o ar deixando seu corpo, passando pela varanda, pelas plantas e pelas folhas das árvores, seu sofrimento se soltando até alcançar o vento e ser levado para o mar. Bell continua abraçada a ele e Asher percebe que fechou os olhos. O único som que ele percebe é o barulho de Justin na água.

— Eu vi o folheto — Bell fala, afastando-se dele. — A correspondência também chega por aqui. — Ele não tinha pensado nisso, apesar de ter visto o carteiro várias vezes. — A Caixa Postal é só para a correspondência pessoal; a comercial vem pra cá.

Ele espera, olhando para ela.

— E li algumas notícias. Você fez mesmo todas as coisas que estão dizendo?

— Não... Sim... Mas a maneira como estão contando é mentira.

— Por que você tirou o garoto da mãe, Asher? Ela o maltratava?

— Não, não é bem assim. Mas...

— Sei que as coisas são sempre mais complicadas do que parecem. Mas você não pode criar seu filho desse jeito.

— Não sei o que mais posso fazer.

— Você não tem mais ninguém neste mundo?

— Só tenho o Justin — ele diz. — E meu irmão, mas não agi corretamente com ele.

— Agora você também tem a mim — ela diz, sem sorrir, mas com uma expressão de ternura no rosto. — Pessoas como nós precisam se unir.

— O que você quer dizer?

— Sei o que é ser um fugitivo.

Como é que uma estranha poderia passar mais sensação de família do que todas as pessoas que conhecera ao longo da vida?

— Você precisa se esforçar para não parecer tão perturbado. Ele vai perceber. E neste momento você está um caco, precisa se recompor.

— Eu sei — ele diz. — Vou tentar encontrar uma maneira de sair daqui o mais rápido possível. Se você puder...

— Você veio para um lugar seguro. — Ela senta na cadeira de balanço e pisca para ele. — Até um cego poderia ver que você é um bom pai para aquele menino. Para mim, isso basta.

— Obrigado — Asher responde, repetindo mentalmente *obrigado, obrigado, obrigado*.

19

AS ALGAS ESTÃO AGLOMERADAS NA BEIRA DA ÁGUA AO LONGO DE TODA a praia, balançando ao sabor das pequenas ondas que vêm e vão. Neste lado as ondas não são tão grandes como na praia do Fort Zachary Taylor por causa da proteção do recife. As gaivotas estufam os peitos brancos na direção do Atlântico, olhando para o oceano como soldados à espera de reforços. Pelicanos emburrados passam voando por cima delas, os olhos atentos.

Um grupo de universitários barulhentos curte as férias na praia com o dinheiro dos pais. Foram criados com muita opulência e simplesmente não sabem ficar quietos. Parecem acreditar que são as únicas pessoas que importam no mundo e por isso não veem necessidade de baixar a voz. Um dos rapazes — as pernas e o peito sem pelos e besuntados, brilhando ao sol como pele de foca — toma rum direto da garrafa para que todos o vejam. Uma garota de biquíni rosa-choque o repreende com um sotaque de patricinha de Atlanta, mas ele grita: "Isto aqui é Key West, Aimee. Tudo é permitido."

Asher vive a tempo suficiente para se ressentir com esse tipo de pensamento.

Um biplano cruza o céu, produzindo o som de um zíper infinito sendo aberto lentamente.

— Posso sentar junto, papai?

Asher mal consegue ouvir Justin devido ao barulho constante do vento, mas acena afirmativamente com a cabeça enquanto luta com a toalha até conseguir estendê-la sobre a areia branca. Trouxe um livro que Zelda insistia para que ele lesse — *Jonah's Gourd Vine*, de Zora Neale Hourston (*Fala de um pregador que também perde o rumo*, ela dissera, colocando o livro em suas mãos) — mas a paranoia o impede de tirar os olhos de Justin.

Por isso Asher ficando observando o filho e tudo o que acontece ao redor. Estão em agosto, fora da temporada; a maioria das escolas já retomou as aulas, de forma que a praia não está muito cheia. Com exceção dos universitários, todas as outras pessoas parecem locais. Nenhuma pochete, nenhum carro elétrico mal estacionado na curva.

Um homem muito gordo passa por ele. O sujeito é tão gordo que de frente só dá pra ver uma linha preta formada pela sunga abaixo da cintura, e de costas ele é completamente reto, como se as costas terminassem nas coxas. Não muito atrás dele, uma mulher de maiô dourado, com um chapéu de abas moles combinando com o traje de banho. Pendurado nos dedos de sua mão direita, um par de chinelos dourados. Enquanto passeia pela beirada da água, ela fala ao celular. Duas adolescentes — confiantes de um jeito que Asher jamais havia sido — passam desfilando, rindo alto. Muito parecidas com as do Tennessee. Ele tem que admitir que adolescentes são iguais em toda parte: ou são muito confiantes ou muito inseguros, mas certamente sempre rindo quando estão ao lado de um igual.

Justin pula na água, mas para ao ver uma pedra branca bem na borda da água. Ele se abaixa e passa a mão pela superfície. Para Justin, Deus vive nas pedras, na água e no céu. Asher sabe disso sem nunca ter ouvido qualquer palavra em voz alta.

Uma mulher cubana se aproxima com o neto e se instala ali perto. Asher presta atenção à sua fala cantada. A avó é uma mulher ainda cheia de curvas, o que faz Asher pensar que deve ter sido uma beldade de parar o trânsito. Ela enrolou as pernas da calça Levi's até a altura dos joelhos e enfiou a blusa sob a borda do sutiã, expondo a barriga. Ela fala com o neto como se estivesse fazendo um rap: *"Quiere usted entrar en el agua com la abuela, Jesús? O es asustado usted?"*

Uma garça sobrevoa as dunas, extraordinária em sua brancura.

O sol brilha, queima, propiciando um calor reconfortante e devastador, como Asher jamais havia sentido no Tennessee. Um calor brutal.

Ele observa Justin, a avó cubana, os jovens mimados e ignorantes, com seus abdomes esculpidos em academia e as pernas bronzeadas, uma senhora de idade com os peitos caídos, o homem sem bunda caminhando ao longe. Até onde consegue enxergar, são seres humanos. Cada um com suas histórias, suas dores e alegrias. E ele ama cada um deles.

Finalmente começa a acreditar que entende o poema que vem repetindo para si mesmo desde que o cartão-postal de Luke o levou a pesquisar. O poema sobre o maçarico sobrevoando a praia, observando cada detalhe, nomeando as coisas especificamente. Aquele era o caminho para voltar a acreditar: estar consciente, enxergar Deus em tudo, e não apenas na Bíblia ou na igreja. Esse era o caminho de volta. Ele precisava ser como o maçarico, correr para o sul — até onde pudesse dirigir — para encontrar as respostas e o caminho de volta.

Ele mantém o olhar sobre as pessoas da praia e sabe que há algo que vive em cada uma delas. Algumas pessoas podem chamar isso de Deus. Algumas podem não ter um nome para isso. O que ele sabe é que todas têm o bom e o mau dentro delas. Ele também. Mas é aí que vive o Deus do seu entendimento — não apenas na maldade ou na bondade, mas na junção cintilante das duas.

Asher pensa em
Lydia
Zelda
Jimmy
Stephen
Kathi
Cherry
Caleb Carey
Rosalee Carey
Na garota que o filmou
Na congregação, olhando para ele
Jane Fisher
Adalia, a moça do caixa na Git'n Go
No homem que lhe agradeceu na Georgia
Na garota Cherokee na parada de caminhões
Na caixa que fez uma oração por ele
Nas pessoas famintas à beira da estrada ao longo do caminho
Shady
Bell
Evona

E em primeiro lugar e em último lugar, Justin. Sempre, Justin está do seu lado.

Por muito tempo Asher não soube como acreditar. Pois como pode uma pessoa manter sua fé intacta quando perde seu filho? Como acreditar em um Deus que permite que um pai e um filho que se amam sejam separados injustamente? Onde está a bondade quando um homem dá as costas ao seu irmão por ser como foi feito? Como Deus pode ficar sentado e deixar que o mal fique se contorcendo sobre o mundo?

Isso é Deus, ele pensa, olhando para Justin, que está parado na água com o sol às suas costas de forma que Asher consegue enxergar apenas sua silhueta, uma silhueta que está gravada em sua memória, gravada no olho de sua mente. *Porque Deus está no meu filho.*

Justin andou bastante, mas a água é tão rasa que o mar mal chega à altura do seu peito. Ele se vira para Asher e ergue o braço para chamá-lo.

Asher tira os chinelos vermelhos e corre pela praia até entrar na água morna e sedosa. Justin abre os braços e joga água sobre o pai quando ele se aproxima. Asher mergulha e deixa-se engolir pelo oceano.

20

ELES VOLTAM PARA CASA PEDALANDO TRANQUILAMENTE SOB AS SOM-
bras do crepúsculo. Estão exaustos por causa do sol e da água, por isso pedalam sem pressa. A ilha está muito silenciosa nesse entardecer, uma noite
de semana depois de um dos dias mais quentes do ano. Asher sabe que estão todos esgotados devido ao calor. Ele consegue ouvir o barulho da corrente da bicicleta e eles não trocam uma palavra ao longo de todo o caminho.

Parece haver uma espécie de tristeza nos ombros de Justin, mas Asher
sabe que ele não vai lhe dizer qual é o problema. E Asher prefere não tocar
no assunto com medo do que o garoto pode dizer: que quer voltar para casa,
que sente muita falta da mãe, que odeia seu pai.

A culpa é pior agora que as aulas recomeçaram. Todas as manhãs
Asher se lembra de como costumava levar Justin de carro até a escola, a sensação de orgulho e dor quando Justin entrava no prédio, a mochila parecendo maior do que ele. Asher pensou em ir até a biblioteca pegar alguns livros
para que Justin continuasse a estudar, mas o projeto de educação domiciliar
lhe parece ridículo. Ele sabe que esses são os últimos dias. Ainda assim,
quando se põe a pensar nisso, ele se sente tomado por uma terrível sensação de purgatório.

A escuridão já envolveu completamente Key West quando eles chegam
ao *Canção para uma Gaivota*. Assim que passam pelo portão eles ouvem Bell
tocando o piano, uma melodia familiar que Asher não consegue situar de
imediato. Tudo ao redor está no escuro, exceto as janelas com a luz amarelada que sai do chalé de Bell.

Asher e Justin ficam parados depois de estacionarem as bicicletas, ouvindo, e a música parece ficar mais alta devido à imobilidade deles. Asher
se lembra dos salgueiros do rio Cumberland, quando a brisa da tarde soprava entre as folhas, acompanhando o curso do rio, seguindo a água. Asher

conhece tão bem a melodia que quase consegue cantarolar a letra, mas ainda não consegue situar a música.

— Que música é essa? — Asher sussurra.

— Uma coisa triste — diz Justin.

Eles estão quase chegando em sua varanda quando Asher vê Evona sentada na escada, descalça, todas as janelas da casa atrás dela no escuro. Shady está deitado ao lado dela e uma de suas mãos acaricia o pelo dele.

— *Blue*, de Joni Mitchell — ela diz, e Asher pensa *É claro*. Aquela era uma das músicas favoritas de Luke.

— Ela adora essa cantora, não é mesmo? — diz Justin.

— As músicas de Joni a lembram alguém. — Evona fala de um jeito que Asher percebe que é melhor não pedir explicações. Bell é um mistério. Ela respeitou sua privacidade e ele acha que deve fazer o mesmo em relação a ela. Essas são as únicas pessoas que permitem que ele seja quem é, sem questionamentos.

Asher diz a Justin para entrar e tomar um banho e ele obedece sem discutir; apesar de não gostar de ser excluído das conversas com Evona, sua pele deve estar tão seca por causa do sal e da areia quanto a de Asher.

Asher senta na escada ao lado de Evona e acaricia a cabeça de Shady.

— Você apareceu no noticiário nacional esta noite — ela diz. — Sua ex-mulher também. Ela está muito preocupada, fora de si. — Ela afasta a mão que estava acariciando Shady e desvia o olhar para que ele não veja seu rosto. — Eu já tinha lido que sua sogra tinha ficado ferida, mas hoje eles mostraram fotos do rosto dela. Diga que não fez aquilo, Asher.

— Eu não tive a intenção.

— Meu Deus! — Evona cobre o rosto com as mãos. — Um lado inteiro do rosto estava roxo, Asher.

— Ela caiu quando arrombei a porta. Foi um acidente.

— Você não fez aquilo de propósito?

— Ela me perdoou. Sabe que não tive essa intenção.

— Asher — ela diz, e ele percebe pelo tom da voz que tem vergonha dele.

— Eu conversei com ela. Pedi perdão.

— Por que não me contou?

— Quanto menos vocês souberem, melhor para todos nós — ele diz com a voz trêmula.

Bell parou de tocar e a falta de música pareceu ampliar o vazio.

— O que mais você escondeu?

— Não tem nada mais — ele diz, balançando a cabeça. — O que eles disseram a meu respeito?

— Mostraram um pedaço daquele vídeo gravado na igreja, a pior parte.

Ele acena com a cabeça, mas ela não está olhando para ele.

Asher coloca sua mão sobre a mão de Evona para ver sua reação.

— Por favor, acredite em mim — ele diz.

Ela afasta a mão e pergunta, sem ternura nem maldade na voz:

— O que é que você vai fazer?

— Preciso levá-lo de volta.

Ela concorda com a cabeça, os olhos voltados para o chão.

— Talvez seja melhor dar um tempo, por enquanto. Deixe isso passar.

— Não posso criar meu filho fugindo — ele diz, como se precisasse convencê-la. Teve essa conversa consigo mesmo inúmeras vezes, mas jamais com outra pessoa. — Quando decidi pegar meu garoto, só conseguia pensar em uma coisa: Não posso viver longe do meu filho. Não aguento. Eu deveria ter ouvido minha advogada. Ela disse que eu poderia recorrer. Mas não consegui suportar a ideia de passar um ano inteiro sem poder conviver com ele da maneira que acho aceitável. — Agora ele simplesmente pensa em voz alta. — Quando eu o levar de volta, eles vão me afastar dele. Nunca mais verei meu filho.

Ajude-me, ele pensa.

Evona coloca a mão nas costas dele, movendo-a em círculos. Sua mãe fazia isso, há muito, muito tempo, quando ele era pequeno e ficava doente. Asher era o filho preferido. Ela sempre foi carinhosa com ele de um jeito que jamais conseguiu ser com Luke, mas ele sempre sentiu rancor em vez de gratidão por isso. Ele se lembrou de uma vez em que ela o tocou desse jeito. Ele estava sentado no chão do banheiro, a cabeça encostada na porcelana do vaso sanitário, onde ele tinha vomitado por causa de um vírus estomacal; ela se abaixou ao lado dele e passou a mão em suas costas, em círculos. *Deus te abençoe, querido*, ela disse baixinho, a voz suave. Ele havia esquecido essa voz, porque isso aconteceu antes de ela se tornar uma pessoa horrível. Quando alguém se torna cruel, perdemos tudo o que havia de bom nelas, assim como elas? Talvez sim, apesar de continuarmos apegados a isso enquanto pudermos, mantendo a esperança.

— Eu não gostaria que vocês fossem embora. Eu meio que gosto de ter vocês dois por aqui. — Ela tira a mão das costas de Asher e coloca sobre a outra, em seu colo. — Mas o rosto dela, Asher. Você precisa consertar o que fez.

À distância, sobre o oceano, ouve-se um ruído de trovão, e poucos segundos depois um raio ilumina o céu.

Ele continua olhando para as mãos delgadas de Evona. Não poderia haver momento mais inoportuno para se envolver sentimentalmente com alguém. A simples ideia lhe parece impossível, mas ele não consegue negar o que sente. Ele sabe que é tolice sequer pensar que a quer, nesse momento em que sua vida se tornou um caos. Mas também sabe que ele só tem essa vida e agora que encontrou alguém não pode perdê-la.

Asher inclina a cabeça para beijá-la. Mas justo quando está próximo o bastante para sentir seu hálito, ele se afasta. Ele fica em pé, olhando para a chuva que começa a cair.

— Por que fez isso? — ela pergunta atrás dele.

Ele não sabe se ela está perguntando por que ele quase a beijou ou por que se afastou. Não consegue perceber o que foi que a deixou mais chateada.

— Desculpe — ele murmura.

Ao se virar ele percebe que o rosto dela está mudado, marcado por outro tipo de dor.

— Dez anos atrás eu perdi meu filhinho — ela diz. — Ele ficou doente, durante muito tempo. Por isso, a cada dia ele morria um pouquinho. Mesmo assim, quando ele se foi eu não estava preparada. Eles me disseram que eu teria tempo para me preparar, mas não tem como. Depois que perdi meu filho eu me fechei por muitos, muitos anos. Eu queria morrer. Eu achava que talvez pudesse voltar a vê-lo se isso acontecesse. Mas acabei vindo pra cá e encontrei Bell. Você não imagina como vocês dois são parecidos.

Asher sente o estômago doer só de imaginar o que ela passou. Ele não consegue imaginar como é que alguém consegue superar uma coisa dessas. Mas isso explica muitas coisas: todas as vezes que ele a ouviu chorar do outro lado da parede, as noites insones na varanda, os dias em que ela simplesmente desaparecia. Mas também a maneira como se atira ao mundo nos dias em que está bem.

Depois de algum tempo ele pergunta:

— O que você quer dizer quando fala que somos parecidos?

— Talvez seja mais parecida com seu irmão. Ela também fugiu do amor de outra pessoa. Dos pais que preferiam vê-la morta a vê-la com uma mulher.

— Eu jamais imaginei que...

— Nem todo mundo age da mesma maneira, Asher — ela diz, revelando certa impaciência.

Então:

— Durante muito tempo fomos apenas eu e Bell. Trabalhávamos muito todos os dias. À noite, jantávamos só nós duas. Aprendemos a conversar uma com a outra, e a ficar em silêncio. A melhor parte é que nos aceitávamos pelo que éramos, sem fazer perguntas. Todas as manhãs ao acordar eu lembrava que aquilo havia realmente acontecido, que meu filhinho estava morto e enterrado — Ela titubeia, mas não chora. — Apesar disso, eu fazia o melhor que podia. Apesar de tudo, eu pensava, vou viver, por ele. Vou ver o que cada dia tem a oferecer, já que ele não pode. Eu não sei se acredito em Deus, Asher. Não sei. O que me assusta muito. Mas acredito em alguma coisa. Não sei o quê. Música. Alguma coisa.

Asher não sabe o que dizer. Todo esse tempo sentiu pena de si mesmo, da bagunça em que se transformou sua vida, sem nunca pensar na dor que Evona ou Bell poderiam estar sentindo.

— Quando você e Justin chegaram, pensei que não aguentaria ver um menino andando por aqui. Pensei: não vai dar. Não vou conseguir aguentar as lembranças. Mas Bell sabia o que estava fazendo. Estava na hora. Vocês me salvaram. — Ela pega a mão dele de novo, delicadamente. — Isso faz sentido?

— Sim — ele diz, puxando-a para si. Ele coloca os braços em torno de Evona e a abraça com força, sentindo seus lábios macios, seu perfume, suas orelhas frias, os seios pequenos e firmes contra seu peito. Ele beija sua boca, seu queixo, sua testa. Ao beijar seu rosto, percebe que ela está chorando. Por isso beija seus olhos e sente as lágrimas salgadas em seus lábios.

21

O QUARTO ESTÁ ILUMINADO PELA LUZ DA MANHÃ; JUSTIN PISCA OS olhos quando Asher o sacode para acordá-lo.

— Vamos, Justin. — A voz está trêmula. — Precisamos sair, temos que ir embora.

Evona grita da sala.

— Vá, Asher. Vocês têm que ir.

Asher gostaria de explicar, mas não há tempo. E se ficar ali com Evona, provavelmente perderá Justin para sempre.

— Vamos lá, amigo. Depressa. Precisamos nos esconder.

— Estou cansado de me esconder — Justin murmura, ainda com sono. Ele olha para Asher com a testa franzida, como se dissesse: *Já chega*.

— Nós precisamos, Justin — diz Asher, tentando parecer calmo, mas seu corpo está tremendo de medo e tristeza. — Por favor, garotão. Vamos lá.

Asher consegue ver o momento de reconhecimento nos olhos do filho (*isto é sério*); Justin senta na beirada da cama, veste a bermuda, enfia os pés nos tênis e olha ao redor.

— Onde está o Shady?

— Saiu correndo assim que entrei. — O cachorro tinha passado por Asher como se soubesse o que estava acontecendo. — Vamos lá, amigão.

Quando entra na sala, Justin encontra Evona encostada na porta da frente. Ela tinha chorado e parecia que havia enxugado as lágrimas com alguma coisa áspera: o rosto e os olhos estavam vermelhos. Ao ver Justin ela desvia o rosto.

— O que foi? — Justin pergunta, mas ninguém responde.

— É melhor vocês irem logo — ela diz, cobrindo a boca e suas palavras soam como bolhas estourando no ar.

Asher também para junto à porta.

— Não posso deixar você assim — ele diz para Evona. — Com tanta coisa para cuidar...

— Vá — ela diz com firmeza, empurrando-o, fingindo ser dura. É a Evona forte que ressurge, a Evona que Asher conhece, que caminha com determinação mesmo quando está apenas cruzando o pátio para cuidar das flores. — *Agora*. Eles chegarão a qualquer momento.

— Quem? — Justin pergunta, parando no pátio.

Asher se inclina e segura Justin pelos cotovelos. Não existe outra forma de dizer isso.

— Bell faleceu — Asher diz no ouvido de Justin.

O rosto de Justin se transforma, endurece.

— Ela morreu antes da chegada da ambulância e Evona acha que a polícia também virá pra cá. Por isso precisamos ir. Precisamos sair daqui imediatamente. Poderemos voltar depois.

— Mas eu nunca mais vou poder ver a Bell!

Asher estende o braço, como se adivinhasse o que Justin faria, e é o que ele faz: Justin sai correndo. Ele corre até o chalé para vê-la.

— Não, Justin! — Asher grita. — Você não pode!

Justin para na varanda, quando Asher consegue segurá-lo pelo pulso. Ele não pode permitir que ele entre e a veja morta daquela jeito. Mas quando Justin se vira, há algo forte e grandioso na maneira como ele olha para Asher e Evona.

— Estou sempre perdendo alguém. Roscoe, você — ele olha diretamente para Asher — mas você nunca pensou nisso, pensou?

Eu sabia, Asher quer dizer a ele, mas fica em silêncio.

— Eu ficava acordado a noite inteira, sentindo sua falta. E depois perdi a vovó. E a mamãe. O Tennessee, os bosques e o rio. E vou perder você daqui a pouco, de novo. Você sabe que sim.

Asher não responde. Pensa apenas em como é pequeno o pulso de seu filho.

— Eu tenho que ver a Bell.

Asher solta o braço de Justin e entra na casa atrás dele. E lá está Bell, deitada como uma rainha, como se estivesse dormindo. Há na sala uma quietude que só existe diante dos mortos. Asher se lembra da morte de sua mãe, dos muitos leitos de morte junto aos quais esteve como pastor. Justin se inclina e beija o rosto de Bell; Evona se esforça para controlar o choro. Asher sente o perfume das flores que Bell sempre colocava no cabelo; ela usou as flores por tanto tempo que começou a exalar o perfume mesmo quando não havia flores.

— Olivia Buganvília Iguana — Justin sussurra.

Justin se vira para sair, mas Asher se abaixa e abraça o filho.

Justin apoia a cabeça no peito de Asher e Evona passa a mão em sua cabeça. Asher pensa na época em que era pastor, quando as pessoas iam até o altar no final do serviço religioso e ele ungia suas cabeças com óleo. A congregação se reunia em torno da pessoa que necessitava de orações e todos colocavam as mãos sobre sua cabeça e oravam em voz alta com frases impactantes.

— Shady soube antes de todo mundo — Justin diz, e sai correndo de novo para encontrar o cachorro.

Ao saírem da casa, Asher e Evona veem as pernas de Justin, que tenta se enfiar embaixo da varanda. Eles não têm tempo para isso. Eles precisam ir, Asher sabe disso. Evona tomará conta de Shady.

— Justin! — ele grita, agora irritado. — Saia daí. Imediatamente.

Asher se abaixa, coloca as mãos e os joelhos no chão e espia embaixo da varanda. Justin está se arrastando no escuro para chegar até o cachorro, que está deitado no escuro, bem no fundo da parte de baixo da casa, aninhado sob o quarto de Bell.

— Vem cá, amigo. Eu estou aqui. Está tudo bem, meninão — Justin diz, aproximando-se de Shady.

O cachorro pisca, como se dissesse: *Não, não está tudo bem. De maneira alguma. Bell se foi. Ela se foi e não vai voltar.*

Justin continua se arrastando na direção de Shady, ignorando os pedidos de Asher, que simplesmente não pode alcançá-lo. Justin consegue passar por baixo dos dois cômodos da frente, mas além disso é impossível. Shady fica olhando para Justin como se estivesse muito, muito preocupado.

— Justin, por favor.

Então Shady reconhece a urgência da situação e começa a se mexer.

— É isso aí, amigão. Venha, vamos sair daqui.

Shady se arrasta até ele e Justin volta de costas, chamando o cachorro até saírem para o pátio. Shady se enrosca em Justin; os dois respiram com dificuldade, exaustos, e continuam deitados por alguns minutos, que parecem uma eternidade para Asher.

Evona está chorando de novo. Asher se agacha ao lado do filho.

— Vamos embora, Justin — ele fala suavemente. — Vamos, só por algum tempo. Shady ficará bem aqui com Evona.

Shady abana a cauda, por isso Justin fica em pé e eles vão embora.

22

JUSTIN APOIA A CABEÇA NAS COSTAS DE ASHER, QUE DIRIGE A VESPA SEM rumo, virando aqui e ali sem saber para onde ir. Pequenas gotas de chuva batem em seu rosto enquanto o sol luta contra as nuvens escuras acima deles. Choveu tanto na noite anterior que algumas ruas no lado sul da ilha estão completamente alagadas, transformadas em rios. Mas uma enchente nesta região significa apenas alguns centímetros de água, nada que se assemelhe às enchentes no Tennessee. Por isso a Vespa segue em frente.

O polegar de Asher pressiona o acelerador até o fim, mas a Vespa não anda mais rápido. Sua vontade é andar o mais rápido possível, não para fugir, mas para superar o que aconteceu. Bell foi tão generosa com eles, sem ter nenhum motivo para isso, sem qualquer expectativa de retribuição. E agora ela se foi.

Ele dirige em direção ao Atlântico e para num terreno arenoso à beira da rua, no ponto em que o White Street Pier aponta para o oceano. As nuvens cinzentas estão mais baixas, assustadoras, e o mar está agitado.

— O que vamos fazer? — Justin pergunta. — Não podemos parar aqui.

Mas Asher não sabe para onde ir.

Ele pensa em ir até o cemitério, mas fica muito perto de casa. Eles poderiam fazer um passeio até o Parque Nacional de Dry Tortugas, mas não estão vestidos para passar um dia inteiro fora e ele tem medo de ser reconhecido por um dos trabalhadores locais que operam os barcos.

O que ele mais deseja nesse momento é estar em um bosque. Algum lugar que o lembre do Tennessee. Asher se lembra da praia particular onde estiveram com Evona, mas não pode correr o risco de passar pela cerca e ser abordado por algum segurança. O mais próximo que eles podem chegar de um bosque nessa ilha é na Zachary Taylor Beach, onde há um pequeno bosque de pinheiros perto da praia. As tartarugas fazem ninhos na praia e são protegidas dos caçadores por cordas. Os guardas que ficam na cabine que dá acesso à praia veem tanta gente que não devem reparar nos rostos. Ele precisa ir para o bosque, e se convence de que estarão em segurança. Ele precisa das árvores. Por isso ele segue com a Vespa nessa direção. Justin agarra sua cintura enquanto ele acelera novamente.

SOMENTE UM PUNHADO DE PESSOAS SE ENCONTRA NA PRAIA A ESSA HORA DA manhã. Asher senta-se a uma mesa de piquenique que dá para a confluência do Atlântico e do Golfo do México tentando pensar no que fazer em seguida. Respira profundamente, sentindo o aroma de pinho, verdadeiro bálsamo. Ele se sente como um sonâmbulo, preso sob um véu que o impede de funcionar adequadamente. Justin caminha pela praia, juntando conchas e pedras para sua coleção.

Asher não consegue parar de pensar; pensa, pensa, pensa e não consegue encontrar uma solução, sua mente parece girar em círculos. Não há saída para essa situação. Ele será preso e sabe disso. Justin será enviado de volta para Lydia. Ela o encherá de remédios e apagará toda a sua bondade e ele será como todo mundo neste mundo cínico e chato, deixando escapar a maravilha de tudo.

Asher não suporta esses pensamentos, mas não há como evitá-los.

Mas talvez Justin esteja mais forte agora.

Talvez esta viagem tenha lhe ensinado alguma coisa sobre como enfrentar os desafios, como arriscar.

Depois de algum tempo, Justin volta e senta ao lado de Asher, esgotado pelo sofrimento. Asher coloca o braço em torno do ombro de seu filho e o garoto se encosta no pai. Pequeno, real, vivo, aqui, agora.

Aprecie este momento, Asher pensa, e é o que ele faz, faz, faz. Grava esse momento na memória como se fosse o último. O ombro de Justin sob sua mão, a maneira como os fios de cabelo se mexem com a brisa que sopra da mistura do Golfo com o Atlântico, leves como as pétalas do dente-de-leão. Asher inspira profundamente para sentir o aroma que emana de Justin. O aroma dos pinheiros, do ar salgado, das algas e da areia. Mas acima de tudo está Justin, com aquele seu cheiro, o mesmo desde que ele era bebê. Doce, morno, almiscarado. O cheiro das margens dos rios do Tennessee e longas noites de verão deitado em um campo, o cheiro de casa.

Há uma luz nesse menino que jamais se apagará, não importa o que ele tenha de enfrentar ao longo do caminho. Isso é tudo o que um pai pode esperar para seu filho, que esse fogo queime dentro dele para que ele siga em frente, para que seja forte.

Justin e Asher ficam ali por várias horas. O sol brilha forte e atrai os turistas. Toalhas de praia são estendidas na areia, balançam com a brisa do oceano. Corpos dourados se cobrem de óleo, crianças riem, gaivotas se juntam perto dos tolos que as alimentam com *Cheetos*.

Asher aluga duas cadeiras e um guarda-sol, e eles podem cochilar, esgotados pela dor e pelo medo. Ao acordar, Asher compra sanduíches cubanos e chips de banana no Café da praia. Asher devora a comida, limpando o molho do prato com a banana, mas Justin fica apenas olhando para o sanduíche.

— Coma, Justin. Ou vai morrer de fome mais tarde.

— Não consigo — diz o garoto. Ele não olha para Asher; seus olhos estão escondidos pelos grandes óculos de sol que Asher comprou no Café para cobrir seu rosto e evitar que alguém o reconheça. — Não consigo comer enquanto ela está lá *deitada, morta*.

— Precisamos continuar vivendo, amigão.

— Ela era tão boa pra mim — Justin diz com a voz fraca. — E para o Shady. Ela sempre fazia um pouco mais de bacon só para ele.

— Eu sei. Tivemos sorte em conhecê-la.

— Devíamos ficar lá com Evona — ele diz, virando-se para seu pai. Asher vê sua imagem refletida nas lentes dos óculos de sol. — Não está certo.

— Só vamos ficar mais um pouco.

Justin passa uma rodela de banana no molho e mastiga, sem muita vontade.

— Não consigo — ele diz, e cospe. — Acho que vou passar mal.

Depois de algum tempo, Justin pega no sono, deitado de lado com as mãos sob o rosto, a boca aberta com um cansaço pesaroso.

Asher observa seu filho. Que fracasso como pai ele se tornou. Reduziu seu filho a uma criança que precisa ficar o dia inteiro escondida em uma praia, dormindo em uma cadeira de plástico, fugindo. Ele o transformou em alguém que não pode sequer chorar a perda de uma pessoa querida porque precisa se esconder.

É um covarde por ter deixado Evona. Ele não deveria ter feito isso, mesmo que ela insistisse. Foi um covarde a vida inteira, sempre com medo de fazer a coisa certa. Asher jamais se perdoará por tê-la deixado, da mesma maneira que jamais conseguirá se perdoar por ter derrubado Zelda, como não pode superar o fato de não ter tido coragem de casar Jimmy e Stephen, como jamais conseguirá fazer voltar o dia em que deu as costas a Luke por ser quem era. Algumas coisas simplesmente não voltam, por mais que desejemos.

23

O BARULHO DO TROVÃO O ACORDA E QUANDO ELE ABRE OS OLHOS VÊ que Justin está enrolado na toalha de praia, dormindo tranquilamente. Ao longo da areia, as pessoas estão recolhendo suas toalhas, cadeiras e caixas térmicas que o vento forte ameaça jogar longe e chega a arrastar até o mar. O garoto que alugou as cadeiras e o guarda-sol para eles está tentando recolher o que está na praia antes que o vento leve tudo.

Nuvens negras pairam sobre o oceano, rosnando para a terra. Relâmpagos caem por toda a parte.

— Depressa! — grita uma mulher para seu filho, que ainda está na água. Ela está segurando o chapéu branco na cabeça com a mão para que o vento não leve e Asher pensa: *Deixe que leve*.

O guarda-sol plantado na areia entre Asher e Justin balança fortemente. Uma toalha com as cores do arco-íris atinge o rosto de Justin e continua seu voo; foi apenas um segundo, mas o garoto acorda assustado, como se estivesse prestes a se afogar em águas profundas.

— O que foi? — ele grita, quando a toalha se afasta de seu rosto, antes de continuar a flutuar como um tapete mágico.

O rapaz que aluga cadeiras corre na direção deles.

— Desculpem, mas preciso recolher tudo — ele grita para ser ouvido. Sua camiseta polo branca flutua como se estivesse pendurada em um varal.
— É melhor vocês saírem da praia.

Os relâmpagos continuam a ziguezaguear e atingem as ondas, apressando os retardatários. Algumas mulheres e crianças soltam gritinhos ao passarem correndo.

Asher leva sua cadeira para ajudar o rapaz, que fica na praia segurando a cadeira de Justin enquanto o guarda-sol é levado pelo vento, bate na areia e acaba na água.

— Justin! — Asher grita em meio aos trovões. As nuvens encobrem o sol e o dia escurece, iluminado apenas pelos raios que não param de cair. — Venha já!

O céu se abre quando eles alcançam a Vespa e a chuva cai em grandes blocos gelados. Asher só sentiu uma chuva como essa no dia da enchente. Antes de saberem a altura que a água atingiria, ele havia ficado na varanda observando enquanto raios como esses dividiam o céu em duas metades púrpuras. Asher liga o motor e acelera a Vespa; eles disparam como um zíper sendo aberto no meio do estacionamento. Asher dirige com o corpo encurvado para poder enxergar, enquanto as gotas da chuva castigam seu rosto. Justin se encolhe atrás dele.

Ele está mais molhado e sente mais frio (a chuva não parece vir desta terra, mas de outro lugar, um lugar frio, mais alto) do que jamais sentiu, nem mesmo durante a enchente. Ele não consegue para de pensar em Bell, que logo estará deitada debaixo do solo molhado por tempestades como esta; a água molhará a terra e penetrará no solo até chegar ao caixão e adentrar sua boca e seus olhos com água, areia e pedras. Ele lembra que alguns dias antes ela estava tocando o piano e produzindo uma música linda. Justin abraça as costas de seu pai e Asher tem a impressão de que seu filho pode estar chorando. Ele gostaria de poder chorar também. Ele precisa chorar, mas as lágrimas secaram, apesar de este ser o momento perfeito pois ninguém poderia diferenciar as lágrimas da água da chuva em seu rosto.

Asher está tentando voltar para o chalé, mas a chuva está caindo com muita força, como agulhas em seus olhos. Os relâmpagos caem como luzes prateadas por toda a parte. Tudo o que ele consegue enxergar é a grande igreja na Duval, por isso vai até lá e corre até a porta, puxando Justin com ele.

24

ASSIM QUE AS PORTAS SE FECHAM ATRÁS DELES, O MUNDO SE ACALMA. Muitas pessoas procuraram abrigo na igreja, mas estão todas sentadas em silêncio nos bancos, algumas com a cabeça baixa. Luzes amarelas pontilham o santuário nessa tarde cinzenta, mas de vez em quando os grandes vitrais são iluminados pelos raios, exibindo cores vibrantes: vermelhos, azuis e verdes tão intensos quanto as cores de doces coloridos.

Em um dos vitrais Asher vê o Sermão da Montanha. Cristo está em pé, mais alto e mais ereto do que todos, vestido de vermelho, enquanto os demais olham para ele. Sua passagem preferida da Bíblia, a passagem que continuava verdadeira para ele, independentemente das oscilações da sua fé.

Junto à porta da entrada, há uma grande concha branca com água benta. Como nunca lhe ensinaram a usar água benta ou fazer o sinal da cruz, ele acha melhor não fazer nada disso; certa vez, Bell lhe disse que o que mais gostava na Igreja Episcopal de Key West era o fato de que todos eram bem-vindos e ninguém era obrigado a fazer nada.

Eles estão encharcados e Asher não gosta da ideia de molhar o banco, por isso eles ficam em pé na entrada. Além disso, Asher se sente constrangido por estar na igreja usando bermuda de praia, camiseta molhada e chinelos. Nunca se sentiu tão ridículo ou deslocado. Asher passa a mão pelo cabelo de Justin e usa a ponta da camiseta para secar um pouco os olhos do garoto. Uma poça de água começa a se formar ao redor dos pés de Justin e ele está tremendo.

Um padre aparece trazendo toalhas. Asher deduz que ele seja um padre por causa da túnica branca e da faixa verde em torno de seu pescoço. Ele oferece as toalhas estendendo as mãos como se fosse um personagem de um filme apresentando um tesouro.

— Muito obrigado — Asher murmura, e repara que o padre continua a olhar para ele. O homem reconhece Asher, ele tem certeza disso.

O homem faz um aceno com a cabeça, sorri para Justin e volta a encarar Asher.

— A Eucaristia Sagrada será dada às cinco e meia — ele diz. Asher imagina que o homem tenha perto de setenta anos, mas exibe grande jovialidade. Não tem uma ruga sequer e há algo de infantil em seus olhos. — Serão muito bem-vindos entre nós.

Asher tenta ajudar Justin a se secar mas o garoto empurra sua mão.

— Posso fazer isso sozinho. Não sou um bebê.

Eles sentam no banco, sobre as toalhas. Algumas pessoas se aproximam do altar. Uma mulher se ajoelha diante do altar antes de se sentar no banco. O homem que a acompanha faz o sinal da cruz antes de se sentar ao seu lado. Testa, coração, ombro esquerdo, ombro direito. Asher observa e sente uma espécie de inveja no peito. Inveja porque essas pessoas parecem tão seguras em sua adoração. Ele não tem certeza se algum dia esteve realmente tão seguro.

Lá fora, a tempestade está perdendo a força. Uma claridade fraca entra pelos vitrais e Asher já não ouve o barulho da chuva batendo no teto.

Outro homem aparece e senta diante do órgão. Ele toca *Wondrous Love*, uma das canções preferidas de Asher. Às vezes, depois do jantar de domingo, Zelda colocava essa música para tocar em seu velho toca-discos. Asher consegue sentir as vibrações do órgão no banco de madeira apesar de estarem bem atrás. Essa sensação é tão forte que ele tem a impressão de que a música se tornou Deus e Deus se espalha por todos os cantos da igreja, até mesmo pelo chão. Quando o coro se levanta para cantar — Asher não havia reparado nele até esse momento —, ele sente que talvez não aguente ouvir até o final sem desabar. Essa música faz com que Asher pense em Zelda, e é como se ela tivesse entrado na igreja e estivesse olhando para ele, lembrando-o do que havia feito para levar Justin embora.

Asher percebe que todos ficaram em pé e estão cantando. Quando as pessoas erguem as vozes ao mesmo tempo, quando se unem para orar, Deus faz uma pausa. É nisso que Asher acredita.

"Que amor maravilhoso é esse, ó minha alma, ó minha alma", eles cantam.

Asher pensa no quanto Bell acreditava, mesmo quando tanta gente lhe dizia que não adiantava nada, que nenhum Deus acreditava nela.

Três sacerdotes ou diáconos — Asher não sabe dizer quem é quem — preparam a mesa da comunhão com uma toalha vermelha e muitos objetos dourados. Eles certamente não tinham nada dourado na Cumberland Valley Church of Life. Asher não tem certeza de como se sente em relação a isso, mas gosta da cerimônia, apesar da dificuldade de enxergar tudo do fundo. Ele acha que um dos homens é muito parecido com o diácono que costumava levar a comunhão para Bell nas tardes de domingo, mas não tem certeza por causa da distância.

Todas as pessoas no interior da igreja estão quietas e silenciosas; paira uma expectativa no ar.

Asher só consegue pensar em Bell; ele se lembra de uma manhã em que tinha varrido sua varanda, tirando a areia e a sujeira das tábuas do piso, juntando tudo em um canto e depois recolhendo tudo com a pá; depois havia regado a ambrosia que ficava no canto da escada.

Os sons da manhã em Key West pareciam orações. Especialmente nessa manhã. Pássaros estranhos nas palmeiras, cantando alto. A água colorida batendo nas laterais da piscina. Asher adorava tudo isso, até mesmo o som das bicicletas passando na rua, e a coroa de um galo sobressaindo em meio às lápides do cemitério, ou o ronco de um avião (um chip de prata no céu, refletindo a luz do sol) chegando, trazendo novas pessoas, ou partindo, levando aquelas cujo tempo na ilha tinha se acabado.

Naquela manhã, Bell estava tocando "All Creatures of our God and King".

Ela tinha deixado a porta da frente aberta para que o ar da manhã pudesse entrar, por isso Asher conseguiu vê-la ao piano, os ombros arqueados sobre as teclas, a cabeça para trás, os olhos fechados. Geralmente, ela só tocava, mas naquela manhã Bell cantou: uma voz forte e sólida como as notas retumbantes de um órgão. Asher acompanhou mexendo apenas os lábios:

Tu, amanhecer, regozija-te em louvor
Vós, luzes da noite, encontrai uma voz.
Ó glorifiquem-No! Ó glorifiquem-No!
Aleluia, aleluia

Asher pensou que *aleluia* era a palavra mais bonita que ele já tinha ouvido. Bell mexeu a cabeça para a frente e para trás, sentindo a Aleluia, saboreando-a. Naquela manhã ele sentiu Aleluia no ar.

Mais do que tudo nesse momento, Asher quer ir para a frente para receber a comunhão. Já faz tanto tempo.

As pessoas do banco da frente já entraram na fila.

Asher sabe que é tolice, tentar o padre desse jeito, exibir-se para todas aquelas pessoas, muitas das quais provavelmente locais. Mas ele está decidido e faz um sinal para que Justin o acompanhe. Eles ficam na fila e observam o que as outras pessoas estão fazendo, pois essa não é a maneira como sua igreja segue o ritual da comunhão.

Eles se ajoelham e estendem a mão como as outras pessoas, mantendo a cabeça baixa. Asher percebe que ninguém está olhando para eles; todos estão concentrados naquela rotina sagrada. Então a hóstia se dissolve em sua língua.

(*O corpo de Cristo*, diz o padre)

E os lábios de Asher tocam a taça dourada que lhe é estendida

(*O cálice da salvação*, sussurra uma voz, que tem algo de muito familiar)

E ele toma a comunhão com seu filho, a milhares de quilômetros de casa, fugindo, escondendo-se. Ele sente como se estivesse respirando profundamente pela primeira vez em muito tempo.

Depois de engolir a hóstia e o vinho, Asher ergue os olhos antes de dar lugar para outro grupo de pessoas que se ajoelharão nos mesmos lugares para comungar. Diante dele, com a taça nas mãos trêmulas, está seu irmão.

Luke.

ASHER SE AFASTA E PROCURA ABRIGO EM UMA SALETA NA LATERAL DA igreja. Ele não consegue acreditar que está mesmo vendo Luke entregar o cálice para outro padre para poder vir a seu encontro. Tem a impressão de que não consegue respirar direito. Bem ali, todo esse tempo. Bem debaixo do seu nariz, apenas esperando que ele encontrasse a igreja, o primeiro lugar para onde deveria ter ido. Mas Luke, um padre? Ele jamais teria pensado nisso. Jamais. Só quando Justin sussurra "O que foi?" é que ele percebe que está com as duas mãos sobre a boca.

Então lá vem Luke, com seu hábito branco, praticamente correndo em sua direção. Assim que o alcança, Luke envolve Asher com seus braços. Não há palavras que possam substituir esse abraço, e apesar de Asher sempre ter pensado que começaria a chorar quando visse seu irmão, ele não chora. Na verdade começa a rir, como se não acreditasse no que está acontecendo.

Luke — ele diz, rindo. — Luke. Luke.

25

AO VOLTAREM, A NOITE HAVIA CAÍDO SOBRE OS CHALÉS.

Nenhuma luz piscando, nenhum policial, nada. Eles param na esquina da Rua Elizabeth com a Olivia. Eles empurram a Vespa até a cerca do *Canção para uma Gaivota* sem fazer barulho. Não se ouve outro som além da conversa dos grilos — os sons noturnos nessa região são muito menos intensos que no Tennessee.

Eles entram no pátio. Todas as luzes do chalé de Bell estão acesas, assim como a parte do chalé que pertence a Evona. Shady vem ao encontro deles e coloca as patas no peito de Justin.

— Meu Deus, onde é que vocês estavam? — Evona sai da varanda e atira os braços em torno do pescoço de Asher.

— Fomos para a praia, depois até a igreja. Eu devia ter voltado antes — diz Asher. — Mas não sabia o que fazer.

— Tudo bem. Foi bom terem saído. Eles ficaram aqui por algumas horas. Dois policiais e o médico legista.

Evona faz sinal a Justin para que sente com ela no sofá. Shady também pula para o sofá e coloca a cabeça no colo de Justin. Ela segura a mão de Justin e Asher mal consegue olhar para o rosto de Evona, marcado pelo choro. Ele estende o braço para fazer um afago na cabeça de Shady e o cachorro lambe seus dedos, como se dissesse: *Senti sua falta, eu te amo, estou muito feliz por você ter voltado.*

— O que aconteceu? — Asher pergunta.

— Bell sofria do coração. Fazia alguns anos que ela sabia que talvez não tivesse muito tempo de vida. Nunca pensei que ela partiria tão cedo. Eles tinham dito que se ela comesse direito e tomasse os remédios ficaria bem — Evona diz, enxugando as lágrimas.

— Você precisa que eu veja como estão os hóspedes?

— Um grupo foi embora. Acho que ficaram assustados. Um casal saiu para passear de barco. Acho que foram passar o dia em Dry Tortugas.

— Logo deverão estar de volta. Os barcos aportam à noite.

— Ela era tudo o que eu tinha — Evona fala de repente, como se não tivesse a intenção de falar em voz alta.

Asher olha para Justin, dando a entender que ele deveria dar uma volta; o garoto deixa o sofá e vai com Shady até a beira da piscina.

— Eu estou aqui — diz Asher, sentando-se ao lado dela. Ele a abraça e eles ficam em silêncio por algum tempo.

Asher começa a pensar onde estará o corpo de Bell nesse momento. Torce para que ela não esteja em algum necrotério bem iluminado com as luzes brancas piscando acima dela. E quanto a Luke? Estará sentado em um quarto pequeno — ele nem sabe onde seu irmão mora, apesar da rápida conversa que puderam ter no pátio da igreja — pensando em todos os anos que perdeu com Asher e Justin? Estará pensando que não sabe nada a respeito do sobrinho?

Ele consegue ver Justin claramente com a luz da piscina, sentado na borda, com os pés na água e Shady ao seu lado. De vez em quando, Shady dá umas lambidas em sua orelha.

Asher ouve o barulho das pequenas ondas batendo nas bordas da piscina. Olha para a casa de Bell, com todas as luzes acesas. Sabe que Evona não aguentaria olhar para a casa com as janelas no escuro.

— Ela simpatizou com você imediatamente — Evona diz depois de algum tempo. — Bell amava as pessoas completamente ou simplesmente não gostava de maneira alguma. Como você, foi imediato. Isso vale alguma coisa. Receber a aprovação imediata de uma pessoa como ela.

Acho que sim, ele pensa.

26

O CÉU ESTÁ ROSADO COMO A POLPA DE UM GRAPEFRUIT QUANDO ELES sentam na praia, olhando para o Atlântico. Os finais de tarde em Key West são muito tranquilos em Smathers, onde os sem-teto se reúnem nas mesas de piquenique para comer, beber e contar histórias.

Asher e Luke estão sentados na areia fresca, depois das mesas. Asher tirou os chinelos e enfiou os calcanhares na areia, mas os dedos de Luke estão firmemente plantados em suas sandálias de couro. Ele costumava usar sandálias desse tipo em Cumberland Valley, muito antes de qualquer homem pensar em usar um calçado aberto. Atrás deles, os sem-teto estão calmos, jogando cartas ou comendo salsichas de umas latinhas azuis. Não há nada além da brisa nas palmeiras e o grito solitário de uma gaivota que passa pela borda da água, olhando para o mar.

Asher não consegue parar de olhar para seu irmão. Ele o traiu, deixou-o sozinho no mundo durante todos esses anos, mas aqui está ele. Aqui, vivo, lindo, o irmão mais velho que sempre cuidou dele até o dia em que Asher lhe deu as costas. E dez anos mais velho. Algumas linhas em seu rosto, um sulco na testa. Seu cabelo está mais fino e mais claro, mas seus olhos azuis continuam os mesmos.

Ele sente vontade de tocar o rosto de seu irmão, estender o braço e segurar sua mão. Asher perdeu muitos anos. Jogou fora toda uma década em que poderia ter convivido com Luke, que sempre o amou por quem ele era. Mas Asher não tinha conseguido fazer o mesmo em relação a ele.

Há alguns anos Asher começou a treinar como se desculparia com Luke, caso algum dia o encontrasse novamente, mas até agora seus lábios não encontraram as palavras certas. Tudo lhe parece um clichê, ou frases vazias.

— Eu gostaria de poder voltar no tempo, apagar o que eu disse.

A cor do horizonte adquiriu o tom vermelho de um gerânio. Luke fica olhando para as ondas tingidas por esse tom carmim e Asher começa a achar que ele não vai responder. Mas Luke responde.

— Mas você não pode — ele diz, e Asher tem dificuldade para respirar ao sentir a raiva que permeia as palavras de Luke. — Não pode apagar o que me disse. Não pode apagar o fato de ter me deixado desaparecer.

— Eu não sabia como encontrar você. Eu nem sabia por onde começar...

Luke olha para Asher e seu olhar é duro.

— Vamos lá, Asher. Pare de mentir para si mesmo. Você sabe muito bem que sequer tentou.

— No início, não.

— Não tentou durante *meses* — Luke diz. — Quando decidi ir embora, só fui até Nashville. Você não falou com meus amigos. Não me procurou. Por isso, depois de quase um ano vivendo a menos de uma hora de carro e vendo que você não se preocupava, resolvi deixar o Tennessee. Eu sempre quis fazer isso, você era a única coisa que me prendia em casa.

— Eu não sabia o que dizer — Asher fala, sentindo a súplica em sua voz. — Você estava tão furioso quando foi embora.

— Você só tinha que pedir desculpas.

— Você era teimoso demais para isso. Se eu tivesse te encontrado, você não teria me ouvido. Não depois do que eu disse. E não posso te culpar por isso.

— Mas você não podia deixar de tentar, Asher. Você deveria ter feito tudo o que pudesse para corrigir a situação.

— Eu sei. Demorei anos, mas é isso que estou tentando fazer. Abri mão de tudo para ficar do seu lado. Minha igreja. Meu casamento. Até mesmo...

— Por favor — Luke balança a cabeça —, não venha falar de tudo o que sacrificou por minha causa. O bom cristão deixando sua vida para trás por causa do irmão bicha.

— Não foi isso o que eu quis dizer.

— Você casou rapidinho só para agradar nossa mãe. Conseguiu se convencer de que você e Lydia faziam o casal perfeito, mas ela sempre quis algo que você não queria. Nunca gostei de Lydia, mas sabia que não era justo da sua parte se casar com ela.

— Não era justo?

— Cara, a única coisa que vocês tinham em comum era a igreja. Você não devia ter se casado com ela.

— Mas se eu não tivesse casado com ela, não teria Justin. Por isso não posso me arrepender.

Eles ficam em silêncio, ouvindo a água quebrar na areia e o som da conversa baixa dos homens atrás deles. Um homem usando uma bermuda de calça jeans cortada tropeça ao passar por eles e joga areia no pé de Asher. Ele está cantarolando baixinho — *Blackbird*, Asher percebe — com o olhar fixo na água.

Os outros riem quando o cantor se junta a eles e inicia uma dança bêbada para entretê-los. Ele e Luke haviam trazido comida enlatada para os sem-teto reunidos sob os abrigos. Luke havia colocado a caixa em uma das mesas e depois se afastara; ele não queria causar nenhum constrangimento ou deixar que pensassem que estava tentando convertê-los.

— Se dependesse de você, eu teria acabado como esses homens — Luke diz, finalmente. — Saí com quase nada. Tinha duzentos dólares no bolso. Uma mochila com livros e roupas.

— Fiquei preocupado, pensava em você todos os dias.

— Eu gostaria de esquecer tudo isso, Asher, mas não consigo. Todos esses anos lembrando como você se comportou naquele dia. Durante todo esse tempo você foi mudando e se acostumando a essa mudança, mas eu, quando te vi ontem, para mim você era a mesma pessoa que deixei dez anos atrás.

— Eu entendo — diz Asher, e ele realmente entende, apesar de não ter pensado em nada disso até aquele momento.

— O engraçado é que eu pensei que tivesse te perdoado há muito tempo — Luke diz, o rosto banhado pelos tons alaranjados do crepúsculo. — Passei todo esse tempo me felicitando por ser um grande sujeito, capaz de perdoar você por ter me dado as costas. Agora que nos encontramos, estou tentado a dizer que te perdoei há muito tempo. Mas a verdade é que não. Gostaria de ter perdoado, mas não perdoei.

Asher se lembra dos rostos da congregação no dia em que Jimmy e Stephen foram até a igreja. Ele era assim, tantos anos atrás.

— Ainda assim, acho que não deveria preocupar você intencionalmente. Foi um erro, e eu sabia que era. Eu deveria ter telefonado, devia ter dito a você que estava vivo em vez de ficar mandando cartões-postais só para fazer um jogo de adivinhação.

— Aqueles cartões-postais ajudaram na minha transformação.

Luke encontra um pedacinho de vidro verde na areia e fica brincando com ele entre os dedos, os olhos fixos no mar.

— O que é que você fez durante todo este tempo? — Asher tem mil perguntas, mas todas parecem genéricas.

— Fui vivendo. Trabalhando. — Luke dá de ombros. — Como todo mundo. Quando saí de casa — Asher repara que Luke ainda se refere ao Tennessee como sua casa — não tinha dinheiro para ir muito longe, por isso acabei ficando em Louisville. Pensei que as pessoas dali tivessem a mente mais aberta, apesar de ficar a apenas três horas de distância. E tinham. Consegui um emprego nas docas, limpando barcos, e comecei a pensar no que fazer da minha vida além de me divertir. Nada parecia ser suficiente para mim.

Luke dançando na cozinha. Luke lendo um livro perto do rio, falando de lugares distantes.

— Eu me lembro — diz Asher.

— E acabei indo para o seminário. Só queria sentir que havia algo maior do que eu. Só para provar para mim mesmo que a igreja em que havíamos sido criados não era o princípio e o fim de toda crença. Quando comecei a estudar, descobri quem eu realmente era.

— E quem era esse?

— Alguém que amava o mistério de tudo. Ao sair do seminário fui para uma igreja em Grand Haven, Michigan — no inverno era o lugar mais solitário que já vi — e depois surgiu uma vaga de pároco-assistente aqui em Key West...

— O lugar para onde você sempre quis ir.

Asher nunca tinha visto alguém do Tennessee dizer o nome desse lugar além de Luke.

— Um lugar quente depois dos invernos solitários. Eu não podia recusar. Parecia perfeito.

— Foi por isso que vim para cá quando fugimos. Porque você adorava este lugar. E por causa dos cartões-postais.

— Acho que eu queria te dar pistas, caso um dia você decidisse me procurar.

— Funcionou.

Enquanto o sol derrama por toda a linha do horizonte tons de rosa e laranja, o céu crepuscular tinge de púrpura a escuridão incipiente. Tanto a dizer, tão difícil colocar tudo em palavras.

— Tive uma boa vida — diz Luke. — Encontrei alguém que me amou.

— Eu gostaria de conhecê-lo.

Asher espera estar preparado para ver o irmão com um homem, ver Luke com o braço em torno de alguém, talvez até beijando essa pessoa.

— Encontrei a igreja onde me sinto em casa. O lugar onde me sinto em casa.

Asher sente vontade de dizer tanta coisa. Mas haverá tempo para isso. O que ele mais tem é tempo.

— Não houve um único dia em que eu não pensasse em você, em que não desejasse ter tido sensibilidade suficiente para lidar com as coisas de maneira diferente.

— Eu não fugi para te castigar. Fugi porque vocês — todos vocês — fizeram com que eu me sentisse envergonhado. Você sabe o que é andar neste mundo com todas as pessoas pensando que sabem tudo a seu respeito?

Asher quer dizer a ele que sabe o que é isso, mas sabe que um vídeo não é a mesma coisa.

— No Tennessee as pessoas não me *aceitavam*. Elas me *toleravam*. Até mesmo você. E eu não queria viver daquele jeito, como a aberração da cidade. Mas eu talvez jamais tivesse encontrado meu caminho se você não tivesse se virado contra mim, Asher. — Essas palavras machucam, *virado contra mim.* — Então eu acho que tudo acabou dando certo.

— Um padre.

— Aposto que você jamais imaginou uma coisa dessas — Luke diz, rindo.

— Não, nunca.

— Durante toda a vida me disseram que eu não era grande coisa — diz Luke, e demonstra uma força magnífica para Asher. — Vocês queriam que eu fosse alguém que não era.

— Se eu pudesse mudar tudo, mudaria.

— Só que, mesmo quando me colocavam muito pra baixo, havia um fogo queimando dentro de mim. Às vezes ele ficava fraquinho, mas continuava aceso. Eu sabia que era filho de Deus e que ninguém jamais apagaria esse fogo.

Asher pensa em pegar na mão de seu irmão, mas Luke se levanta e sacode a areia da roupa.

— Senti sua falta, Asher. Todos os dias. Mas não sei. — Luke fala sem olhar para ele. — Eu gostaria de poder simplesmente esquecer tudo, mas não consigo. Ainda não.

— Quero consertar as coisas, Luke.

— Não sei, Asher. Sei que eu deveria estar cheio de bondade e tudo mais. Prego essas coisas o tempo todo. Mas não sei se isso é possível depois de tantos anos. Não sei se você mudou tanto quanto acredita.

— Tudo o que posso fazer é tentar.

— Mas quando você pensa a respeito, pensa de verdade, você consegue aceitar? Você pode dizer com toda a honestidade que não acredita que pessoas como eu estão condenadas ao inferno?

— Não — Asher responde em voz alta, imediatamente. — Não acredito nisso. De maneira alguma.

Então Luke olha nos olhos de Asher.

— Você consegue olhar para mim e para Sam sem pensar que somos diferentes dos outros casais?

— Tudo o que posso fazer é tentar, Luke. Acho que isso vale alguma coisa, não?

— Sim — Luke diz, depois de alguns segundos. — Vale. Mas não sei, Asher. Não dá pra simplesmente girar um botão e dizer que está tudo bem entre nós.

E sem mais nem menos, Luke se vira e vai embora. Ele acena com a mão para os sem-teto que gritam para ele "Pregador!".

Asher fica sentado na praia, sem se mexer, até a ilha se render à noite.

27

QUERIDA EVONA,

    Espero que você não sofra muito quando eu me for. Você já sofreu muito na vida. No que me diz respeito, você é a única família que tenho. Meu pessoal lá do Alabama pode achar que tem algum direito sobre mim agora que estou morta, mas Martha Campbell já cuidou de tudo. Eu deixei tudo pra você.

    Quero ser cremada. Já paguei por isso. Espalhe a maior parte das minhas cinzas aqui, no *Canção para uma Gaivota*, onde fui tão livre e feliz quanto uma pessoa pode ser nesta vida. Gostaria que meu pastor dissesse algumas palavras. Toque uma música da Joni. Pode escolher a que você quiser. Minha passagem favorita da Bíblia é Gálatas 6:9, e seria lindo se fosse lida.

    Mas eu gostaria muito que você espalhasse um pouco de mim em Notasulga também. Eles nunca me quiseram por lá quando eu era viva, mas sempre senti saudade daquele lugar, ainda que não das pessoas. Há um pequeno bosque de catalpas perto da torre de água das ruas Tallapoosa e Lyon, onde eu era feliz quando menina, e gostaria de voltar pra lá. Não acredito que tenha havido muitas mudanças em Notasulga, de forma que aquelas velhas árvores ainda devem estar em pé. Se não estiverem, jamais saberei. A questão é que nunca esqueci aquelas catalpas e o frescor de sua sombra nos dias mais quentes.

    Obrigada por tudo.
    Olivia Bell Williams

28

ELES TOCAM SONG TO A SEAGULL* DURANTE O VELÓRIO. AS MANGAS DAS camisas se mexem ao sabor da brisa do golfo que se desloca pela ilha em ondas. As folhas das palmeiras balançam. Listras vermelhas e lilases cortam o céu enquanto cai o crepúsculo.

Há uma dezena de pessoas ali reunidas: Asher, Justin (Shady está sentado ao seu lado, olhando para a casa como se esperasse a saída de Bell a qualquer momento), Evona, o pastor e sua esposa, além de algumas pessoas que Bell conhecia desde que chegara à ilha. Muitas não a viam há anos, desde que ela parou de ir à mercearia e à igreja. Nos últimos anos Bell tornara-se cada vez mais reclusa, principalmente por estar doente, mas também porque estava cansada do mundo. Não via mais noticiários de nenhum tipo na TV. *O mundo é exagerado,* ela havia dito a Asher no dia em que explicou porque nunca saía de casa, porque não via mais o noticiário da noite.

O pastor parece diferente sob a luz do dia, muito mais jovem. Ele se move com uma gentileza elegante e certa tranquilidade. Ele usa uma batina preta com uma túnica branca, e uma estola branca cujas pontas balançam com a brisa, como se fossem levantar voo. Ele segura o Livro de Oração Comum, que parece flutuar em sua mão.

Ao final da música, o pastor limpa a garganta e lê a passagem favorita de Bell.

Depois de um breve momento de silêncio, o pastor volta a falar.

— Todo aquele que o Pai me der virá a mim, e eu jamais rejeitarei aquele que acredita em mim.

---

* Song To A Seagull em português significa *Canção para uma gaivota.*

O pastor acena com a cabeça e Evona enfia a mão na urna, pegando as cinzas que parecem areia pesada. Asher oficiara muitos velórios, mas nenhum membro da sua igreja jamais havia sido cremado.

Bell tinha um perfume de jasmim-manga, preparou grandes refeições e tocou piano, mas agora se transformara em cinzas.

— Na certeza e na esperança da Ressurreição na vida eterna, através de Nosso Senhor Jesus Cristo, recomendamos ao Deus Todo-Poderoso nossa irmã Olivia Bell Williams — lê o pastor com voz firme — e confiamos seu corpo aos elementos; da terra à terra, das cinzas às cinzas, do pó ao pó.

Evona abre a mão e deixa cair as cinzas, que formam uma nuvem ao redor da árvore do jasmim-manga.

— Que o Senhor a abençoe e guarde, que o Senhor faça Seu rosto brilhar sobre ela e que seja benevolente com ela, que o Senhor erga seu semblante sobre ela e Lhe dê a paz.

Evona sacode o restante das cinzas da urna em torno da árvore; as cinzas que serão levadas para o Alabama já foram guardadas em uma pequena caixa de madeira.

— Juntem-se a mim na oração do Senhor — diz o pastor, e todos obedecem, unindo suas vozes. Apesar de estar com a cabeça curvada, Asher abre os olhos para poder olhar para Justin. Seu filho está olhando para o céu, em vez de participar da oração, apesar de conhecê-la tão bem quanto Asher.

— Conceda descanso eterno a ela, Senhor, e deixe que a luz perpétua brilhe sobre ela. Que sua alma e a alma de todos os que partiram, pela misericórdia divina, descanse em paz. Amém.

— Amém — dizem todos em uníssono, e dessa vez Asher ouve a vozinha de Justin em meio às outras.

Asher e Evona haviam preparado uma mesa de almoço junto à piscina. Tinham circulado pela cozinha de Bell como peças da mesma máquina, enquanto Justin ficara sentado ao piano, imaginando como tocar uma música de Tom Petty. Ele está descobrindo por sua própria conta e tenta tocar todas as vezes que entra na casa de Bell.

Asher se arriscou ao participar da cerimônia funerária, mas agora faz um sinal para Justin e eles voltam para casa. É muito perigoso conversar com as pessoas nesse momento; qualquer um poderia reconhecê-los depois dos folhetos e de sua exposição na mídia. Asher busca abrigo nas sombras da varanda e fica observando as pessoas que estão comendo e conversando no pátio, com Evona fazendo as honras e dando atenção a todos. Atrás dele, Shady está choramingando. Quando se vira para Justin, Asher vê que o garoto está sentado na cadeira de balanço, apertando a garganta, sem conseguir respirar.

Asher corre até ele e percebe que Justin está coberto de suor, a camiseta encharcada. A única coisa que ele consegue fazer é repetir o nome de seu filho, mas isso não ajuda em nada. Justin está tentando falar e Asher por fim entende que ele está querendo dizer que não consegue respirar. Shady começa a latir, depois volta a choramingar, como se estivesse pedindo a Asher para fazer alguma coisa. Asher abraça Justin e sente o coração do garoto batendo contra seu peito.

Evona surge a seu lado e segura a mão de Justin.

— Acho que ele está tendo um ataque de ansiedade — ela diz. — Respire lentamente, Justin. Bem devagar. Não pense em mais nada além da sua respiração, tudo bem?

— Aguente firme, rapaz — diz Asher. E quanto mais Asher aperta o garoto em seu abraço, mais calmo ele fica.

Depois de algum tempo, Justin fica completamente imóvel. Então ele se inclina para a frente, com as mãos entrelaçadas.

— Preciso falar com a vovó — ele diz, com a voz calma e calculada. — Preciso ver a vovó. E a mamãe. Preciso ver as duas.

— Eu gostaria que isso fosse possível, amigão. Mas neste momento não é.

Justin não discute. Ele vai para o quarto, com Shady em seus calcanhares; quando Asher decide ir atrás dele, descobre que Justin trancou a porta do quarto.

29

O TUDO

QUANDO O SOL CONSEGUE ATRAVESSAR AS NUVENS NESSA MANHÃ, Justin já está acordado e fora da casa, com Shady encostado em sua perna. Ele estica o braço e coloca a mão na cabeça do cachorro. Nenhum dos dois conseguiu dormir. Shady está tão chateado quanto Justin. Os cães sabem das coisas. Eles sabem e sabem e sabem.

Todas as vezes que fechava os olhos para tentar dormir, Justin só conseguia ver a imagem de Bell (andando pelo pátio em seu *muumuu*, na cadeira de balanço, ao piano, cozinhando no fogão, em seu escritório bagunçado, rindo, sentada com os pés na piscina, tomando a comunhão quando eles a traziam da igreja nas tardes de domingo). Ao perceber que nunca mais veria Bell de novo, começou a sentir saudade de sua avó e de sua mãe de uma forma tão dolorosa como nunca havia sentido antes. Especialmente de sua avó. Se pudesse conversar com ela, ele se sentiria melhor.

Seu pai tinha vindo até a porta algumas vezes; mexeu na fechadura, bateu na madeira.

— Justin? Responda, estou preocupado.

Na última vez, Justin foi até a porta e abriu o suficiente para dizer que estava bem.

— Você não consegue dormir?

— Eu estava dormindo, até você bater — ele mentiu.

Depois disso, Shady não parou de cutucá-lo com o focinho frio e úmido, como quando queria sair.

Por isso eles foram lá para fora no meio da noite. Ficaram sentados na varanda enquanto nada se mexia na ilha a não ser o Tudo.

Ao amanhecer, a luz era tão alaranjada e grande que Justin esperou que viesse acompanhada de algum som. Ele calculou que as ondas deviam ter mudado e brilhado só para lhe dar as boas-vindas. Então o brilho aumentou até alcançar o brilho total do dia, como se um pequeno botão estivesse sendo girado com cuidado até chegar na posição "ligado".

Então, os sons de Key West:

Pássaros, principalmente.

E aqueles galos malucos. Cantando e ciscando na sujeira, perambulando por toda a parte, empoleirando-se nas lápides do cemitério, bicando as varandas, aninhando-se nas cercas, desfilando pelas ruas como se fossem os donos do lugar. Talvez fossem.

Justin tem a sensação de que o mundo inteiro existe sob uma concha e que o céu é o rosado de suas entranhas. Ele sabe que seu pai acordará logo. Por isso tem que se mexer.

Ele gostaria de ter Evona e Bell, e seu pai, e tio Luke, e a vovó e sua mãe, todos aqui, juntos. E eles se entenderiam e tudo ficaria bem. A luz deste lugar torna as pessoas melhores e a água deixa as pessoas felizes, e todos os pássaros cantando, e todas as flores brotando, e as árvores verdejando, e o céu roseando ao amanhecer e purpureando ao entardecer — tudo nos lembra a cada minuto que estamos vivos e respirando.

É manhã de domingo, por isso tio Luke deve estar na igreja. Não é longe, só alguns quarteirões dali. Todas as casinhas no caminho de Justin estão fechadas. Em uma varanda, há várias garrafas de cerveja enfileiradas no balaústre. No meio da rua, um único chinelo cor de laranja. Um galo está passeando pela calçada do outro lado da rua como se também estivesse a caminho da igreja. Shady quer sair correndo e puxa a coleira, fazendo Justin perder o equilíbrio. Shady late para o galo, que dá um salto no ar antes de bater as asas e sair correndo pra cima de Shady, que recua.

Há alguma coisa na quietude da manhã que faz Justin lembrar o dia que antecedeu a enchente, o dia em que choveu demais. Ele e Roscoe acordaram cedo e foram até a beira da água. Roscoe pulou no Cumberland, mantendo a cabeça acima do nível da água enquanto nadava em círculos, exibindo-se. Depois ele saiu e se sacudiu, com tanta força que não parava de se mexer. Não havia nada além do barulho do rio, do canto de um ou outro pássaro. As colinas verdes e cheias de folhas. Alto verão. Então eles se deitaram na grama e ficaram olhando para as nuvens, que já estavam ficando esverdeadas, um dia inteiro antes da chegada da tempestade. Se pudesse voltar para qualquer dia da sua vida, seria esse. O dia antes de tudo mudar. Mas aí ele jamais teria conhecido Bell, ou Evona, ou mesmo Shady.

Ele continua andando com a coleira em sua mão e olha para o céu. O sol esquenta seu rosto. Mas ele também sente a brisa fresca que sopra sobre a ilha vinda do oceano, naqueles últimos instantes antes do calor chegar para valer.

Ao longo da rua há muitos hidrantes vermelhos, e Shady para em cada um deles para deixar sua marca. Ele ergue a perna no ar e solta o xixi com uma expressão muito concentrada.

Na esquina da Olivia com a Duval, Justin fica em dúvida quanto à direção a seguir, mas arrisca e segue pela direita. Ele passa por várias lojas e restaurantes — todos fechados no domingo de manhã — e ao se aproximar das lojas mais elegantes vê mais à frente a torre branca da igreja. Um homem passa por ele em uma lambreta; depois, um grupo de mulheres se aproxima dele sorrindo e faz afagos em Shady. Elas riem muito e usam roupas de festa — vestidos curtos e brilhantes, sapatos de salto alto.

Uma das mulheres se inclina tanto que os seios ficam à mostra. Nos últimos tempos, Justin começou a achar que seios são a melhor coisa do mundo e por isso ele não consegue para de olhar para aqueles que estão balançando bem à sua frente. Quando a mulher ergue os olhos, cobre os peitos com a mão, mas não esconde o sorriso.

— Que cachorro bonzinho — diz outra mulher. Ela não impede Shady de lamber todo o seu rosto e Justin lhe diz que Shady às vezes come o próprio cocô, o que não é verdade. Mas ele não quer muita conversa para poder continuar seu caminho. Tem algo importante a fazer.

— Você é daqui? — pergunta a moça dos seios bonitos.

— Sim — ele mente. É fácil. — Preciso ir.

Ele puxa Shady pela coleira e eles se afastam das moças. Justin detesta ser grosseiro, mas sabe que não tem muito tempo até que seu pai o encontre.

Pouco depois está diante da igreja, que parece muito grande quando ele para na calçada e joga a cabeça para trás para ver a cruz branca no alto da torre. Não há ninguém por perto, mas um pequeno cartaz avisa:

A IGREJA EPISCOPAL DE SAINT PAUL
LHES DÁ AS BOAS-VINDAS
DOMINGO
07:30 EUCARISTIA I
09:30 EUCARISTIA II COM CORO E INCENSO

Por isso Justin vai até a porta para ver se já está aberta, sem dúvida já está. Shady não quer entrar, mas Justin puxa a coleira e ele obedece, pisando com cuidado como se não gostasse dos ladrilhos.

Ele ouve vozes perto do altar, pessoas da igreja preparando tudo para a missa. Shady parece mais calmo à medida que avançam pelo corredor.

— Justin? O que é que você está fazendo aqui?

Luke para diante de Justin, vestido com seu hábito que cobre as pernas. Olha para Shady como se dissesse que ele não deveria estar ali, mas na opinião de Justin, o cão tem tanto direito quanto qualquer pessoa de estar dentro da igreja.

— Preciso falar com a vovó. E também preciso que você me leve de volta pra casa. Assim o papai fica aqui com Evona e não vai preso.

30

UM RETÂNGULO DE LUZ CAI SOBRE OS OLHOS DE ASHER E ELE ACORDA. UM galo canta lá fora. Os últimos dias deixaram-no esgotado e ele não consegue dormir direito. Nesta manhã ele acorda sentindo-se menos descansado do que quando se deitou. Ainda assim, não consegue voltar a dormir.

Asher não entra em pânico quando descobre a cama de Justin vazia. Sente o estômago embrulhar quando não o encontra na varanda. Ele também não está no pátio ou na piscina. Quando começa a bater na porta de Evona, sente o pânico tomando conta de seu peito, o mesmo pânico que sentiu quando Justin desapareceu durante a enchente e depois naquele primeiro dia em Key West, quando acordou exausto na praia e pensou que o garoto tivesse fugido. Mas desta vez ele sabe que Justin saiu de propósito, que Justin quer voltar para o Tennessee. Ele deveria tê-lo ouvido na noite anterior, quando disse que precisava ver Zelda e Lydia. Será que pegou um ônibus no meio da noite? Ele poderia ter guardado algum dinheiro aqui e ali para comprar a passagem. Quem sabe o que um menino inteligente como Justin poderia fazer. Asher não consegue pensar direito, mas lembra que deu uma espiada em Justin por volta da uma e meia da manhã. Quase seis horas atrás. Quem sabe até onde ele poderia ter chegado a essa hora? Poderia estar em qualquer lugar.

Evona o questiona, completamente desperta apesar dos olhos sonolentos, enquanto eles procuram em toda parte, até mesmo dentro da casa de Bell, onde Shady gosta de se esconder. Mas é claro que ele não está li. Ele não está em lugar algum.

Se Justin foi mesmo embora, ele merece. Afinal de contas, foi assim que ele fez Zelda e Lydia se sentirem.

O tempo não passa. Asher tem a sensação de que está caminhando embaixo da água quando decide que não há outra coisa a fazer senão pegar a

Vespa e sair pelas ruas procurando por ele. E no exato momento em que está saindo surgem Luke, Justin e Shady.

Depois, na varanda, enquanto Justin toma café com Evona, Luke lhe diz o que ele já sabe.

— Isto não é vida para ele, Asher. Você precisa levá-lo de volta.

Asher concorda com a cabeça. Está tão cansado que esse simples gesto parece deixá-lo ainda mais exausto.

— Você terá que enfrentar as consequências do que fez, irmão.

Eu sei, Asher pensa, mas não consegue mexer os lábios para se expressar.

— Você fez o que achava que era certo para ficar com ele. Mas agora tem que pagar pelos seus erros e seguir em frente — diz Luke, colocando a mão no ombro de Asher. — Hei! Você está bem?

Depois de um instante, Asher acena com a cabeça.

— É que eu estou tão cansado.

— Ele também está, Asher. Ele queria que eu o levasse de volta. Queria que eu encontrasse uma forma de levá-lo de volta sem que você precisasse ir até o Tennessee. Ele só quer proteger você. Sei que esta é a coisa mais difícil que você terá de fazer na vida, mas você tem que voltar e enfrentar as consequências. É tudo o que pode fazer. Não vejo alternativa.

— Não há. Esse é o único caminho a seguir.

Asher está muito cansado, mas ficará bem. Quando Lydia lhe tirou Justin, o garoto era tudo o que ele tinha no mundo. Mas agora Asher também tinha seu irmão e Evona. Talvez Luke não consiga perdoá-lo por enquanto, mas ficará ao seu lado. Assim como Evona.

Asher pode ficar na prisão por anos. Talvez a vida inteira. Mas precisa fazer o que é melhor para seu filho. Tem que voltar.

31

LUKE REZA COM ASHER ANTES DE PARTIREM.

Asher sente uma tristeza imensa, como se o mar estivesse dentro do seu corpo, empurrando e forçando para escapar. Ele sabia que era errado levar Justin, porém não mais errado do que aquilo que Lydia havia feito, a forma como ela o havia afastado de Asher. Mas é claro que a lei jamais veria as coisas desse jeito. Ele achava que estava fazendo o que era certo mesmo quando não estava. Assim como quando deu as costas a Luke: ele achava que aquilo era o certo a fazer mesmo que uma parte dele insistisse em martelar *não, não, não, isso está errado*.

Enquanto Luke reza, Asher está pensando em Deus e está pensando no Deus que vive nesse lugar, ali, no pequeno pedaço de terra de Bell, e em Evona, e nas palmeiras, e no mar, e na areia e nessa luz especial que só existe ali e em nenhum outro lugar. Ele não quer ir embora de Key West, da mesma maneira que nunca quis ir embora do Tennessee.

— Talvez não seja tão ruim — Justin havia dito. — Quem sabe a mamãe perdoa você e segue em frente. Talvez nem chame a polícia.

Mas Asher sabe que não é assim que as coisas acontecem.

— Você pode me deixar em algum lugar perto de casa e fugir — Justin havia dito, pensando em outra opção. — Você pode voltar para Key West e ninguém vai ficar sabendo. Quando eu fizer dezoito anos posso vir te visitar.

— Não posso fazer isso, querido. Não posso ficar tanto tempo sem ver você.

O que Asher não disse é que estava na hora de parar de fugir.

— Seria melhor do que ir pra cadeia.

Justin estava com os olhos cheios de lágrimas, tentando encontrar um jeito de ajudar seu pai.

— Preciso ir e fazer o que é certo. Um homem não pode fugir dos seus problemas, Justin. Lembre-se disso.

Asher e Luke estão ajoelhados de frente um para o outro, mas Luke está com a mão em torno do pescoço de Asher. Apesar de Luke estar fazendo as orações, Asher não consegue prestar atenção no que ele diz. Está ocupado demais tentando não desabar por conta do que está prestes a acontecer. Seus olhos estão fechados com tanta força que ele consegue sentir as pálpebras tremendo. As palavras de Luke circulam em torno deles, então ele para e os dois dizem em uníssono "Amém".

Evona está olhando para eles e, assim que eles terminam, ela se aproxima do Jeep, que já está carregado. Ela olha para Asher.

Justin para na porta, mas acaba saindo para o pátio.

— Você vai escrever pra mim, não vai? — Evona pergunta a Justin.

Ele faz que sim para ela.

— E vai telefonar sempre que puder, não vai?

— Sim.

— E se ele for pra prisão, Evona? — ele sussurra, como se Asher não estivesse ali do lado.

— Isso não vai acontecer — ela diz, mas não sabe mentir.

— Você vai me ver? No Tennessee?

— Se puder ir, eu irei.

Evona estende o braço e mostra duas correntinhas de prata com duas medalhas, como as que Asher havia encontrado no quarto de hóspedes. Em vez de São Francisco cercado por animais, esta mostra um homem com uma criança no ombro: SÃO CRISTÓVÃO PROTEJA-NOS, escrito em letras miúdas nas bordas.

Justin se vira de costas para que ela coloque a corrente.

— Se acontecer alguma coisa ruim — ela diz para Asher, enquanto fecha a corrente — se a polícia parar você ou algo assim. Ergam as mãos e pensem em São Cristóvão. Certo?

Então Evona se abaixa e beija Justin na testa. Ela suspira profundamente.

— Entre no carro, amigão — Asher diz.

Luke ajuda Justin a subir no banco de trás, e coloca Shady ao seu lado.

— Não esqueça o cinto de segurança, amigão.

O resto acontece muito depressa.

— Eu estarei sempre aqui — Evona diz para Asher. É tudo o que ela precisa dizer. Ele não espera uma despedida exuberante. Não aguentaria. Mas ele a beija, seus lábios nos dela, um amor verdadeiro que ele não pode ter, não agora, talvez nunca. Ele sente sob as mãos os músculos e os ossos das costas dela e procura memorizá-la.

Luke ocupa o banco do passageiro, Asher assume o volante, dando uma espiada para se certificar de que Justin está preso pelo cinto de segurança. Evona abre o portão e eles saem para a Olivia Street.

— Olivia Buganvília Iguana — Justin murmura no banco de trás.

Asher ouve-o claramente enquanto pensa:

Adeus Adeus Adeus

Olívia Olívia Olívia

Adeus, doce Evona, minha querida

E eles vão embora. Pelo retrovisor, Asher vê que Justin se vira para ver Evona parada na rua, acenando, acenando, e então para de acenar. Ela deixa cair os braços e fica olhando, até ficar tão pequena que Asher já não consegue mais vê-la, apesar de continuar vendo seu rosto mentalmente e ela não está chorando, parece determinada. Parece que está fazendo uma oração com sua determinação e mais nada.

Asher vira à esquerda no cemitério, depois à esquerda de novo, e então à direita, e à direita, e eles pegam a Roosevelt, com o mar no lado direito. Todas aquelas pessoas na praia, montando os guarda-sóis e as redes de vôlei, estendendo suas toalhas. E ele ama cada uma delas.

Adeus, Key West, adeus.

PARTE 4

OS ÚLTIMOS DIAS

1

CRUZANDO O SUL NOS ESTERTORES DO VERÃO.

Justin e Shady estão no banco de trás. Pelo menos Luke está com Asher agora. Ajudando-o a dirigir. Ajudando-o a fazer a coisa mais difícil de sua vida. E por muitos e muitos quilômetros eles veem:

Campos de algodão

Campos de soja.

Campos de tabaco.

Campos de milho.

No rádio: música country (guitarras, trapaceiros, bebuns) e pregadores da santidade (o sangue de Jesus!, Êxtase! Abominação!).

Postos de gasolina. Paradas de caminhões. Restaurantes.

Milhares de igrejas.

Uma legião de cartazes de igrejas:

> VOCÊ ACHA QUE AQUI ESTÁ QUENTE? O INFERNO SERÁ PIOR.
> LEIA A BÍBLIA. VOCÊ VAI FICAR ASSUSTADO.
> GAY NÃO É OK.

Cães nos quintais, nas varandas, presos por correntes, correndo soltos perto da estrada.

Tratores cruzando grandes pastos.

Caminhões de dezoito rodas, carros de polícia e peruas escolares.

Evona havia dado a eles alguns CDs de Joni Mitchell, mas Asher não aguenta ouvi-los. Eles o lembram demais de Bell e de Key West, ponto.

Ah, Flórida.

Eles dirigem de uma vez só até Valdosta. Nove horas divididas entre Asher e Luke. Eles desabam nos lençóis ásperos das camas de hotel próximo à interestadual, exaustos de tanto dirigir, de tanta dor, de tanto medo.

Georgia.

E finalmente o Tennessee.

Insetos grudam no para-brisa. O vento chicoteia quando ele abaixa a capota. Luke canta *Early in the Morning* com Peter, Paul and Mary. Justin observa as árvores, com um brilho de tristeza nos olhos e Asher quase consegue ler seus pensamentos. Shady fica sentado no banco, olhando para a estrada com seus olhos azuis-claros, criatura tão boa, presença tão tranquila viajando com eles, como se Deus tivesse pousado a mão sobre o Jeep enquanto seguem para o desconhecido.

2

PUMPFH-TA-THUMP FAZEM OS PNEUS QUANDO ELES CRUZAM A PONTE sobre o rio Cumberland e estão de novo em casa, simples assim. As árvores, frondosas, de um verde muito escuro, inclinam-se em cada lado da estrada com seus grandes ramos. Mais do que tudo, Asher sentiu falta das árvores.

De repente, ele começa a tremer tanto que não consegue mais dirigir e para no acostamento de cascalho para trocar de lugar com Luke. Asher olha para as mãos, que estão tremendo.

— Vamos voltar, agora mesmo — diz Justin.

Asher aperta o cinto de segurança e olha para a frente, enquanto Luke pega a estrada novamente.

— Por favor, não faça isso! — Justin implora, como se estivesse esperando para dizer isso o caminho todo, desde a Flórida, Georgia e Tennessee. — Você devia ter deixado o tio Luke me trazer. Eles jamais o encontrariam.

— As coisas não funcionam assim.

— Ele podia me deixar na casa da vovó e ir embora, e eles nunca encontrariam você! — Ele grita para não chorar. — Eles nunca saberiam.

— Preciso assumir o que fiz, Justin — Asher diz, virando-se para o filho. — Eu errei.

— Mas ela também. E por que não a castigam?

— Porque simplesmente não é assim que as coisas funcionam — ele diz, sentindo-se entorpecido, como se não estivesse no próprio corpo. — Ela agiu de acordo com as regras.

— Isso é besteira! — Justin grita, e Luke olha para ele, como se fosse repreendê-lo, mas fica quieto. — Volte, por favor!

— Acalme-se — diz Asher, virado para trás, com o cinto de segurança prendendo seu pescoço. Ele coloca a mão na cabeça de Justin. — Vai ficar tudo bem. Prometo.

Luke não diz uma palavra. Mantém o corpo ereto e as mãos no volante. Luke tinha alguma coisa que fazia com que Asher se sentisse seguro. Foi sempre assim. Asher sabe como deve ser difícil para ele, voltar depois de tantos anos de exílio. Luke está segurando a alavanca do câmbio e Asher coloca a mão sobre a de seu irmão.

Faz três meses que eles foram embora dali, mas parece uma eternidade, como se tudo tivesse mudado, apesar de tudo continuar exatamente igual ao que era. Eles passam pela Dollar General, sempre com o estacionamento lotado, e pela Cumberland Valley Church of Life, com seu pequeno campanário branco e a porta azul. Na fachada, uma pequena placa amarela. As letras miúdas, que antigamente informavam ASHER SHARP, PASTOR, foram substituídas e agora ostentam o nome de Caleb Carey. A mensagem de hoje na placa diz: ARREPENDA-SE, PECADOR, POIS OS ÚLTIMOS DIAS ESTÃO PRÓXIMOS.

Eles passam por colinas, pastagens e pequenos bosques de carvalho, onde a sombra tem o frescor com o aroma mais doce que Asher já sentiu. As vacas estão em lagoas de água parada e marrom.

Antigas casas de fazenda e novas casas de tijolos e trailers sem suporte. Uma mulher pendurando as roupas no varal, o vento balançando a saia em suas pernas. Um velho colhendo tomates com uma das mãos e segurando-os no outro braço junto ao peito. Uma velha varrendo a varanda, coberta com um tapete áspero verde. Asher se lembrará de tudo isso.

Eles passam por pessoas que estão vendendo vagens e vidros de mel no acostamento, e couves na traseira de suas pick-ups ou em mesas dobráveis. Uma mulher estendeu um monte de roupas para vender na curva da estrada. Ela está sentada na sombra, em uma cadeira de plástico cor-de-rosa, fumando um cigarro e olhando ameaçadoramente para cada carro que passa.

E há sempre o rio Cumberland ao longo da estrada, contorcendo-se e acompanhando as curvas com eles. Asher se lembra de uma ocasião em que ele e Justin estavam caminhando pela margem do rio em uma tarde fresca quando viram um feixe de luz dourada caindo das árvores sobre a água. Justin havia perguntado a ele por que o ar sempre parecia melhor perto do rio. Asher havia dito que era por causa da maneira como a luz era filtrada pelas folhas e porque a água tornava tudo melhor. "É por isso que as pessoas vão atrás dela sempre que podem", ele dissera. Asher daria tudo para voltar a esse dia.

— Por que vocês não me deixam aqui na loja? — Justin pergunta, em mais uma tentativa desesperada. Asher já viu a placa HOSKING'S GROCERY por cima das árvores, apesar de ainda estarem a alguma distância da mercearia. — Cherry deve estar trabalhando. Posso ficar com ela até a vovó chegar.

Luke e Asher continuam olhando para a estrada e não respondem, como se não tivessem ouvido. Asher não consegue falar, não agora. Luke abaixou o volume do rádio e Asher mal consegue ouvir Jason Isbell cantando sobre não cortar madeira. Shady se acomoda entre os bancos e encosta o nariz úmido e frio na mão de Asher, como que para lembrá-lo de que está ali.

Luke passa pela Hoskin's Grocery e Asher fica olhando para a mercearia, um simples retângulo construído com blocos de concreto com alguns carrinhos vermelhos enfileirados na frente; uma mulher sai pela porta de vidro carregando seu bebê e, apesar de ser uma imagem muito breve, Asher tem certeza de ter visto Cherry e Kathi junto à porta lateral, fumando.

Logo depois da mercearia há um semáforo indicando que podem ir em frente até Ashland City ou virar à esquerda e seguir para a área rural, onde Zelda mora. Luke reduz a velocidade e pega a pista para fazer a volta, mas eles param ao lado de um Cadillac dourado com duas senhoras idosas emperiquitadas, que não param de tagarelar. São o tipo de mulher que continua indo ao salão uma vez por semana para fazer o cabelo apesar da idade.

Então uma das mulheres olha para eles. Asher percebe que ela reconheceu o carro. Asher sabe que senhoras daquele tipo assistem a *todos* os noticiários. Ela se inclina para poder ver melhor, por cima dos óculos. Asher percebe o momento exato em que ela o reconhece e fala com a amiga, e depois começa a procurar alguma coisa, talvez o celular. A senhora que está ao volante fica tão agitada que acaba cruzando o sinal vermelho.

— Ela reconheceu você, Asher — Luke diz, como se estivesse dizendo *O dia está realmente muito bonito.*

— Isso não tem mais importância — Asher responde, como se fosse uma versão de si mesmo, outra pessoa representando seu personagem em um filme.

Então eles estão no meio dos bosques novamente e as árvores estão próximas, curvando-se sobre o Jeep ao passar debaixo delas. Shady vira a cabeça de lado como quando ouve alguma coisa à distância muito antes dos outros ouvirem. Há um silêncio no ar. Até o rádio parece mais baixo.

O carro segue em meio às colinas e o Cumberland está tão próximo que eles conseguem sentir o cheiro das velhas samambaias e da madeira coberta de musgo em suas margens. Asher continua segurando a mão de seu irmão.

De repente ele percebe que Justin se soltou do cinto de segurança e está colocando os braços em torno dos seus ombros, encostando o rosto molhado de lágrimas no pescoço do pai.

3

POUCO ANTES DE CHEGAREM À CASA DE ZELDA, LUKE PARA O CARRO EM uma curva da estrada, à sombra de um tulipeiro. Desliga o motor e eles ficam ali sentados em um mundo feito de canto de pássaros. Justin continua agarrado a Asher, seus pequenos braços segurando forte seu pescoço, fazendo-o sentir o calor de sua respiração, sem se mover, sem falar.

Não posso fazer isto, Asher pensa. *Não posso.*

Mas ele sabe que deve. Precisa. Justin não pediu para nascer no meio dessa bagunça, mas eles o colocaram aí.

Apesar da sombra, o calor começa a aumentar dentro do Jeep. Os pássaros são incrivelmente barulhentos. Vernônias e solidagos crescem à beira da estrada, quase imóveis, com suas florescências púrpura e amarela brilhando como luzes sob o calor.

Asher sabe que os carros de polícia chegarão a qualquer momento.

— Vá até a casa de Zelda — Asher diz a Luke. Ele não diz que não quer que Justin o veja sendo preso, mas Luke sabe.

Asher abraça o filho, que continua agarrado a ele durante todo o caminho. Segura-o com toda a força de que é capaz. Eles passam pelo cascalho da entrada da casa de Zelda e Asher sente como se estivesse deixando o próprio corpo. Sente que pode olhar para baixo e ver seu filho, a coisa mais importante que lhe aconteceu na vida, ali no seu colo, despedindo-se.

O longo laço do salgueiro cai sobre o para-brisa; Luke vira a chave e eles ficam ali sentados, sentindo a brisa, enquanto Justin continua grudado em Asher.

Ao longe, ouve-se o canto do cardeal.

Asher sai do carro, carregando Justin, que mantém o rosto escondido em seu pescoço. Asher consegue sentir as lágrimas, apesar de o garoto estar sofrendo sem alarde. Asher se agacha ao lado do Jeep, sob a sombra do salgueiro, com a casa de Zelda do outro lado do veículo. Ele sabe que ela sairá logo. Assim que notar o carro de Asher, ela sairá correndo para pegar Justin, mesmo que tenha algum receio em relação a Asher, apesar de ele não acreditar que ela teria. E a qualquer minuto os policiais estarão ali. Ele não pode deixar que Justin assista a tudo, precisa se apressar.

Asher solta os dedos de Justin de seu pescoço e coloca o garoto à sua frente.

— Pode não ser tão ruim quanto pensamos, amigão.

— Vou falar com ela para tirar todas as acusações contra você. Se eu pedir, ela vai fazer isso. Sei que vai. — As palavras são entrecortadas, as lágrimas escorrendo pelo rosto. — Eles não podem fazer nada com você se ela não quiser.

Asher não tem tanta certeza quanto a isso. Imagina que o estado agirá de qualquer forma, de acordo com suas próprias regras. Talvez até mesmo a polícia federal se envolva no caso. Nesse momento, ele precisa se despedir de seu filho, pois poderá ficar um bom tempo sem vê-lo.

— Não importa o que aconteça, jamais se deixe levar pelo ódio. Está me ouvindo? Não importa o que aconteça.

Justin concorda com a cabeça. Ele é tão pequeno, tão pequeno para um garoto de nove anos, tão pequeno para alguém com uma mente tão grande. Justin está usando a camiseta laranja de *Key West,* que insistiu em comprar, o que faz com que pareça ainda menor, pois a camiseta é grande. Asher sente aquela sensação de paz e bondade que irradia de seu filho. Ele é como um bálsamo.

— E acredite sempre. Faça de tudo para não perder isso.

Asher mal percebe a presença de Luke ao seu lado. Ele pode estar querendo dizer a Asher que precisam ir. Asher pode estar ouvindo ou não as sirenes a distância, ele não tem certeza. Está fora de si.

Ele abraça o filho, beija-o na testa. Sabe que precisa ir agora. Repete mentalmente para Justin o quanto o ama e sabe que seu filho pode ouvi-lo.

— Vá — Asher diz a Justin, empurrando-o para a varanda de Zelda.

Ele entra de novo no Jeep e eles começam a sair de ré. Asher vê quando Zelda sai na varanda e corre em direção a Justin, cobrindo-o com seu corpo, enchendo-o de beijos.

As sirenes.

Zelda pega Justin pelo braço e tenta levá-lo para dentro de casa, mas ele não a obedece. Justin tenta correr na direção do Jeep. Ela sabe o que vai acontecer e também não quer que ele veja; Zelda agarra Justin com força e, apesar de ele lutar e chutar, ela o segura com firmeza. A velha e boa Zelda. Asher sabe que Justin estará seguro enquanto ela estiver neste mundo.

Obrigado obrigado obrigado, ele diz a ela mentalmente.

Então Luke é arrancado do banco do motorista, enquanto do outro lado dois patrulheiros colocam as mãos sobre Asher, bem no final da entrada de carro, onde o cascalho encontra a estrada. Eles atiram Asher no chão, sobre a grama da entrada. Ele sente o aroma da grama nas narinas — *Tennessee* — e o sol em sua nuca, e tem uma vaga consciência de uma dor na espinha, quando o policial enterra o joelho em suas costas para colocar as algemas em seus pulsos. Ele ouve pessoas gritando: *Ele não está armado. Nós o pegamos!* Também ouve walkie-talkies e alguém gritando seu nome.

Asher fecha os olhos e tudo o que consegue dizer é o que o salvou uma e outra vez durante todos aqueles anos: "Justin".

EPÍLOGO

O TUDO

JUSTIN PASSA A MAIOR PARTE DO TEMPO PERTO DO RIO CUMBERLAND. PARECE que é o único lugar onde consegue pensar claramente. Ele deita de costas e fica observando a luz passar através das folhas verde-limão. Ouve os pássaros. Observa a água. Shady está sempre ao seu lado.

Às vezes ele ouve o som de algo remexendo as folhas e imagina que seja Roscoe voltando para ele depois de todo esse tempo. Qualquer dia desses ele pode aparecer correndo pelo meio do bosque como se nada tivesse acontecido e eles retomarão sua amizade de onde parou, como fizeram Asher e Luke.

Nunca se sabe. Pode acontecer. Tudo é possível.

Quando moravam em Key West, Justin imaginou que o Tudo vivesse no oceano. Às vezes pensava que o próprio mar *era* Deus. Mas se o Tudo vive em toda parte, também está no rio. Porque o rio se move e toca todas as pequenas coisas em seu caminho. E ele acha que o Tudo seria tão tranquilo quanto um rio. Até mesmo parado às vezes. O mar está sempre se mexendo e é barulhento. O céu está sempre mudando. Mas os rios estão sempre ali, mesmo quando a água já passou. Você precisa encontrar o Tudo onde estiver. É nisso que Justin acredita. E é por isso que Deus é o Tudo, porque Deus está nos oceanos e nos rios e nos cães e nos meninos. Nas Evonas e nas Lydias e nas Bells e nos Ashers e nos Lukes. Nas iguanas e nos jasmins-manga e nas buganvílias.

Justin escreve coisas desse tipo em cartas, cartões-postais e e-mails para Evona e ela não parece achar que ele seja louco. Ele ainda não disse essas coisas em voz alta, mas se algum dia a encontrar de novo, ele dirá. Porque ela leu as palavras escritas e continua falando com ele. Ela até diz que acha que ele quase sempre está certo. Quando telefona para ela da casa de sua avó, eles não falam sobre essas coisas. Mas talvez um dia falem.

Ele pode até tentar dizer algumas dessas coisas para sua mãe algum dia. Talvez não em relação a Deus. Ela jamais entenderia. Mas as coisas estranhas que às vezes ele pensa, talvez isso. Ela está melhorando.

Quando ela o viu pela primeira vez, chorou como ele nunca tinha visto sua mãe chorar e disse que achava que o tinha perdido para sempre. Agora ela está diferente. Não totalmente, mas está mudando, fazendo progressos. Em parte por ter achado que o havia perdido, mas também porque sua avó agora não aguenta tudo calada. Ela enfrenta sua mãe. É disso que Lydia precisa, de alguém que a olhe nos olhos e diga: *Agora chega.* Foi o que seu pai fez, ele agora percebe, com a igreja e com ela. E foi o que sua avó também fez. Tudo isso poderia ter sido diferente se os seus pais tivessem parado para respirar. É isso o que ele faz quando fica chateado.

Eles não vão manter seu pai naquele lugar para sempre. Ele sabe disso. Sua avó não vai deixar isso acontecer. E Evona disse que fará tudo o que estiver ao seu alcance para tirá-lo de lá. Até sua mãe já disse que testemunhará a favor dele, se é isso o que Justin quer. *Sim sim sim*, ele disse. *Você precisa.*

Uma noite ela veio e sentou na beirada da cama. Shady ergueu a cabeça e ficou de orelhas em pé, batendo o rabo no colchão algumas vezes. Ela ficou sentada, sem dizer uma palavra, de costas para Justin, olhando para a janela aberta, mas ele sentiu que pelo simples fato de estar ali ela estava dizendo que sabia que a culpa não era apenas do pai dele, que ela também tinha muito a ver com tudo aquilo, e que sentia muito, e que esperava que ele pudesse perdoá-la um dia.

Perdoar é a coisa mais fácil do mundo, ele acha. Tudo o que você precisa fazer é decidir perdoar, e está feito. Você se sente melhor imediatamente, é como empurrar um cobertor pesado demais para você dormir bem. Esquecer é a parte mais difícil.

O que Justin nunca poderá dizer a ninguém é que está feliz por tudo ter acontecido do modo como aconteceu. Caso contrário, ele jamais teria conhecido Evona e Bell. Ele não teria Shady ao seu lado. Jamais teria conhecido Key West e todos aqueles sons e cheiros tão especiais. Seu pai jamais teria encontrado o tio Luke. Ele nunca teria visto a Olivia Street e a árvore de jasmin-manga no pátio de Bell. Jamais teria pousado os olhos em uma iguana ou em uma buganvília.

Ele ainda repete essas palavras mentalmente quando fica assustado, ou triste, ou quando começa a pensar que seu pai talvez nunca saia daquela prisão. *Olivia, buganvília, iguana*. Ele sempre repete cada uma delas três vezes. E então se acalma.

Olívia Buganvília Iguana
Olívia Buganvília Iguana
Olívia Buganvília Iguana
É assim que ele reza.

AGRADECIMENTOS

Agradeço aos primeiros leitores: Alice Hale Adams, Kevin Gardner, Amy Greene, Karen Salyer McElmurray, Jennifer Reynolds e Aimee Zaring. Kathi Whitley foi uma força orientadora ao longo de toda a escrita deste romance. Este livro não poderia ter sido escrito sem Annie Dillard e Bob Richardson, que me ajudaram a entender o espírito de Key West e me puseram em contato com a generosidade do The Studios of Key West. Jamais conseguirei expressar gratidão suficiente a Lee Smith, por tudo. Michael Croley e Barbara Kingsolver me deram conselhos e apoio, pelos quais sou grato. Meus agradecimentos pela ajuda com a pesquisa vão para meus queridos amigos Donavan Cain e Martha Copeland. Estou em dívida com a gentileza e a maestria de Jim James e My Morning Jacket.

Eu não poderia continuar escrevendo sem o apoio de todas as livrarias independentes, bibliotecários, professores e leitores que foram tão bons para mim durante anos. Agradeço o apoio de amigos e colegas da Berea College, do programa de mestrado (MFA) da Spalding University e a todos da Hindman Settlement School. Minha agente, Joy Harris, que acreditou neste livro desde o início e ficou do meu lado ao longo de todo o trajeto. Agradeço a Adam Reed pelo grande trabalho. A maravilhosa edição de Kathy Pories fez este livro brilhar; tenho uma dívida com ela e com a equipe trabalhadora da Algonquin Books.

Dedico este livro à memória de todos os bons cães que já conheci, especialmente Rufus. Ele não existiria sem minha família, tanto a de sangue quanto a escolhida; vocês sabem quem são. Jason, cada palavra é pra você. Gratidão infinita para minhas filhas, Olivia e Cheyenne, que me ensinaram a escrever este livro ensinando-me a ser pai.

Em 1963, Ellis e Michael eram dois garotos de doze anos que se tornaram grandes amigos. Durante muito tempo, sempre foram apenas os dois, andando pelas ruas de Oxford, um ensinando ao outro coisas como nadar, descobrir autores e livros e a esquivar-se dos punhos de seus pais dominadores.

Até que um dia algo muito maior que uma grande amizade cresce entre eles.

Mas então, avançamos cerca de uma década nesta história e encontramos Ellis, agora casado com Annie, e Michael não está mais por perto.

O que leva à pergunta: o que aconteceu nos anos que se seguiram?

Esta é quase uma história de amor. Mas seria muito simples defini-la assim.

"Uma história sobre um tipo de ternura
tão rara que chega a doer."
Rachel Roice – BBC UK